本丛书得到韬奋基金会资金资助
"十一五"国家重点图书出版规划项目

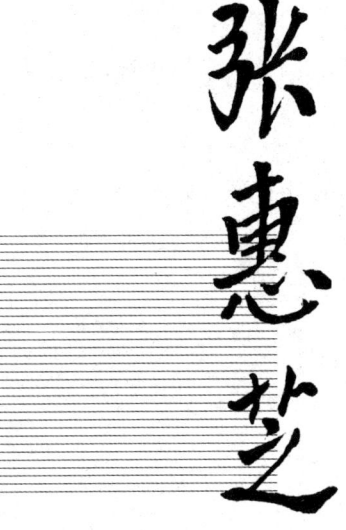

书林守望丛书

编辑情愫

张惠芝 著

首都师范大学出版社

图书在版编目(CIP)数据

编辑情愫/张惠芝著.—北京:首都师范大学出版社,2019.6
(书林守望丛书/吴道弘主编)
ISBN 978-7-5656-5032-1

Ⅰ.①编… Ⅱ.①张… Ⅲ.①编辑工作—文集
Ⅳ.①G232-53

中国版本图书馆 CIP 数据核字(2019)第 079307 号

书林守望丛书
BIANJI QINGSU
编辑情愫
张惠芝 著

项目统筹:楚 润		责任编辑:来晓宇	
责任设计:张 朋		责任校对:李佳艺	

首都师范大学出版社出版发行
地 址 北京西三环北路 105 号
邮 编 100048
电 话 68418523(总编室) 68982468(发行部)
网 址 http://cnupn.cnu.edu.cn
印 刷 三河市博文印刷有限公司
经 销 全国新华书店
版 次 2019 年 6 月第 1 版
印 次 2019 年 6 月第 1 次印刷
开 本 710mm×1000mm 1/16
印 张 16.75
字 数 205 千
定 价 38.00 元

版权所有 违者必究
如有质量问题 请与出版社联系退换

《书林守望丛书》编委会

（按姓氏笔画排序）

顾　　　　问	于友先　王万良　卢玉忆　冯俊科　伍　杰 刘　杲　庞　微　徐柏容　巢　峰
编委会主任	吴道弘
编委会副主任	郑一奇（常务）　陈芳烈　韩方海　杨生平
编　　　　委	王维玲　方厚枢　邓中和　宋应离　邵益文 林君雄　林穗芳　周　奇　胡德培　赵　洛 俞　斌　聂震宁　钱锦衡　曹培章　熊国祯 潘国彦

做文化的守望者
——《书林守望丛书》总序

柳斌杰

文化是每一个民族赖以生存的根基和灵魂，而出版事业和出版物，是民族文化的结晶，是民族精神的物质承载者，是衡量一个国家和民族文明程度的重要标志。从事这项伟大事业的出版人，不仅是出版活动的实践者，而且是人类文化创造、积累、交流、传播的组织者和参与者，是文化产品的生产者、民族精神的护卫者和时代精神的弘扬者。任何时代，治书修史者都肩负着神圣的历史责任、文化责任、社会责任，在我国，这种传统一直延续了几千年。但是，目前受名利诱导和网络快餐文化的影响，出版界跟风炒作、追求市场效应一夜成名而不顾文化品位等现象时有耳闻。在种种浮躁的背后，反映出来的是出版从业者文化品格的缺失。唯其如此，为繁荣学术和民族文化而坚守文化天职、恪守社会责任的职业精神和文化追求，尤其值得在出版界大力弘扬。

出版人是文化薪火的传承者，具有坚守文化自信的历史责任。众所周知，出版是人类文明薪火相传的重要依托，一个国家民族科学文化的传播和传承，有赖于它的出版事业。中华文明之所以历经五千年而一脉不绝，就在于中国历代政治家、著作家、出版家、藏书家接续几千年文明发展进程中形成的尊崇历史、珍惜古籍、编修文献、善待图书、重视典藏的优良传统，他们将中华文化的精髓融入历代出版物之中，一代一代地传之后世，肩负起了将一个时代的科学文化及思想智慧真实地记录下来、传承下去的历史责任，使中华民族的文化根基与时俱丰、愈加巩固。作为新时期文化创新和文化传播的主体，当代出版工作者更加需要继承传统、关注时代，一方面自觉承担起对民族文化传统的保存、整理、批判、传承的责任,保持中华文化的统一性、延续性;另一方面推动文化创新和发展,弘扬和培育符合时代要求的民族精神,在增强民族的凝聚力、创造力以及同世界其他文明进行对话的文化自信力方面做出贡献,使中华民族独立于世界民族之林的文化根基更加坚韧。

出版人是文化创新的推动者,具有坚守文化本性的特殊责任。作为一种文化生产的基本业态,出版既有产业的属性,又有意识形态的属性,必须通过创新来保持文化的独特品质和内容的先进性。从这个意义上说,创新是出版工作者的不竭动力和显著特征,不仅是文化积累和产品制造的组织者,而且也是文化内容的选择者和把关者,当然应当是新知识领域的开拓者和新成果的发现者、催生者。一方面,知识的保存、生产和应用,文化和技术的传承、生产和原创,都是以出版活动为基础的。历史上重要的思想创新、科学发现和技术进步主要是通过出版物得以传承和发展的。另一方面,从造纸术、印刷术到当代激光照排系统、计算机王码汉字处理系统以及数字技术的应用,出版人率先将新成果引进出版业,引发出版形式和内容的不断创新。在文化传播过程中,出版人通过传承优秀民族文化、吸收外国文化精华、把握时代需要,促进着社会文化的不断进步。而现代出版史上鲁迅发现大批文学青年、叶圣陶对巴金处女作的慧眼识珠、巴金对曹禺作品的琢璞为玉的佳话,也反映了出版人所必备的发现新人新作的创新品质。在当前的创新型时代、创新型国家建设的过程中,人民群众的伟大创造,已然成为文化创新取之不尽、用之不竭的源泉,迫切需要出版工作者发现、认识、扶持、推广,进而铺垫中华民族元气深厚的文化创新的阶石,培育中华民族根深叶茂、神韵独具的文化创新的活力。

出版人是时代思潮的引领者,具有坚守文化领土与文化阵地的社会责任。出版的本质不仅在于积累文化、创造新知,不断推出更优秀的文明成果,而且还在于按照一定的价值目标对社会现实文化做出评价,通过选择、把关实现对社会风气、学术思潮、文化倾向的引导。古代中国知识分子正是借助"竹帛长存"所构成的社会认知体系和社会规范体系,才唤起了"见贤而思齐"的文化自觉和道德自律。"五四"时期以《新青年》为中心凝聚的一大批知识青年的出版传播活动,将"科学"与"民主"汇聚成了思想解放的伟大潮流。在当今政治多极化、经济全球化、文化多元

总 序

化、新技术日新月异的国际背景下，在经济社会急剧转型、社会文化事业和文化产业发展不平衡的国内背景下，承担着建构社会主义和谐社会及传播先进文化的神圣使命的出版工作者，其选择、把关进而引导大众的责任更加重大，需要通过对精神生产加以规划与组织，对精神产品进行鉴别与加工，对文化遗产做出选择和整理，对社会信息予以筛选和传递，打造传承主流文化和主流价值观的精品力作，不断巩固主流文化阵地。这就要求当代出版工作者必须深深植根于中国特色社会主义伟大实践，敏锐把握时代变革的风气之先，不随波逐流，不跟风炒作，不断提高辨别真善美和引导大众文化、传播主流文化和主流价值观的能力，致力于弘扬民族精神和时代精神，为中国的改革开放和现代化建设事业提供有力的思想保证、精神动力和智力支持。

历史已经证明，出版业作为文化传承和文化创新的核心，如果没有文化理想和文化追求，便失去了发展的根基。而出版工作者的文化价值取向、人文素养、文化责任、文化运作能力和学术品评能力，又直接影响到出版物的文化含量。从这个意义上说，对于文化的坚守，不仅是一种出版理念，也是一项出版实践。在竞争日益激烈的世界文化市场中，能否坚持文化本位，能否坚守文化责任，对新时期的出版从业者来说，无疑是一种严峻的考验。《书林守望丛书》的问世，为我们提供了一部关于新中国出版人的精神文化启示录。其中反映出的经过沉淀而彰显的文化品格，尤其应该成为新时期出版工作者的精神支柱。这套丛书的作者，是一群深深地钟情于出版事业的文化守望者，他们在"书荒"时代辛勤耕耘，在"书海"时代坚持方向，恪守文化的尊严，组织、规划、策划、编辑、出版过一大批反映时代精神、民族精神及具有学术价值、文化品位的标志性工程，主持、主编过一大批科学、人文、经济、教育等方面为广大读者喜闻乐见的知识读物，为全社会提供优秀的精神食粮做出过重要贡献。在他们身上体现出来的勇于开拓、后启来者的创新精神和坚守精神家园、淡泊名利的文化风骨，堪称典范。希望通过这套丛书的出版，使新时期的出版工作者形成一种更加清醒的文化自觉，在文化与产业协调发展的道路上走得更加坚定，产生更多让世界为之惊喜的拥有自主知识产权的民族文化品牌，再现中华民族宏大的文化气魄。

当前，出版业的发展同政治、经济、社会、文化的发展一样，要在

编辑情愫

世界范围内的大对话、大交流、大竞争、大角逐中,把握机遇,迎接挑战,创造新的辉煌,需要一大批具有真才实学且能开阔视野、崇尚科学、追求真理、尊重创造、包容多样的新型复合型出版人才,来担当中国特色社会主义文化建设的推动者。《书林守望丛书》汇集的新中国成立六十年来成长起来的十几位出版家在长期为人作嫁的职业生涯中的思想火花、书坛掌故,集中反映了新时期出版工作者的精神风貌,不仅抓住了时代的新变化,也深刻把握了出版职业的新要求。这套丛书的作者,或者长于出版规划,或者长于鉴赏加工,或者长于经营管理,但都有将丰富的实践经验升华为理论的深沉思考。将这些经过实践检验的理论总结汇集起来,转化为鲜活的历史智慧和生命依托,对于未来的新型出版人才,无疑具有深远的精神哺育作用。我希望这套丛书的出版,能够吸引更多才华横溢、富有创造力的新军投身我们的出版事业,使中国出版人的文化守望薪火相传,为推动社会主义文化大发展大繁荣建功立业。

2009 年 7 月

目　录

001…序一　严谨治编的全面总结——读张惠芝著《编辑情愫》/ 郑一奇
001…序二　传承出版文化的岁月与情愫 / 魏玉山
001…序三　为编辑立言——读《编辑情愫》有感 / 耿相新

001…前言

001…选题情
　　001…一、经营调研得当
　　004…二、切磋琢磨严谨
　　006…三、积储信息有效
　　010…四、畏前贤益当代
　　024…五、课题瞬间聚焦
　　026…六、水到渠成名归
　　031…附表一　1982—2008年度策划与责编选题书目
　　042…附表二　国家级获奖书目　省部级和其他获奖书目

049…作者情
　　049…一、首次合作情深
　　052…二、研精覃思配套

053…三、队伍一倡百和
054…四、出色跨界联手
056…五、积攒资源生辉
057…六、传承学术人脉
065…七、学养有素担纲
069…八、世纪之交捧月

086…审读情
087…一、考察筛选队伍
089…二、辛勤精酿心性
096…三、备尝辛苦不辞
108…四、解悟分析深省

112…书评情
112…一、坚守推介真谛
114…二、关注书评行为
116…三、如数家珍追昔
127…四、赏析书评精思

149…档案情
150…一、学术规范人生
159…二、业精于勤登堂
163…三、举无遗策功夫
168…四、梳理困知勉行

186…练笔情
187…一、天遂人愿笔耕
189…二、困而勉强行之
205…三、从零始学无止
217…四、笃业学思忧怀
229…附表一　文章
232…附表二　编著
236…附表三　未刊讲义

237…**后记**

序 一
严谨治编的全面总结
——读张惠芝著《编辑情愫》

郑一奇

张惠芝先生是河北教育出版社的老编审,她 2003 年退休后,断断续续用十多年时间,完成了《编辑情愫》这部回顾职业生涯、总结编辑经验的著作。她把这部著作的校样寄给我,让我提点意见,并作篇序文。作为编辑同行和老朋友,自然是要认真拜读她的新作,读后有颇多感想,写下来供读者阅读时参考。

张惠芝在这本书中充分倾诉了她对编辑工作的深情。她对编辑工作非常认真、投入、热爱。她说:

> 编辑没有平坦的路,只有默默地在茫茫的原野上创造属于自己的文化景观,走出一条刻印着自己足迹的,属于自己的向往的路。每道景观,都是智慧的光,每行足迹都是盛开的花,都会给出版事业增加无限的光辉。同时照亮我们继续前进的路,使我们得到永恒的文化生命,实现自己作为编辑人孜孜以求的满足。

作为一名资深编辑人,张惠芝深知编辑工作之甘苦。编辑工作一般是在幕后活动的,出名的是作者,编辑的活动往往不为人知。编辑工作又需要创造开拓,需要发挥编辑人的独特个性。要把自己的智慧,融入作者的作品中,为作品的优化付出辛劳。编辑工作的追求是推出可以传世的精品佳作,从而得到永恒的文化生命,以照亮人类文明进步的道路。

作为一名成功的编辑人,张惠芝在回顾、总结自己的职业生涯时,可以自豪地说:我没有虚度年华,我付出了超常的辛劳,我得到了永恒的文化生命。她推出的一些精品力作,是可以传世的。

她从 1982 至 2008 年,策划与责编的图书达 300 多种,约 8000 万字。其中获得国家级奖项的有 5 种：《教育投入与产出研究》（1997 年第三届国家图书奖）、《中国现代学术经典》（1998 年第十一届中国图书奖）、《李大钊全集》（2001 年第五届国家图书奖荣誉奖）、《创世纪情愫——来自中国西部女童教育的报告》（2001 年中共中央宣传部精神文明建设"五个一工程"第八届入选作品奖）、《二十世纪中国史学名著》（2003 年第六届国家图书奖）。获得省部级和其他奖项的有 89 种。一位编辑，在几十年的编辑生涯中，能编出这么多精品力作，是非常不容易的，成绩是卓著的。

张惠芝之所以能做出如此突出的编辑业绩，首先是改革开放的新时代促成的。同时，也与她供职的河北教育出版社在新时期的迅速崛起分不开，与各级领导、同事、作者及学术界、教育界朋友的大力支持、帮助分不开。当然还有她对编辑工作的热爱深情，刻苦钻研，不懈追求，超常辛劳，才造就了这些标志性的出众业绩。

在这本书中，她回顾了自己的编辑生涯，总结了经验。我读后感到有几个突出的特点：

一、总结经验系统而全面

全书分六个部分，包括选题情、作者情、审读情、书评情、档案情、练笔情。总结了策划选题、团结作者、精心审读、规范学术、扩大人脉、书评宣传、写作耕耘、热点思考等方面的心得体会，涉及编辑工作全过程及各方面。

二、有丰富的档案记录作基础，总结的严谨治编的方法切实可用

历史专业出身的她，在长期的编书实践中，非常重视书稿档案，特别是编辑档案的记录、搜集、整理、保存、研究、利用。她认为编辑档案实际就是"编辑志"。非常难得的是，她系统保存了几千件编辑档案，为总结编辑经验提供了切实的根据与充足的案例。在一些典型案例中，严谨治编的细节一一展现：如独到的编辑思想、细致的编辑构思、规范的编辑体例、周到的编辑方案、清晰的编校凡例、精细的审读加工、与作者的互动切磋，以及如何组织社会力量，协同编审、开展广泛深入的书评宣传，取得了显著的社会效益与经济效益。每一个项目的经验、案例，都是实实在在的编辑工艺、流程、方法的系统总结。反映了严谨治编的全过程，可为后人学习、借鉴、参考。特别是一些大型系列套书，

序 一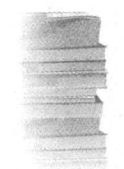

如何筹划在先、全盘考虑、严谨规范，如《李大钊全集》、《二十世纪中国史学名著》的编辑案例，编辑路径、方法，都可供后人编辑大型系列图书时参考。

三、思考深入、实事求是，又具前瞻性

她在多年的编辑实践中，不断思考如何提升自己的编辑力。也关注同行，在面临新挑战时，如何拓展编辑力。

书中有许多独到、深刻的体会。比如在谈到编辑与作者的关系时，有这样的论述：作者与编辑的关系是唇齿相依的关系。作者与编辑不是点对点的两个点的关系，而是互相面对的两个群体的关系，是两个智慧群体的关系。这样的认知自然是全面又深刻的。她还非常重视组织社会力量来解决日益繁重的编审任务，其方法也是行之有效的。

在这本书中，我感到对编辑部门的领导者很有参考价值的是"练笔情"这一部分。其中《科学量化 杜绝超负》、《挤出水分 展示精品》两篇，尤其值得认真一读。因为这两篇文章，是在思考如何实现出版业的真正繁荣。她认为："出版社追求的应该是数量与质量统一的出版繁荣，达到的应该是优质高效这一长远战略目标"，应当"彻底摒弃数量大、质量差的那种带有某些破坏性的出版繁荣，以实现质量主导型、优质高效型的出版繁荣。"

可叹的是，时至今日，还有一些出版人、编辑人仍在拼命扩张出版数量，忽视出版质量，还是未能完全实现数量与质量相统一的科学管理。至2012年，全国年出书多达41万种（1995年时年出书已超过10万种）79亿册。库存量高达884.05亿元。造了这么多码洋，印了这么多品种的书，有多少是精品力作呢？有多少是受读者欢迎认可的呢？还是张惠芝说得好：出版人、编辑人应当懂得"出版物的生命力完完全全靠的是内容和质量"。

张惠芝的这本《编辑情愫》，以"情"贯串编辑工作始终，可谓道出了所有编辑家成功的秘诀，即把编辑工作当作自己终身的志业，并全身心地投入。热爱与深情是她职业境界升华的根本动力。

写到这里，我想起了曾带领我学习编辑工作的老前辈、中国青年出版社老社长、总编辑朱语今（1916—1988）的一首诗：

> 年年风雨苦霏霏，梦断南天愿已违。
>
> 稚气豪情销不尽，白首犹恋旧征衣。

这首诗写于 1978 年，当时他已 62 岁，从陕西省出版局调回北京，二度出任中国青年出版社领导职务。面对"文革"后一片荒芜的出版园地，他感慨万端。然而他对编辑工作，豪情不改，决心以自己的智慧和经验，带领我们重振青年读物出版事业。

这些事例说明，"情深"才能悟透"征衣"（指编辑出版工作）之可贵。"情深"才能造就一代推出文化精品的编辑家、出版家。

《编辑情愫》不仅是一本回顾过去成功经验的全面总结，也是面向未来、迎接新的挑战的探索与思考。在数字化推动出版融合的浪潮面前，在中国出版产业由产业扩张到重提振兴主业的发展态势面前，所有的出版人、编辑人都面临考验：第一线的编辑在完成利润指标的压力下，如何坚持编辑优化出版物内容与形式的基本职责？还能不能坚持严谨治编的优良传统、打造出可以传世的精品力作？如何适应新的技术条件，严格遵守编校规范？编辑档案还要不要保存、研究？……这些都是要继续探索研究的问题。而这些问题的解决，对提升出版物质量，有效满足读者阅读需求，扩大出版物影响，对中国建成出版强国，都是十分重要的。

我与张惠芝相识多年。1991 年她约我为《中华百年爱国故事丛书》写过两本小书。这套书 1993 年获第四届冰心儿童图书奖。在编辑工作与历史读物写作上，我们多有联系交流，在业务上有许多"共同语言"。对她的这本新著，在认真拜读之后，非常希望有更多的年轻同行，看到这本书，学习这本书。为此吴道弘先生与我都力主这本实践"严谨治编"的佳作，列入《书林守望丛书》，为这套丛书增光添彩。希望这本书能激发新一代编辑的创造热情、进取精神，学习继承老一辈的工匠精神、编辑技艺，达到繁荣出版的共同目的。是为序。

2017 年 12 月 24 日

序 二
传承出版文化的岁月与情愫

魏玉山

前两三年,收到河北教育出版社老编辑张惠芝女士的《编辑岁月》一书,闲暇之余披览数次,颇有所得。时隔三年,她又在《编辑岁月》基础之上增删修改成新作《编辑情愫》。虽然与张女士素不相识,但仍想向读者推荐此书。

《编辑情愫》包括六个部分,即:选题情、作者情、审读情、书评情、档案情、练笔情,全面记录了一个从事编辑工作多年的老编辑对书、对人、对事的态度与真情,并以拳拳之心向青年一代编辑人传递着编辑工作的经验与心得、编辑人的责任与担当。

张女士策划与责编的图书超过 300 种(1982—2008 年间策划与责编 313 种图书),获得各种奖励的图书 89 种,94 个奖项,足以证明她具有很强的策划和编辑能力。在编辑工作之余,她撰写各种文章 37 篇,参与编著的各种图书 36 种,足以证明她有很强的科研与写作能力。这些内容在"选题情"、"练笔情"中都有体现,诸君读后都会有所受益。

除了上述内容外,我重点想向读者推荐"审读情"、"档案情"、"练笔情"。我们常说,编辑是为人作嫁衣的职业,是幕后的英雄,与一般的责任编辑相比,审读编辑则更不为人所知,是幕后的幕后,责任编辑可以在书上署名,审读编辑署名的机会则很少。但是,对于一本图书来说,审读编辑是与读者见面前内容质量的最后把关人,其岗位的特殊性对编辑的要求更高。作者用"审读情"的方式,记录了对 800 种图书、1 亿字内容审读中存在的带有规律性、普遍性的问题,如科学知识性问题、语法修辞和逻辑性问题、汉语拼音问题、数字问题、插图问题、字词误正问题等等。这部分内容,对于编辑,特别是对于年轻编辑,具有很强的实用价值。"档案情"是本书的特色内容，因为无论是在编辑学的教科书中，还是在众多的编辑人的作品当中，编辑档案是很少介绍或者根本不纳入法眼的。本书的作者是个有心人，她不仅保留了几千份书稿档案，还把这些档案分门别类进行整理，从这些档案可以清晰地看出一本或一套图书成书的全过程，是编辑出版史研究的宝贵材料。比如，《李大钊全集》的编辑出版档案就有246件之多，《二十世纪中国史学名著》的编辑出版档案材料有522件之多，等等。这些档案保留了图书从孕育到出版的各种重要文献资料，记载着一个编辑（团队）为图书出版所做的大量工作，也反映出一部（套）图书从作者手稿变成读者手中读物所要经历的复杂过程。在许多出版单位，书稿档案保存得比较完整，也比较受到重视，但是编辑档案受到的重视却不够，能否保存下来，完全看编辑个人的意识与责任。保存编辑档案既是对个人工作经历的一种记录方式，也是为后人研究、学习编辑出版工作提供最直接的材料，具有重要的意义。"练笔情"中的十几篇习作，体现出了一个编辑的忧患意识、责任担当。针对图书编校质量下滑、编辑人员素质有待提高等问题，她写了《唯有匠心　不负光明》、《差错曝光　感叹失误》、《科学量化　杜绝超负》、《挤出水分　展示精品》等几组文字，对如何提高出版物质量提出了自己的看法。出版物的质量是出版物的生命线，出版物的质量也是责任编辑的水平线，每一个编辑都要像珍惜自己的荣誉一样来珍惜每一部图书的质量。

　　编辑是一个崇高的职业，担负着为人民、为社会、为未来选择、加工优质精神食粮的重任；编辑是一个幸福的职业，我们可以先于一般读者享受各种精美的文字、各种新颖的观念、各种新奇的故事、各种先进的理论等。在或长或短的编辑实践中，每一个人都会有不同的理念、不同的感悟、不同的故事、不同的做法，大家把它记录下来，公布出来，是传承编辑出版文化的重要方式，希望能够引起大家的重视。

　　2017年年末，张惠芝女士把她《编辑情愫》一书的编纂情况向我做了介绍，希望为之作序，我不擅长作序，但是在《编辑岁月》出版后我曾经写过一篇读后感。既然《编辑情愫》是在《编辑岁月》的基础之上增删而成的一本新书，我就将《编辑岁月》的读后感略做修改，代为《编辑情愫》的序吧！

2018年1月8日

序 三
为编辑立言
——读《编辑情愫》有感

耿相新

在前往北京的高铁上,终于读完张惠芝老师所著《编辑情愫》样稿,十分感动,十分感慨,十分敬佩。掩卷沉思良久,凭窗西望燕山,油然而生敬意,这是一本编辑的入门教科书,也是一位编辑的个人成长史,更是一部关于编辑应用文和编辑个人思考的著述志。它是个人编辑经验的知识总结和规律总结,也是一部真正的原创的编辑理论著作。

这是一部为编辑立言的教科书。全书分为选题情、作者情、审读情、书评情、档案情、练笔情六部分。这一匠心布局,覆盖了编辑职业的各环节,从市场调研、学术史调研,到选题方向定位和具体选题策划;从作者资源调查、作者队伍组建,到组织作者撰写稿件和组织稿件完成;从单本书稿、单套或全集类书稿审读,到组织全社不同种类书稿审读;从成书面市后组织各方学术力量撰写书评,到自己撰写书评并组织书评发表以及其他宣传活动、学术活动;从个人学术研究和作者体验,到编辑理论思考和出版理论思考,作者为编辑工作的每一个流程节点都提供了大量的个人成功案例。这些充满编辑智慧和灵性的言语叙述,娓娓道来一段故事、一点编辑经验或者教训,内心充满欣喜地与我们分享一个观点或者结论,分享亲手编辑出版的一部部书籍面世后所获得的各种赞誉和文化影响力,这种毫无拘束的书写风格和表达方式,让我们深刻地感到目前传授于大学课堂的编辑学、出版学甚至编辑实务和出版实务教科书的种种缺陷——呆板、枯燥、语言僵硬、缺乏实例而难懂难记,甚至不知所云。相较之下,《编辑情愫》却是从编辑实践活动的沃野里生长出来的实务型编辑教科书——尽管作者本意或许并不是为了撰写一部教科书，但无论新编辑或者资深编辑，如果你通读此书后，我坚信大家会不约而同得出一个结论，这是一部生动有趣、实操经验丰富、易学易悟的真正的编辑学教科书、编辑实务书、编辑入门培训书。

托腮而思，《编辑情愫》也是一名史学编辑的个人成长史和档案实录，是编辑为个人历史立言的典型范例。作者的编辑背景是历史专业，作者本人则是史学大家翦伯赞、邓广铭先生的弟子，毕业后先从事历史教学与研究工作，继而就职出版社历史编辑。厚重的史学功底以及对史学孜孜不倦的追求，促使作者策划并出版了一系列震撼史学界的史学名著，如《二十世纪中国史学名著》、《李大钊全集》、《范文澜全集》、《翦伯赞全集》、《邓广铭全集》等。作者在任历史编辑的二十六年间（1980—2008），共策划、责任编辑313种图书，而属于历史类的图书占199种，其中获省部级以上奖图书94种（包括5种图书获国家级三大奖），历史类图书占72种。也正是这一部部史家书架必藏、史学工作者案头必备、历史教学者日常必读的图书的出版，让作者从一名历史教研者成为一名史学编辑，从一名普通历史编辑而成为国内出版界著名的历史类图书编辑，从一名著名编辑而成为史学编辑家。这一编辑成长过程让我由衷地钦佩，编辑的灵魂是对学术的识见与价值的判断，与学术和作者共同成长才是一位编辑由编辑向编辑家、由出版人向出版家转变的真正动因和成因。《编辑情愫》一书中作者谦虚的叙事与行文、大量的图像与表格、原始的书稿档案与书信书影，无一不在印证编辑之不易、编辑家成长之不易。然而，本书的作者却又是幸运的，她获得了诸多史学名家大家的称许，她之可称为史学编辑家是由其编辑出版的史学著作决定的，也是当代史学家们以及诸多作者共同推许而决定的，当然也是由其编辑兼作者双重身份所创造的业绩所决定的。

本书作者为编辑立言的第三个特点是作为一名学科编辑的创作意识、编辑群体意识和著书立说意识。编辑是杂家，但编辑史却一再证明，编辑首先应当是专家。历史上，刘向是编辑大家，是古代典籍的整理者、编纂者，但同时他又是一位著作家，著述《说苑》、《列女传》等多部著

序 三

作。雕版印刷兴起之后，著作家、编纂家、出版家三种身份往往融于一身，这一文化现象的余响一直延续到上世纪的八九十年代。只是到了本世纪初，商业化才真正冲击了专家型编辑、学者化出版家的优秀文化传统。张惠芝老师的经历是对专家型编辑、学者型编辑、作者型编辑的最好诠释。张老师在入职编辑前就是一位历史研究者和作者，入职后撰写发表论文 30 多篇，独立撰著和合作编纂书籍 30 多种，尤其是独著《"五四"前夕的中国学生运动》、主编《毛泽东生平著作研究目录大全》、主持编修并副主编《普通高中课程标准实验教科书·历史》等书的出版，让我们从内心深切地体会到一位编辑学术探索的欲望和作者著述意识的强烈追求。编辑的著书立说也许没有系统的学科或学说体系，但编辑具备较宽的学术视野、更敏锐的选题挖掘意识、更严谨的书籍体例整体把握能力和更灵活的学术识见，因此，由编辑而转向编纂再转向著述，甚至进行理论思考和学科体系建设，编辑无疑具有一些独特的职业优势。《编辑情愫》一书内容体例之严谨、资料之丰富、视野之广阔、观点之敏锐正是对编辑作者化的最好注脚和注释。

此外，我还非常感动于作者"为编辑学的研究和发展补充些个案"的著述意旨和编辑思想。本书作者在编辑实践活动中，分门别类整理、保存了 3000 多件书稿档案。其中，《李大钊全集》、《二十世纪中国史学名著》、《普通高中历史课程标准实验教科书》等共计建立 35 个系列、413 种、1170 件书稿资料档案，这些档案包括选题申报表、图书出版合同、工作会议纪要、责任分工、编辑凡例、编辑方案、编辑细则、整理细则、审核细则、版式设计、质量要求、内容提要、文稿、图稿、编辑加工样、二校样、三校样、审校样、审校记录、作者与读者的往来信函、书评、书讯，等等。我之所以不厌其烦地罗列了如此之多的档案卷宗名目，其目的就是为了强调——编辑学正是从这些浩繁的档案文献中走出来的实证科学，这些档案是编辑学理论的立论基础，同时也是编辑学、出版学的研究基础。无疑，这是一笔珍贵的编辑文化财富，也是一个时代编辑精神的历史见证，它更是我们编辑立言的文献依凭。

《左传》有言："大上有立德，其次有立功，其次有立言，虽久不废，此之谓不朽。"我无意评判此书之不朽，但我相信任何一位读过此书的读者，一定会为作者立德、立功、立言的不懈追求而感动，而击节，而景从。这正是我的感受，也正是我推荐此书的不可遏止的内心的冲动。这个夏天，出版界因为此书而更加生动。

2017 年 12 月 16 日

前 言

回首在半个世纪前，我在北京大学历史学系读书的日子，十分幸运地聆听了多位历史名家和导师的课程。本想在大学毕业之后，像他们一样杏坛执鞭，教书育人，兼做历史学研究者。没想到后来大部分时间是做了出版社的编辑。但隔行不隔山，先生们的史德、史识、史才，追求历史真实性的精神，科学的历史观，以及思考问题的方式和方法，是传授给我的做好编辑工作的最好铺垫。岁月消逝，感恩不忘。

二十多年来编辑工作所养成的习惯，凡经历过的选题，交往过的作者、朋友，参加过的活动、会议，读过、编过的书，总爱随时、随地、因人、因事地记在日记里、工作笔记里，以及单位要求的汇报里。退休是我人生的重要节点，惯性驱使我必然要做个"总结"，以慰依然鲜活的心灵。留存的几千件书稿档案，是我长期积累的编书史料，每一部书稿档案都是我亲身经历的一段历史，通过文字加工和各个细节的连锁，成就了一部部出版物注入民族，乃至人类文化的精神家园。正是我们编辑精到细致的劳作，一代代才识卓异的学人才有机会将自己的精神成果推广开来，促进文明的发展和社会的进步。整理书稿档案后写就的编书实录，包括选题情、作者情、审读情、书评情、档案情、练笔情等六部分，向同行的编辑们敞开心扉，报告我的编辑过程。

作为编辑捡拾记忆，一是以"选题情"开篇。对于编辑，最重要的莫过于选题。初做编辑，真的不知选题为何物，当怎样使它产生，又怎样使它发展，更不懂得如何运用出版资源，进行更广阔、更深入的挖掘、开发和创造。经历了用心调查研究，注重信息积累，逐渐产生313种选题。这时才亲近了选题，感悟到选题的部分真谛，产生让人难以割舍的情愫。

二是"作者情"。曾经接触过的作者几百位，是他们全始全终的支持和相助，成就了我的编辑职业。我与作者许多时候是通过散发浓浓墨香的书信，从相识到相知的。保持着志向、情感与信息的沟通。薄薄的、轻轻的信纸，有时不过一两页、几克重，却有着沉甸甸的分量和无法言表的真诚。叶圣陶说过："作者胸有境，入境始与亲。"在整理信件过程中更感觉成就一个选题，编辑个人的努力是重要的，又是微而不显的，而社会、学界、学者给予的学识和智慧才是必不可少和极其巨大的，自然形成我对于作者难以忘怀的一份情谊和敬意。

三是"审读情"。审读，曾是出版社领导委派我负责的一项工作。怎样使其科学化、规范化、制度化？怎样使其真正成为保障图书质量的重要机制？面对一片空白，思索着前行，终归磨砺出责任的情思。在任职内，认真担当，留下差错举例、差错计数、差错率、误正表、质量等级、提高质量建议等3万多字的审读资料。

四是"书评情"。这次整理书评，抚今追昔，真是过一目，行一程，如数家珍，可说每篇书评都是充满激情的诗篇，读来瞧去不厌倦。尽管当年组织和发表书评，有许多艰难和困窘，但是一直保持着一定要发表、一定要评价、一定要宣传出去的韧劲儿。这些书评大多得以发表，现存133篇。

五是"档案情"。可能是我学历史的缘故，编辑过程中发生的只言片语都想留存，觉得那是运用文字形式，一笔笔记录下的编辑活动，形成环环相扣的情愫纽带，绵绵不息。其中，《李大钊全集》等4套书，共计建立35个系列、413种、1170件书稿资料档案。另存，作者信札、回函复印件等1005件，形成编辑资料长编。这些书稿档案的建立不仅有益于把握出版物质量，也给后人留下可资借鉴的编辑手记。

六是"练笔情"。我始终热爱手中的那支笔，坚持走进文字，融入其中，品尝当作者的滋味，逐渐赢得尊重作者、关爱作品和作者的思维模式，以及编辑、作者两者相兼并容的心理状态。全部选题从策划到成书始终都经历着学习与思考和情感与才干的收获，写就了《循序渐进　择善从之》、《管窥所及　推促探究》、《捷足先登　攻坚克难》等文。油然而生

前 言

责任感、成就感、沉重感、忧郁感,构成了充实丰富的心理世界,而《唯有匠心　不负光明》、《差错曝光　感叹失误》、《科学量化　杜绝超负》、《挤出水分　展示精品》等文章,正是真爱的倾诉、深情的抒发。往往是书编完了,一路散发的情丝还萦绕心间,于是,便有《感慨万千　怡然自得》、《告慰先师　以飨学界》、《不朽盛事　乐在其中》、《学林典范　誉满史坛》、《知足无求　重新起航》等文的完成。

我结集的这本小书,是编辑岁月的纪实,希望看到拙作的同行,有兴趣、有时间者能给予批评。有交流,有争论,才会激发共同的创造性思维,更加精神振奋,以豪迈的气概、崭新的面貌,阔步进入新时代。

张惠芝

2017 年 12 月 26 日于北京·星园

选题情

对于编辑，最重要的莫过于选题。初当编辑，充满了对选题的神秘感、神圣感。当我手中无一选题时，甚至产生了困苦和不安。那时，真的不知选题为何物，当怎样使它产生，又怎样使它发展，更不懂得如何运用出版资源，特别是作者资源，对选题进行更广阔、更深入地挖掘、开发和创造。经历了调查研究，拓宽视野，积累信息，千虑一得，才逐渐产生三百多种选题，涉及历史学、地理学、教育学、文学、政治学、经济学等学科，特别在历史学、教育学等领域，形成了比较序列化、规模化的选题。这时才亲近了选题，感悟到选题的部分真谛，产生了令人难以割舍的情意。

一、经营调研得当

出版界流行着一句名言"编辑策划就是策划自己"。我考虑此说法，一是指编辑自身具备的文化素养、文化品格，使其能够洞察人类文化的精髓，有能力面对社会敏感的文化区域，为策划出反映时代精神的选题打开通道。只有那些把握相对独立的人格，并独立思考着的编辑，才能推出与众不同的文化产品，才能显示一种高度和气势。因为那是站在人类社会的高处、编辑人生的高处和智慧的高处创造出的选题。齐白石说过一句极富哲理的话："学我者生，似我者死。"用到编辑行当来说，就是：贵在创造性的劳作。二是指编辑这种职业过程反映出的调研意识、责任意识、作者意识、合作意识，以及外延的捕捉信息的市场意识和伴随而来的各种文化现象，比如调研市场、策划选题、确立宗旨、制定方案、物色作者、实施加工、版式设计、装帧印制、宣传营销，等等。这些都做好了，编辑身体力行的策划，也就落到"策划自己"的实处。

　　回想起来，我做的选题，大多是从经营调研中走出来的。像获得第三届、第六届国家图书奖的《教育投入与产出研究》《二十世纪中国史学名著》和获得第五届国家图书奖荣誉奖的《李大钊全集》，获得中共中央宣传部精神文明建设"五个一工程"第八届入选作品奖的《创世纪情愫——来自中国西部女童教育的报告》，获准国家教育部立项的《普通高中历史课程标准实验教科书》等等，都是密集型、多层面调研的产物。调查研究是一个选题策划的开始。我理解调查，就是了解情况；研究，就是探索事物的真相、性质、规律等。选题策划，从性质和作用上看，是一种高层次的宏观决策和系统性的谋划。这种决策和谋划的基础是调研。

　　选题是体现出版社风格的最直接、最有效的手段。清代郑板桥说过："作诗非难，命题为难，题高则诗高，题矮则诗矮，不可不慎也。"①的确，相同门类、相同层次的出版物，由于编辑群体选题立意的高度不同而不同。选题的立意高，即从高层面的选题价值出发进行编辑活动，是展示出版社风格的基础，关系到出版社的整体形象、经营战略和策略、出书结构和价值取向。选题的立意矮，那就会使编辑活动在较低的层面进行，直接影响出版物的价值取向。确定立意高的、排斥立意低的选题基础也是调研。

　　我刚刚迈进出版社的门槛，迎面而来的第一个问题就是选题。选题是什么？那时质朴、简单地认为选题就是未来的书。枯坐桌前，沉思良久：没有选题怎么编书？怎么做编辑这份工作？心里正在发急，室主任临时救火，把已经开始组稿的《中国风物志丛书·河北风物志》交给我责编，总算使我心有所安。但仍很拘谨，不知下一个选题在哪里。经过两个月，冥思苦索，琢磨出十几个选题，但交到主任手里，遭到的几乎是全军覆没。待到年底，又提出十几个选题，被采纳的甚少。初涉选题的两次受挫，使我清醒了许多。渐渐感悟到要"走出去"，面向人和事儿，

---

① 引自郑板桥《十六通家书小引·范县署中寄舍弟墨第五书》。

选题情

践行调研,经营调研,逐步走进学术界,以及可能涉足的领域。到研究工作者、教育工作者和相关的学术团体、领导机构当中去,进行不同内容、不同范围、不同层面、不同形式、不同职业、不同身份、不同年龄的调查研究,享受调研过程,以达到搜集各种政策信息、学术信息、选题信息、作者信息、市场信息的目的。

调查研究的方式多种多样,我曾采用个人专访、座谈会、问卷、亲历学术研讨会、逛书店、参观书展、书市、阅读书报、杂志、电函、信函等方法。或先后,或交叉,或同步,或分散,或集中时间和精力,进行全方位、拉网式的深而广的调研。其实,调查对象,每时每刻都在你身边,就看你的责任意识、认知意识、捕捉意识的强与弱了。只有调查研究,灵活机动地采取各种方式搜集信息,建立在这一基础上的思考,得到的选题才是有科学依据的。我从曾经熟悉的教育领域和自己就读的历史学专业出发思考一些选题方向,并寻找机会,接近学者,参加一些学术界的活动。

1985年通过参与中国历史教学研究会的活动,很快确立了全国第一套为中学历史教师使用的、按教科书章节体例编排的《中国历史资料选》和《世界历史资料选》以及一部具有开创学科里程碑意义的《历史教育学》等选题,并策划了《中国历史大事典》、《外国历史大事典》、《中国近代化大辞典》、《地学辞典》等工具书,这些都是前人从未做过的书。

1987年,我任文科编辑室主任时,与全体编辑人员开始走出去,对城市、农村十几所重点、非重点中学和省、市、县新华书店进行调查研究。我们先后邀请近百人次参加座谈会,并在调研过程中收获从初一到高三的学生书面意见787份。终于在这个基础上提出了8套42种选题,除了1种图书发行2万册以外,其余41种图书发行均在3万册以上,有2种超过10万册。由于选题对路,产生了较好的效益。

20世纪90年代初,随着市场经济的发展,出版环境的改变,我也逐渐改变着固有的思维模式。我感悟到好的选题立意所产生的图书,其内容价值应该具有超越时空的相对稳定性和结构上的相对完整性、系统性;对社会、对读者的影响力要大,影响面要宽,影响时间要久远,能在人类文明的历史长河中,留下一些痕迹。在选题策划上,均是为了追求一种更高层次的出版境界,在出版社这盘棋上,从所学专业优势出发,找到了自己在选题立意上的最佳位置。我静下心来,策划、编辑了几部有影响的大书。除了参与《历代笔记小说集成》(110卷,4000万字)、《世界文豪书系·莱蒙托夫全集》(5卷,200万字)、《中国现代学术经典》(35卷,2000万字)等书的编辑工作外,着重策划了学术类著作《中国古代史论丛》、《隋唐政治史论集》、《汉至唐初史官制度的演变》、《郦道元与〈水经注〉》、《抛引集》、《专制主义与中国封建经济》、《中国近代史》、《中国近代史论稿》、《李大钊与中国现代学术》、《李大钊全集》(4卷,200万字)、《二十世纪中国史学名著》(33卷,57种著作,1500万字)、《创世纪情愫——来自中国西部女童教育的报告》(30万字)、《范文澜全集》(10卷,300万字)、《翦伯赞全集》(10卷,600万字)、《邓广铭全集》(10卷,500万字)、《静如文存》(上、下卷,70万字)等近百种。普及类的著作有《中华百年爱国故事丛书》(100种,500万字)、《漫画史记》、《漫画汉书》、《漫画三国志》、《漫画后汉书》、《漫画资治通鉴》(计5种,24册)等。可以明显地看出,其立意大体定位在史学领域的普及与提高的读物上。策划、责编的选题,总计300余种,约8000万字(详见章末附表一"1982—2008年度策划与责编选题书目")。

二、切磋琢磨严谨

我们在组织《中国当代教育理论丛书》这套10卷本的书稿时,首先,向政策做调查,认真学习了《中国教育改革和发展纲要》、《中华人民共和国教育法》等有关的教育方针、政策和法规。同时,找来不同国家、不同时代、不同层次、不同版本的教育理论书籍,进行了集中阅读和分析比较,并且亲聆了著名教育学家、中国教育学会会长、教育部原党组书记、常务副部长张承先的教诲,增强了使命感和责任感。此后,我们六次到外省市,登门请教了著名教育家顾明远、汪永铨、滕纯、白月桥、郭永福、鲁洁等学者,得到许

《教育投入与产出研究》,
1996年12月版

选题情

1995年秋，聆听著名历史教学专家、中央教育科学研究所（现中国教育科学院）研究员、课程教材研究中心主任白月桥先生（左三）对于教育理论选题的意见。左一杨子江，左二朱建生，左四韩新保

多具体指导。又先后到原国家教委农村教育司、基教司、北京师范大学、华东师范大学、北京大学、中央教育科学研究所、人民教育出版社、《求是》杂志社和各级新华书店走访。我们听到的、看到的是各家教育出版社，以及综合类、文艺类、科技类、美术类、大学类等许多出版社都蜂拥而至，朝一个地域聚拢。出版了大量的教育图书，但是各级新华书店的教育图书专柜里摆着的竟几乎是清一色的同步训练、单元检测、升学指导等教辅读物，偶见一些教育家传记、教育大事典等书，但却难寻教育理论著作。这样，当我们的调查研究接近尾声时，逐渐形成了四套选题方案：一是《当代中国最新教育成果丛书》，该书主要选自中国教育学会评选的优秀论著，属于最新研究成果；二是《现代课程·教材·教法丛书》，按中学教学科目分类，由全国教育学会各分科学会学术带头人撰稿；三是《现代中学学科教学论丛书》，带有学术研究特点，着重理论上的阐释；四是《现代教育丛书》，以教育理论分支为主线，系全新的著作稿。

为了集思广益，我们借助社会力量进行筛选。大小论证会开了八九次,终于经过反复论证、分析、评估、鉴别,遴选出一个有较好定位的选题——《中国当代教育理论丛书》。此书列为"九五"国家新闻出版署重点图书出版规划,并荣获全国教育图书一等奖等奖项,其中《教育投入与产出研究》一书,荣获第三届国家图书奖。

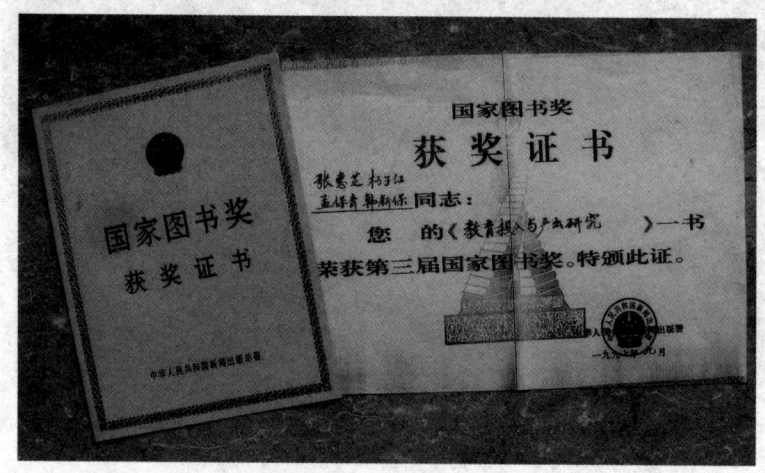

1997年,《教育投入与产出研究》荣获第三届国家图书奖

三、积储信息有效

多年来,我比较注重贴近学术文化团体,走进学术文化团体,参加不同类型的学术活动,了解学术研究领域的前沿动态。《李大钊全集》这一选题就是在我参加中国李大钊研究会和河北省李大钊研究会,通过了解情况,采集积累信息,历时五年,于1994年10月,李大钊诞辰105周年学术讨论会上终于酝酿成熟的。在这次会上,我认真听取了学者在大会和小会上的发言,备受"研究李大钊、学习李大钊"精神的感召和鼓舞,当自己所在的小组讨论临近尾声时,做了一个发言,谈了自己由此产生的想法,做出了这样一个判断:李大钊思想理论研究已经达到很高的水平,且硕果累累,应该把几十年来李大钊研究的国内外成果做一个完整、系统或专题性的总结,编辑一套李大钊研究丛书,可以包括《李大钊全集》、《李大钊全集注释》、《李大钊年谱》、《李大钊传》、《李大钊研究论集》,等

等。我是从学术讨论会上认识到这一选题的重要价值，并得到确立这一系列选题的充分依据的。

第一，李大钊是中国共产党的主要创始人之一，具有重要历史地位，这决定了其理论著作的重要价值。

李大钊是中国共产主义运动的先驱、伟大的马克思主义者、杰出的无产阶级革命家、中国共产党的主要创始人之一。李大钊在中国革命史和中共党史上的重要地位，决定了他的理论著作的重要价值。胡乔木同志在李大钊诞辰100周年学术讨论会上曾经说过："像李大钊这样的历史人物，他们的历史本身，就是党的历史的一部分。"作为中国共产党的主要创始人之一，李大钊与中国共

《李大钊全集》，1999年9月版

产党的创立及其活动有着非常密切的关系，这无疑更增加了其理论著作的文献价值。20世纪初期，复杂动荡的社会现实及各种社会思潮对李大钊都产生过或多或少的影响，但他最终选择了马克思主义。李大钊率先在中国大地上高举起马克思主义的伟大旗帜，为中国昭示了新的社会主义的发展方向，而且还初步提示了马克思主义必须同中国实际相结合这一光辉的思想原则。作为中国共产党早期的卓越领导人和具有高尚情操的学者，他遵循了马克思主义理论，对中国革命问题进行了富有成效的探索，做出了重大的贡献。鲁迅先生曾指出："他的遗文却将永驻，因为这是先驱者的遗产，革命史上的丰碑。"李大钊的遗著在历史长河中如璀璨的明珠，熠熠生辉，永不磨灭。值此世纪之交，出版他的全集可以为中国特色社会主义"两个文明"建设，提供一部重要的历史文献和生动的读本。

第二，研究队伍阵容强大，力能胜任编纂工作。

研究李大钊思想理论的学者队伍阵容比较强大，且成阶梯状，以老带轻，显现出这支队伍的成熟水平和可持续发展的势头。老一辈的研究工作者方行、张静如、刘桂生等仍然坚持在第一线，不断指点研究方向，并且身体力行；中间一代的研究者韩一德、朱成甲、吴家林等已经有诸

多成果；年轻一代的研究者侯且岸、杨洪章、朱志敏、朱文通等后生可畏，写出了不少很有分量的论文和著作，令人刮目相看。这样一支高素质、高水平的研究队伍完全具备承担编辑《李大钊全集》的能力。

第三，李大钊著述早已脱销，且旧版多有疏漏，迫切需要全新的文本问世。

1995年夏，在上海市文化局原副局长、上海市文物保管委员会顾问、著名学者方行先生（左二）居所听取他对编纂《李大钊全集》的意见。左一朱文通，左三张惠芝

李大钊著述颇丰，数十年来，李乐光、刘弄潮、蔡尚思、方行、张静如、丁守和、刘桂生、吴家林、韩一德等许多专家学者和他的亲友为搜集整理李大钊遗文进行了不懈的艰苦努力，曾编辑出版了《守常全集》（后改名为《守常文集》）、《李大钊诗文选集》、《李大钊选集》、《李大钊史学论集》、《李大钊文集》、《李大钊文集（续）》、《李大钊遗文补编》等。但是在讨论会上人们纷纷反映这些编著有的早已脱销，有的存在不少疏误，近年来又新发现不少李大钊的文稿，也没来得及结集进去。在这里不难感到学术界和图书市场向出版界的呼吁、渴求和企盼，特别是新中国成立50年、李大钊牺牲70年来，还没有一部他的全集问世。因此，迫切

需要以新的视角,编辑出版一部《李大钊全集》。

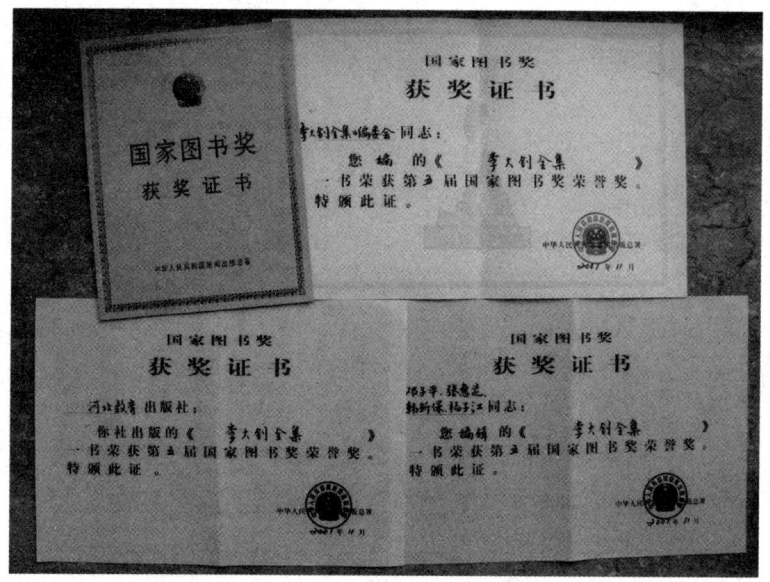

2001年,《李大钊全集》荣获第五届国家图书奖荣誉奖

我的发言和倡议立即在学者间、在中国李大钊研究会领导层引起了不同寻常的反响。在我发言过程中,专家学者,包括那位懂汉语的日本学者斋藤德彦先生都在频频点头,似乎默认:我读懂了他们;似乎在说:可找到了知音。超乎预料,我这个发言竟成为李大钊诞辰105周年学术讨论会上人们议论最多的中心话题之一。专家学者对于这组选题立意给予了极高评价,认为体现了职业敏感、符合时代和市场需求;说是"高瞻远瞩"、"有出版家的气魄"等等。其实,我的所思所想不过是多次走进李大钊研究学术团体,关注李大钊思想研究,积累学术信息整整五年,为创造这一组选题铺实垫稳而已。

为了确保《李大钊全集》一书的编校质量,在充分听取专家意见的基础上,制定了《编辑方案》、《编辑细则》和《审校细则》,明确编辑指导思想。在编辑过程中,编辑部成员跑了二十余家图书馆,对照原文、原刊,全面、认真地核对了两遍,校正错讹几百处,累计审校16遍。对于1103条题解和注释,我逐条逐句逐字进行了认真推敲和细致加工,以达到言简意赅地说明各文的背景和有关问题,为其科学性、学术性、权威性打下了坚实的基础。在《李大钊全集》学术指导座谈会上，清华、北大教授、博导、中国李大钊研究会理事刘桂生先生给予极高赞誉，他说："出版《李大钊全集》是一高招，对学者来说很珍贵。你们这样严肃认真地做这件事符合学术规范，是学界、出版界的榜样，是中国的幸事，也正是学术界的呼唤！"北大图书馆研究馆员王世儒、辽宁师范大学教授韩一德等认为，我们出版社"做了一件功德无量的事情"。上海市文化局原副局长、上海市文物保管委员会顾问、著名学者、李大钊研究的前辈方行先生说："《李大钊全集》的出版，是件值得奔走相告的大事。"在《李大钊全集》首发式上，中共河北省委书记叶连松同志认为《李大钊全集》"是目前我国出版的第一部李大钊同志著作全集，……是我省，乃至全国理论界、出版界的一件大事"。中国李大钊研究会副会长张静如教授在会上说，"《李大钊全集》的出版有永久的馆藏价值、重要的宣传教育价值及学术研究价值"，对选题给予了充分的肯定。另外，中央电视台、河北电视台、《人民日报》、《光明日报》、《人民日报》(海外版)、《中共中央党史研究》、《中国文化报》、《中国社科研究》、《北京党史研究》等媒体、报刊纷纷对于《李大钊全集》的出版给予了及时的报道或发表有分量的书评。《李大钊全集》出版后，荣获第五届国家图书奖荣誉奖等多项奖励。

四、畏前贤益当代

20世纪90年代，我开始运用所学专业优势，思谋更大的目标，那就是怎样为传承祖国优秀的历史文化服务，怎样为推动、繁荣21世纪史学发展服务。除推出《二十世纪中国史学名著》外，锁定郭沫若、范文澜、翦伯赞、吕振羽、侯外庐、邓广铭等的研究成果，计划原汁原味地汇编成集出版。由于诸多条件的制约，最后做成了《范文澜全集》、《翦伯赞全集》、《邓广铭全集》。而郭沫若、吕振羽、侯外庐的经典之作，也都收入《二十世纪中国史学名著》，弥补了遗憾。这三位史学大家一生的共同特点是笃志史学。范文澜的《中国通史简编》、《中国近代史》(上)、《文心雕龙注》等，翦伯赞的《历史哲学教程》、《中国史纲要》等，邓广铭的《北宋政治改革家王安石》、《稼轩词编年笺注》等，至今，中外史家都给予高度评价。

我在退休前十年，更加不愿卷入琐事之争，彻底赢得一片净土，全神贯注、如痴如醉、专心致志、竭尽全力完成《二十世纪中国史学名著》、《李大钊全集》和三位史学大家集大成者之全集，以便后来者能够更好地研究他们的史学理论、史学方法和治学精神，并学习、继承、发扬他们的学术成果，在今后史学研究更加繁荣发展的新阶段结出令人瞩目的硕果。

（一）《二十世纪中国史学名著》的设计

为了设计、论证、策划《二十世纪中国史学名著》这一选题，我曾亲自登门拜访了十多位史学家，又向全国33位史学家发了信函，征求意见。仅入选书目，就反复论证了十几次，产生了11次讨论稿，第12次才算定稿，一次比一次趋于完善，一次比一次趋于科学。在听取诸多史学家意见后，我们深刻地认识到，20世纪前，一个百年为世人可称为史学家的人不过几人。但是，历史偏偏厚爱20世纪。先后不间断地发掘了的大量史料，像甲骨文、金文的发现，帛书、简牍的发现，敦煌书卷的发现，外文和少数民族文字资料的引进和发现，明清档案的整理等等，为20世纪学者的研究工作提供了极为有利的条件，造就了任何世纪都无法比拟

1996年夏，在《二十世纪中国史学名著》征求意见座谈会上，《二十世纪中国史学名著》学术委员，《求是》杂志社研究员、原副总编辑苏双碧（左一）发言。《二十世纪中国史学名著》学术委员、中国史学会会长、国家清史编纂委员会主任戴逸（左二）参加讨论

编辑情愫

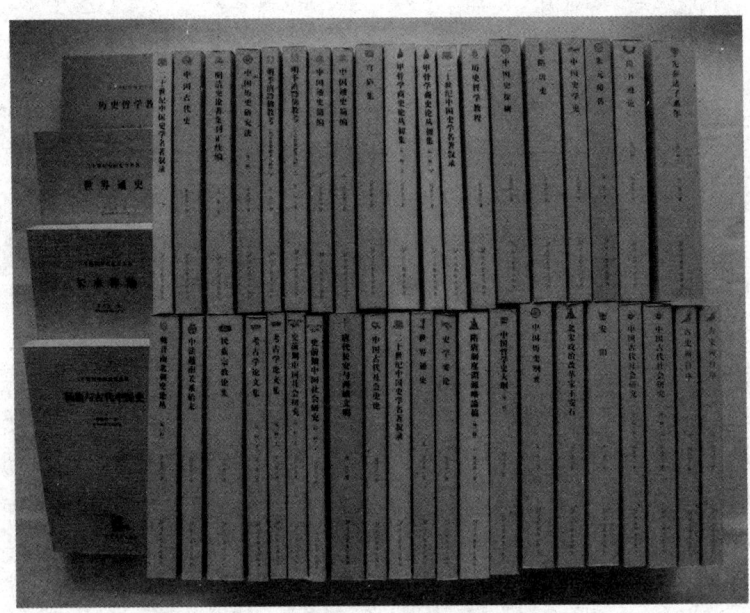

《二十世纪中国史学名著》部分著作，2000年12月版

的成就卓著的诸多史学家，像梁启超、王国维、陈垣、陈寅恪、胡适、顾颉刚、钱穆、郭沫若、范文澜、翦伯赞、吕振羽、侯外庐等等。回想司马迁著《史记》后，一百多年才产生了班固；班固死后五十多年产生了荀悦；又八十多年产生了陈寿；11世纪以后又有欧阳修、司马光、郑樵、胡三省、赵翼、钱大昕等等史学家出现。唯有20世纪名家辈出，名作如林。

20世纪末，重新出版这些论著中的杰出之作，是对20世纪中国史学界研究成果的一次大回顾、大总结，对于人们进一步认识和总结20世纪中国史学的发展，借鉴前人的治学成果和方法，对于人们展望和开拓21世纪中国史学，具有重要的社会意义和学术价值。从史学家那里，我们充分认识到此书的出版，既可展现百年来中国史学界的丰硕成果，又能为后人留下20世纪中国史学之系统的和珍贵的参考书，是一项有功于前人、惠及于后人、受益于当代的中国历史文化积累传承的系统工程。积累和传承，不仅仅是对传统文化本质的一种认识，也是一种保护和抢救，更是一种发展。为此，我们十分严肃地策划、编辑了《二十世纪中国史学名著》。

历经五载，这套书全部出齐。首次印刷和第一次重印已告售罄，第二次重印正在投放市场。作为品牌书、长销书，对出版社的良好形象起

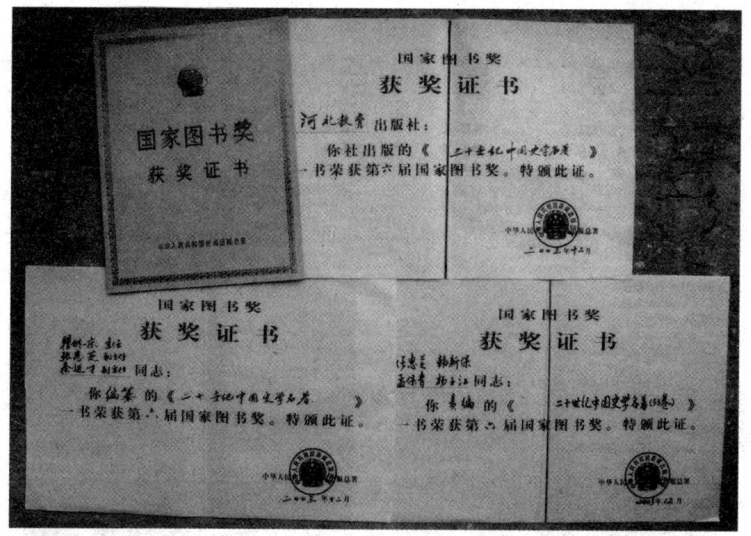

2003年，《二十世纪中国史学名著》荣获第六届国家图书奖

了巨大的支撑作用。从学术著作能够连续两次重印的势头看，说明学术界需要，市场判断正确。这套书引起学术界、史学界热议，普遍认为是发展、繁荣学术，有旺盛生命力的好书、大书。南京大学一位历史学研究生曾对我说："从某种程度上说，我就是冲着贵社出了这套书来应聘的。"不难看出，这套书出版后的影响力有多大，它甚至直接影响到年轻学人对于职业的选择。书做完了，使我有一种编辑自我实现的满足。后来这套书荣获第六届国家图书奖等多项奖励。

《二十世纪中国史学名著》出版后收到一些赞美的信函以及对重印的具体修正意见。现录呈金冲及、任继愈、陈祖武三位著名学者信札如下。

金冲及致河北教育出版社（2002年10月8日）

河北教育出版社：

前承赐赠《二十世纪中国史学名著》，十分感谢。有几种书是我久觅不得的，更觉得兴奋。作者中不少是我熟悉的前辈，包括曾向我授业的三位老师（周谷城、谭其骧、胡厚宣三位先生），读到时备感亲切。

贵社在重印时，要求对书中如有讹误之处提出意见，表现了贵社对出版工作认真负责的态度，十分令人钦佩。我因杂事太多，来不及对全部书稿拜读一遍，只是看了《出版说明》、《编校凡例》、戴逸同志的《总序》和我两位老师（周谷城先生和谭其骧先生）书前的《前言》。整个读来，是很满意的。只有几点零碎意见，供参考……

从来信看，该套丛书33种似已出齐，准备重印。我以前收到的贵社寄赠书中尚缺钱穆、傅斯年、胡厚宣先生三种，不知是否在寄运过程中失落？望仍能赐赠（不必重印本，以便配套），使成完璧，无比感谢。顺颂

撰安

金冲及

2002年10月8日

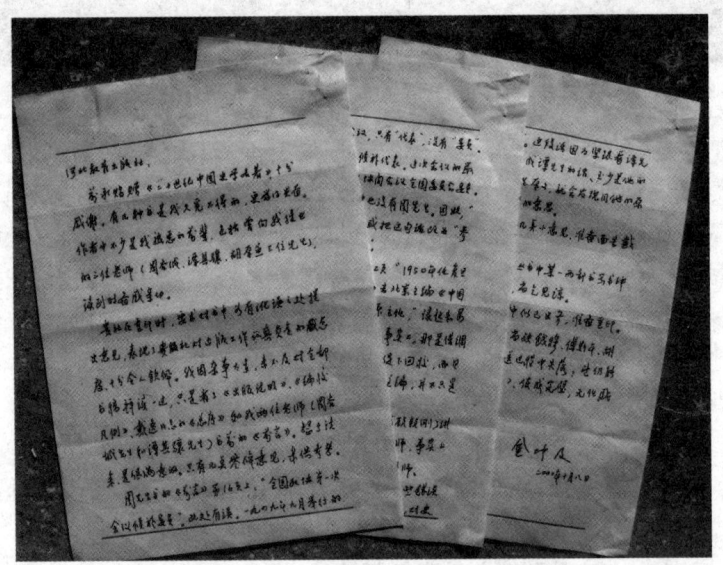

2002年10月8日，时任中共中央文献研究室副主任、中国史学会会长的金冲及先生致河北教育出版社信札手迹

时任中共中央文献研究室副主任、中国历史学会会长的金冲及先生信中写到"有几种书是我久觅不得的，更觉得兴奋"。"久觅不得"说明"史学名著"出版的重要、必要和及时。"觉得兴奋"带给我的则是更加兴奋。当代著名史学家，也在"久觅"这些名著，说明其价值所在，需求的迫切所在。金先生说："作者中不少是我熟悉的前辈，包括曾向我授业的三位

选题情

老师(周谷城、谭其骧、胡厚宣三位先生),读到时备感亲切。"

金冲及先生还在信中说:"贵社在重印时,要求对书中如有讹误之处提出意见,表现了贵社对出版工作认真负责的态度,十分令人钦佩……整个读来是很满意的。只有几点零碎意见,供参考。"

金冲及先生肩有重任,仍在工作十分繁忙之时仔细、认真阅读了《二十世纪中国史学名著》的总序、编校凡例和周谷城、谭其骧著作之《前言》,提出具体修正意见,很是感激。遗憾的是这些意见未及赶上重印。但对于我们当编辑的该如何避免错误,保持语言叙述、表达上的完整性、准确性等是极有宝贵借鉴意义的。

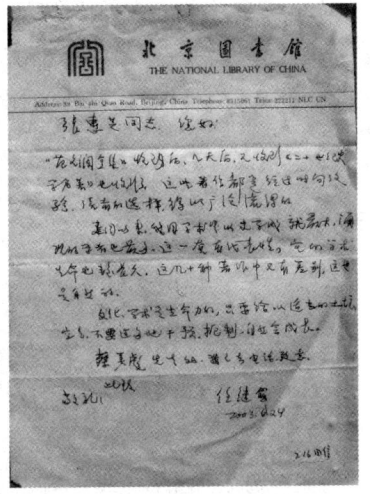

2003年6月24日,国家图书馆馆长任继愈先生致张惠芝信札手迹

任继愈致张惠芝(2003年6月24日)

张惠芝同志:您好!

《范文澜全集》收到后,几天后,又收到《二十世纪中国史学名著》。这些著作都是经过时间考验、读者的选择,得以广泛流传的。

建国以来,我国学术界以史学成就最大,涌现的学者也最多,这一套有代表性,它的学术生命也较长久。这几十种著作中又有差别,这也是自然的。

文化、学术是(有)生命力的,只要给以适当的土壤、空气,不要过多地干预、扼制,自然会成长。

蔡美彪先生处,我已去电话致意。

此致

敬礼!

任继愈

2003年6月24日

编辑情愫

任继愈先生对于《范文澜全集》和《二十世纪中国史学名著》出版的肯定,以及对于它们和另一些学术力作生命力的精辟论述,使我受到诸多启迪和鼓励。

确实,许多学术著作是经过时间考验和读者的选择(市场的需求)才得以流传下来的,学术是有生命力的,因为它有自身的价值,有在一定领域内所应占有的地位,只要有适于它的土壤、空气和水分,没有干预和扼制,就可以自然而然地生长。而且,只有这样的出版物,这些能够流传下去的出版物,才有其生命力,才会对繁荣学术做出贡献。否则,就不会拿到问世的"出生证"。过去是几年、十几年,甚至更长时间的研究成果,集成一部书稿。像马克思经二十五年的潜心研究才写出《资本论》第一卷那样的鸿篇巨著,正是今日学人,包括我们这些当编辑的楷模。学者应和编辑联手不断推出各个领域的不朽之作,以完成历史之使命,共同之责任。

2001年夏,在河北教育出版社答谢作者座谈会上,中国社会科学院历史研究所所长、研究员陈祖武(左一)与辽宁师范大学原校长、故宫博物院原副院长、国家清史编纂委员会副主任、教授朱诚如(左三)就近期出版的《李大钊全集》、《范文澜全集》、《二十世纪中国史学名著》等交谈甚欢。左二张惠芝

陈祖武致张惠芝(2008年3月14日)

惠芝先生史席：

承颁赐翦老全集，感激不尽，谨致深切谢忱。

从《李大钊全集》、《范文澜全集》、《邓广铭全集》、《二十世纪中国史学名著》到翦老全集，先生十余年的辛勤劳作，不唯造福今日学林，而且也为中华民族留下了一份极可宝贵的学术遗产。祖武深信，他日学人撰写新中国学术史，与先生无私的奉献精神，必将写下永久的纪念。

祖武不学，无以报效国家民族，唯有以先生为楷模，时刻不忘守住脚下这一方净土。

即致

敬礼

陈祖武拜

2008年3月14日

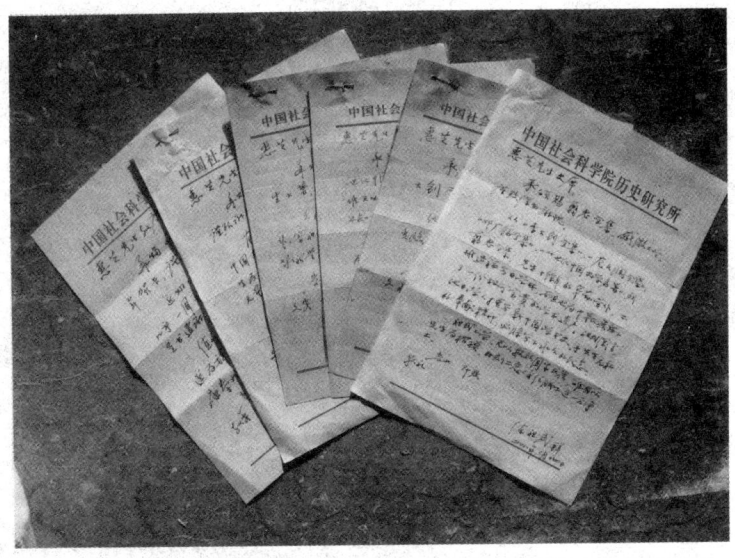

1999年11月12日—2008年3月14日，中国社会科学院历史研究所所长、研究员陈祖武先生致张惠芝信札手迹

时任中国社会科学院历史研究所所长的陈祖武先生的这次来函说到我们"从《李大钊全集》、《范文澜全集》、《邓广铭全集》、《二十世纪中国史学名著》到翦老全集","十余年的辛勤劳作,不唯造福今日学林","也为中华民族留下了一份极可宝贵的学术遗产"。祖武先生深信,"他日学人撰写新中国学术史,与先生无私的奉献精神,必将写下永久的纪念"。这真挚的话语,真的令人兴奋和感动,且不敢受之。

任继愈、金冲及、陈祖武几位先生在信中的夸赞,是对学术界、出版界继承、传播、发扬中国优秀传统文化的由衷肯定,是在鼓励我们继续勉力为之。但我没能料到学者、作者、编辑对待百年来史家创作的名著的感情如出一辙,这是内心世界息息相通的真实表白。正是读之切的情,编之切的行,相辅而行。读者、作者和编辑,出版和市场,就是这样紧紧相依,可谓相知有素。世纪之交,为创新和发展21世纪中国各领域的学术研究与出版事业就这样步调一致地、完美地结合着,并肩战斗着;共同牵手,相辅相成地推动着中国特色社会主义学术研究,薪火相传,不断发展,为实现世界文化强国的梦想而共同奋斗。

(二)《中华百年爱国故事丛书》的设计

多年来,我们对大、中、小学,党政机关,图书市场,学术单位进行持续的广泛调查,大家普遍反映缺乏写给青少年的历史读物;历史书籍出得越来越大,越来越厚,越来越重,越来越专。说明出版界对于适合青少年特点及一般读者需要的普及读物存在忽略的倾向。对此,我们作为历史编辑深感内疚。我们应该责无旁贷地出好这样一些通俗普及类的读物,服务当代,服务读者。于是我们设想编写一套自古至今

《中华百年爱国故事丛书》部分图书,1992年12月版

选题情

的普及型历史读物。中华民族五千年的文明史从哪儿入手？几经探讨与设计，确定先从中国近代史开始。命题为《中华百年爱国故事丛书》。紧接着研究、磋商选题编写的宗旨、目的、要求，以及具体书题的拟定。

恰在1991年初，中共中央领导同志，特别强调要从小学生（甚至幼儿园）中学生至大学生，由浅入深、坚持不懈地给以中国近代史及国情的教育。我们备受鼓舞，感到这套书，选题抓得适时，进一步完善了这套书的编写宗旨，大体归纳为：着眼于中国近代史上的爱国人物和事件，以精辟的见解、新颖的视角和通俗的文字，向读者展示中国人民反对帝国主义侵略、反对封建专制统治而进行英勇斗争的雄伟画面。说明百余年的中国近代史，不仅是中国人民饱尝帝国主义侵略的屈辱史，也是中国人民前仆后继反帝反封建的斗争史，又是无数先进分子、志士仁人历尽艰辛，寻找救国道路的探索史，还是中国共产党领导中国人民取得革命最终胜利的奋斗史，以使广大群众，尤其是青少年增强民族自尊心和自信心，珍惜来之不易的革命成果，理解走社会主义道路是中国近代史发展的必然选择，坚定建设中国特色的社会主义的理想和志向，进而为振兴中华、实现社会主义现代化而自觉奋斗。

具体要求全书各册以史实为基础，采用讲故事的手法，将重大事件、爱国人物的事迹表述出来。摆脱平铺直叙，突出生动性，使故事富有哲理和寓意。力求言简意赅地引用一些有关数据和资料，提倡在讲述中推出有新意的观点，立论必须严谨科学，吸收最新的历史科学研究成果。

这套由100种书构成的丛书，应该说规模是比较大的，但为了赢得时间，讲实效，我们没有设顾问、主编、编委会等，全部由两位责编承担，一抓到底，具体到每本书、每个作者。100种书的书题，也是责编在翻阅了大量资料的基础上提出，并求教于史学界，几易其稿确定下来的。这套丛书从选题的提出，书题的确定，编写宗旨、要求的拟定，作者的选择，书稿的撰写到编辑的加工全部在两年内完成。

作为出书来说，好的选题的确立是成功的一半，另一半就是作者的选择了。我们这一套书刚刚开始组织稿源，就得到近代史专家的支持与关怀。像著名学者、史学家苏双碧、王晓秋等，不仅亲自为我们撰稿，而且积极为我们推荐作者，提高了这套丛书的作者层次，确保了书稿质量。

《中华百年爱国故事丛书》确定为局、社重点图书后，社领导为这套书配备了强有力的封面、内文设计、出版、校对人员。我们在《光明日报》、《中国教育报》、《新闻出版报》、《河北日报》发了大篇幅的宣传广告，还印制了精美的宣传品，先后发表六篇书评。随之带来了不同寻常的反响。株洲市教育局、《浙江教育报》、《天津青年报》等都纷纷来函、来电，提出要在他们管辖的省、市范围向青少年推荐这套进行爱国主义教育的好书。很快预印的2000套、20万册的书全部售罄。

　　这套丛书能这么受欢迎，能成为这么大规模的精品书，正如序言作者《求是》杂志社原副总编辑、历史学家苏双碧所云：河北教育出版社是"很有远见的"，做了一件"很有意义"的工作。"'丛书'选题广泛，点面结合，文字优美，通俗晓畅，可读性强，是一套很好的普及中国近代史的精品。'丛书'有了这些优点就大大拓宽了读者面，青少年可以读，成年人也可以读，大中学校师生、机关干部、部队官兵都可以读，我相信这套'丛书'在帮助读者增加中国近代史知识、了解中国国情方面，会起重大作用的。"

　　当时，我们组织的书评，分别在《光明日报》、《中国教育报》、《中国青年报》、《中国图书评论》、《河北日报》等报刊上发表，达到了宣传、学习中国近代史，对广大青少年进行爱国主义教育的预期目的。后来这套丛书陆续荣获全国教育图书一等奖、河北省最佳图书奖、优秀选题奖，100种图书全部分获第三届、第四届冰心儿童图书奖等奖项。

　　（三）《漫画史记》、《漫画汉书》、《漫画三国志》、《漫画后汉书》、《漫画资治通鉴》的设计

　　古时候的文人有着传承和弘扬文化的使命感和担当精神。如春秋时期的孔子身处礼崩乐坏的乱世，以弘道救世为己任，收徒办学，传播文化。要求弟子"志于道"，"仁以为己任"，"死而后已"。明末清初的顾炎武身处改朝换代、世风日下的环境，他在《日知录》里，把"亡国"和"亡天下"加以区别。认为改朝换代是亡国；道德沦丧，文化式微，甚至变坏是"亡天下"。保国是君臣的责任；而保国的基础，是保护道德、文化，"保天下者，匹夫之贱，与有责焉耳矣"。这就是说人人有践行保护、传播文化之责。正是有孔子的"守死善道"；孟子的"穷则独善其身，达则兼善天下"；顾炎武的"天下兴亡，匹夫有责"等等一批文人的以生命去担当的自

《漫画史记》，1995年2月版；《漫画汉书》，1995年2月版；《漫画三国志》，1996年6月版；《漫画后汉书》，1997年6月版；《漫画资治通鉴》，1999年5月版

觉精神，中华民族才冲破了重重战乱和多次外敌入侵的破坏，甚至是近乎毁灭性的破坏，仍保护了五千年的中华文化精髓和脉络。

那么，后人怎样继承、延续、发展先人的文化自觉精神呢？我的思考是作为编辑就要尽编辑之职，负编辑之责。我提出的《漫画史记》等选题，正源于我的历史专业出身、当下做编辑的职业和我自小对漫画的喜爱。我经常从报纸、杂志上剪辑漫画，攒起来，抽时间贴在纸上，用针线订成本子，或是直接贴在笔记本上，有空儿就翻着看，不断地品味，不知不觉地领略些漫画的魅力。甚至产生要学漫画，要投稿的念想，为的是去讽刺那些最让我不能容忍的、丑恶的现象。漫画本质上是讽刺艺术，同时也可以运用漫画传播知识，发挥其简洁、深沉、幽默、夸张的优势，让受众在茶余饭后，轻松地享受漫画与古籍交融在一起的、有感染力的文化，不必再艰难地去啃古文，既读到故事，学了历史，又积淀了文化素养，何乐而不为？特别是进入"读图时代"更要把史籍请下神圣的殿堂，融入社会，融入大众。我自然想到《史记》、《汉书》是我国古代纪传体史书的开山之作，在史学史上占有极为重要的地位。鲁迅先生称《史记》为"史家之绝唱，无韵之《离骚》"，并非过誉。但细想起来，真正通读《史记》、《汉书》的人实在有限。一般读者大都只读过诸如《秦始皇本纪》、《项羽本纪》等部分篇章。原因很简单：语言文字之艰深，篇幅卷帙之浩瀚，让人望而却步。中华书局校点本的《史记》一套10册230余万字，《汉书》一套12册270万字，通读一遍谈何容易！

　　记得我刚入北大历史系不久，曾和几位同学一起到先生家拜访。在先生的书房里，第一次看到"二十四史"。那是一套装在特制的书柜中的线装书。书柜很陈旧，棕黄色的油漆已剥落，没有一丝光泽，但书柜上隶体的"史记"、"汉书"等字样，还清晰可见。先生轻轻地打开书柜的一个格，拿出一本《史记》给我们看，并且说：这是同文版的，不太值钱，还是商务印书馆出的百衲本好。接着，先生又给我们讲起同文本、百衲本、武英殿本的区别。我们静静地听着，谁也插不上一句话，因为我们当时谁也不知道"二十四史"到底有多少版本，更不知道各种版本的区别。我们望着装满"二十四史"的高大书柜，觉得那仿佛就是古老的中国，就是光辉灿烂的五千年中华文明。在它面前，自己真是太无知，太渺小了。

　　现在我当编辑了，能否让青少年摆脱或减少些我年轻时曾经的无知和困惑？我开始求教多位史学家、文学家、画家、漫画家，他们都认为我的想法可行后，我便开始设想着将《史记》、《汉书》等书分别邀请有关研究者拟定脚本，素有学养的绘画工作者作画。他们从新的角度来审视传统文化，重新赋予其时代意识，并力求生动活泼、富有情趣，借一幅幅深入浅出的，或夸张，或讽刺，或比喻，或寓意的漫画和简洁经济的文字，使传统文化之精髓，一点一滴注入大众心田。期盼那涓涓细流，能在文化巨川中溅起美丽的令人难以忘怀的浪花。我这一设想得到著名漫画家华君武、丁聪、韩羽的鼎力支持与具体指点。我忽然增加了许多信心。也许，再过几年、十几年，完成识字任务的小学生，也能通过普及本的漫画版《史记》等书，站在"二十四史"前，而不会像我当年那样发呆，那样觉得高深莫测了。这不正是"为中国文化传香火于天下"，为中华民族的血脉奔腾不息而做的一件立意高远的好事吗？有评论曾这样认为:"大胆运用漫画艺术形式,传播优秀传统文化,是首创";"让更多的名著由深奥变为通俗,放射出更加灿烂的光辉,是功绩"。这套书还获得了"为《史记》等著作的普及,树立了一座丰碑"等赞誉。

历时六载,我似乘上无底的船,忐忑不安、诚惶诚恐,在名著与漫画、学者与画家、脚本与画面、文稿与画稿之间游来荡去,不知深浅……那可是一百多位作者的十余万条脚本文字,一百多位画家十余万幅画作啊!文字稿,除了编辑一般图书要加工的之外,还要一条条地对照原著,看是否与史实有出入,是否易懂、通俗,是否简明、生动,是否适合漫画这种表现形式,是否在指定的字数之内,提供的作画场景是否便于参考等等。画稿,要我这个非专业编辑去加工处理更是难上加难。但我能做的、能想到的是:首先,要看构图与文稿是否相符;其次,要看人物的头饰、服饰、佩物、器具、活动背景、村落布局、房屋设计等与时代是否相符;第三,要看画面上出现的文字,包括各级区域地界和城楼、街道、客栈、酒店的命名,旗帜上的文字等是否为繁体,是否一律自右至左书写;第四,同一个故事背景,同一个人物形象,同一个城堡,同一个楼亭馆舍,先后表现在画面上是否一致。

总算做成了5套24册漫画版的史籍,即《漫画史记》(5册)、《漫画汉书》(4册)、《漫画三国志》(5册)、《漫画后汉书》(4册)、《漫画资治通鉴》(6册)。它们终于以简洁的白话文的漫画形式,融入当今社会。最先出版的《漫画史记》、《漫画汉书》各印6000套,共计54000册,推向市场,读者争相选购。一次订购会,就认购360套,3240册。后来,《漫画史记》的版权授予韩国西海文集出版社,与韩国广大读者见面。漫画版的5套名著先后荣获全国优秀教育图书奖、华北五省市优秀图书奖、河北省优秀图书奖、冰心儿童图书奖等奖项。

从文化发展史来看,一种文化之所以能传承下来,最重要的原因就是其中蕴含着"好故事"。我们运用引人入胜、喜闻乐见的漫画表现形式,讲受大众喜爱的故事,用祖国优秀文化影响受众的精神世界,推动社会主流思想文化的发展,弘扬一脉相承的社会时代精神。我想这是漫画版的《史记》等载体激荡着源自远古的风雅文脉,开辟了另一条发展繁荣文化的渠道,是我做编辑的一种尝试。应该说我比较巧妙地统领了所学专业(文稿)与编辑的互相渗透,非所学专业(画稿)与编辑的互相渗透,文稿、画稿作者与编辑的互相渗透,学术界、美术界、出版界的互相渗透,大家同心牵手完成了这份大胆的尝试。我从中获得了知识,更获得了编辑的另一样的驾驭能力。同时,增加了编辑另类书籍的一份阅历。

如果给我机会,我会更加重视文化聚集,重新整合出版资源和多种需求资源做大规模,打造品牌。我会把普及本漫画版《史记》等做成系列产品:一要修订再版;二要做成64开本的小人书,一个故事一本书;三要变成电子版读物;四要做成动漫电影、电视片;五要做成译本,即外向型图书,让它们漂洋过海,让世界更多的人了解中国古老的沉淀了五千年的优秀文化精华。让《史记》这类古代经典,包括文学名著,不仅有原著、原著点校本、原著白话本、原著缩印本,还要有多层面的文化普及本,酷似聚焦群落,像天然氧吧,像潺潺的溪水,通过更广泛的渠道深入社会主流文化,深入不同种族、不同国家。让不同文化、不同年龄的受众,去慢慢品味风韵,去慢慢滋润心田。同时打造一批具有影响力的社会科学领域的文化大师,为"多元形态,一元引领"的主导势态服务,实现道德文化最大效率。这不正是我们当编辑的应当履行的使命嘛!

五、课题瞬间聚焦

1997年秋,当《教育投入与产出研究》一书获得第三届国家图书奖后,我们决定进一步开发、利用教育理论和教育实践方面的出版资源,选准课题,再出精品。此后,我和本室同仁多次请教顾明远、滕纯等专家、学者,有的多到三五次登门拜访。最后,滕纯等学者经过反复思考,以敏锐的洞察力,郑重提出了可以就有关教育的社会热点问题,即女童教育,尤其是贫困地区女童教育问题做文章。而且提出一个绝好的方案,即女童教育研究者与作家相结合,以实地考察取得第一手材料为基础,采用报告文学的形式来完成《创世纪情愫——来自中国西部女童教育的报告》这一课题。

这一课题提出的根基是:从历史上看新中国诞生前的百年间,女子入学率不足十分之一。新中国成立后将"男女平等"写入第一部宪法,成为我国的基本国策,意味着中国妇女的社会性解放,但不等于社会对妇女的观念真正意义上的改变。尤其在边远贫困的地区,弃女婴,送男不

选题情

送女上学，或女童大量失、辍学，早婚，多育等歧视妇女、轻视妇女，或因贫困无力供养女孩上学的现象比比皆是，形成一代又一代女性文盲。不论是早些年的《世界人权宣言》(1948年)，还是近些年的《儿童权利公约》(1989年)和"世界全民教育大会"(1990年)，都将受教育视为人权。女童教育，总的说源于世界范围的普及教育运动和重视妇女权利的运动。但是仍有10亿人口被剥夺了受教育的权利，成为文盲，他们分布在发展中国家，而我国就占了近1.5亿，其中1.1亿是妇女，分布在西部贫困地区。此时此刻必须有人来做这个选题。社长批示："女童教育，是目前社会一项很重要的课题，我社应为此做些事。"并拨批三万元经费，以资助作者进行实地考察。《创世纪情愫——来自中国西部女童教育的报告》一书的创作源泉是西部国民素质教育的涌动，特别是对西部女童教育的呼唤。没有西部潜在的生存与教育的危机和困境，特别是女童教育的艰辛；没有像彭措、马新兰、路宗礼等一批在西部贫困中仍坚持从事教育工作的教师、干部、学者的奉献；没有"超越种族、信仰、宗教的人民对人民的支持"的"人类情怀"；没有世界性的"全民教育"与人类可持续发展的呼唤，可以说"女童教育"这一选题的策划就无从谈起。本书创意与写作旨在与世界现代教育接轨。也是对1990年"世界全民教育大会"做一世纪的回应。其全部努力无疑是对人类提供一份不可多得的贡献。

《创世纪情愫——来自中国西部女童教育的报告》，1999年11月版

《创世纪情愫——来自中国西部女童教育的报告》在我社出版之际，恰逢中央决策的西部大开发战略开始实施。女童教育在过去的十年和今后的十年已是并仍将是世界普遍关心的热门话题，是历史一瞬间的聚焦点。因此，这部书的出版并非巧合。我国在世纪之交启动的西部大开发战略为西部女童的生存与发展创造了新的契机，带来了新的希望。我们

2001年夏，在河北教育出版社答谢作者座谈会上，中央教育科学研究所（现中国教育科学院）原副所长、研究员、教育科学研究专家、著名学者、《创世纪情愫——来自中国西部女童教育的报告》一书策划者滕纯先生（右）与张惠芝合影留念

确信女童教育在西部大开发的战略中会列入优先发展的领域，以实现我们国家的可持续发展，并为人类可持续发展做出我们中华民族应有的贡献。这就决定了我们这个选题的价值取向和它的生命力。可以说这个选题的策划、创作和编辑过程是符合出版科学规范的又一案例。不愧于荣获中共中央宣传部精神文明建设"五个一工程"第八届入选作品奖等多项奖励。

六、水到渠成名归

2002年初，我们看到国家教育部即将推出基础教育教科书的改革方案，得到将进行新一轮中小学教科书编写的消息，引进了编写教科书的竞争机制，鼓励有条件、有实力的出版社积极参与。我觉得这是一个中小学教科书市场重新洗牌的机遇，领导要我着手准备普通高中历史教科书的立项和编写工作。我明白这是高投入、高回报、高风险的选题。承担这样的任务，就意味着承担风险。我之所以勇于担当，是因为多年编辑实践的磨砺，积淀了编辑文化的功底，包括宝贵的作者资源的积累和对于庞大、繁杂书稿的驾驭能力；有六年教书、八年做教研员的实践；有撰写大、中学历史教材和其他著述的练笔。各种不同角色的复合性的经历，铸就了本人具备读者、作者、编辑的复合性心态，可以理解和注意编书的方方面面。

从2002年11月到2003年6月，七个月间，不断地从国家教育部基础教材处、课程改革发展中心这些决策机构，从中央教科所、人民教育出版社、中华书局、北师大出版社、中国地图出版社、星球出版社、仁爱公司(民营企业)，这些编写教科书的消息灵通单位，从教材编写专家、教材审查专家、制定新课标的专家，这些消息既灵通又专业的人士那里，索寻到比较全面的、多方位的各种信息、资料。在陆续得到了《普通高中历史课程标准》2002年11月稿、2003年1月稿和2003年4月稿后，便全面启动立项工作。我想应该说这是编辑策划的开始，编辑过程的开始，这个过程表现出的又是编辑自己的策划。编辑的品牌也如同出版社的品牌一样会通过编辑经营活动创造出来。

在策划立项过程中，把各种调查做到底，体现一个深度；调查撒开面，体现一个广度；将各种信息归纳汇总、分析比较，鉴别真伪与价值，充分利用有效信息，为决策服务。这可以说是成功的起步。

(一)向各种资料信息做调查

一是找到三次课标的讨论稿，进行学习、认识、比较、研究。

二是找到三十几种教材，包括港台地区教材和发达国家教材，做分析比较；明了不同教材的共性和个性，往往在个性上见创新，见突破。

三是了解初中历史教材有几家申报、几家获准，并找来几家申报材料，包括成功的、失败的，都逐一翻阅，进行分析比较，扬其长，避其短。作者看到我找到的这些资料，开玩笑地说："你怎么把人家的商业情报都搞到手了，看来是老特工了。"其实不过是得到业内同行、学界朋友无私的支援和帮助而已。

(二)向各方人士做调查

我们采用多种形式向顶尖的、权威人士,如史学家、史学理论家、课程理论家、课标组专家、教材专家、特级教师、教研员等做方方面面的调查,获取真知灼见。"顶尖"的、"权威"的是指在教材编写这个领域能决策、有话语权者。比如找课标组专家,而且找到两位组长,他们最

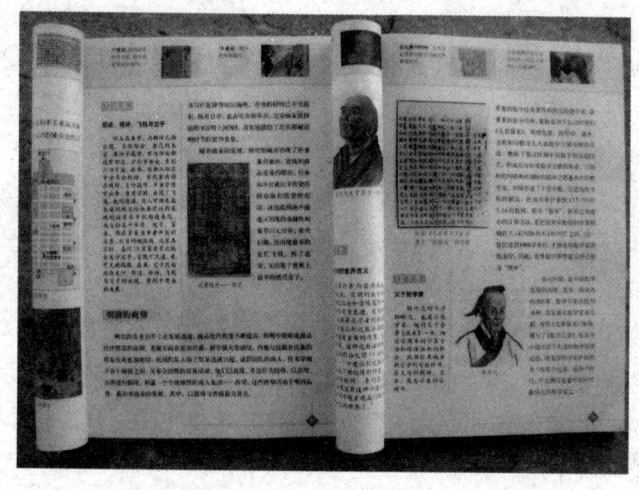

《普通高中历史课程标准实验教科书》送审样张

了解课标的内容与精神;请到编写中学历史教材几十年的专家,给我们讲如何编写教材和怎样完成教材的再创作过程;请到审评组资深委员,给我们报告这一轮教材改革的重要意义及编好教材的关键点;还请到史学理论家、教材教法专家,给我们分别讲述应该如何从史学理论、教学论、课程论的理论高度把握教材的编写;最后请到第一线教师,给我们讲适合他们和学生的教材究竟是什么样的标准。这就形成了系列的调研活动。细致、近乎繁琐的调查,往往形成省时、省力、务实、高效的调研局面,否则就会出现费时、费力、虚幻、低效的被动局面。这是编辑一连串创造性的思维和创造性的策划行为的组合,是立项成功和教科书通过的基础。这里边包含着的深邃的编辑文化,使你思路明晰,知道怎样去做,找谁去做,谁能做好。

我的体会是如果你能在一定领域内编出几种文化含量高、编校质量好的书,你就会在这个学科领域逐步形成影响力、凝聚力。比如我们社

出了一些普及性的、学术性的历史读物和历史学工具书，已构成一个小小史学著述群落，形成了一小点点气候，显现出史学选题的丰富和充足，所以才为社会、为学术界、为史学界所知晓。包括出版界一些老社、大社的一些资深历史编辑也把一种钦佩、羡慕的目光投向我们，说我们有眼光、有气魄。史学著作不断出版，如同高大建筑物平地而起时的一砖一瓦地砌墙，每部著作的出版都为后一部著作的出版奠定了基础，这样整个史学群落就越发有规模，越发有影响了。因为你形成了史学产品的生产线，读者对此了如指掌，你的出版物就自然有了市场。起码读者要买史学书籍时，会想到你们的图书发行部去看看。作为编辑，你长时间地推出好的图书选题，得到的是越来越多的学者义无反顾的真诚支持，这是我做编辑的一个真实过程中的一份真实体验。在史学、文学、教育学这些领域，凡知道我的学者，都乐意选择与我合作，这说明我们之间有信任度，这样做开事来就容易多了。专家学者会偏爱你，会主动给你出点子，策划好选题，甚至亲自供稿，因为你的认真态度，你的学识水平，你的严谨学风，你的品格魅力，你的组织驾驭能力，赢得了信誉，他们感觉给你策划，给你写书，你会做成，你能做好，他们放心。这说明你和你供职的出版社的良好形象已经树立在他们心中。我深知每一个策划，或筹划，或计划，哪怕一篇小文的形成，都蕴藏着不同程度的编辑文化的内涵和编辑付出的艰辛。编辑没有平坦的路，只有默默地在茫茫的原野上创造属于自己的文化景观，走出一条刻印着自己足迹的、属于自己的向往的路。每道景观，都是智慧的光，每行足迹都是盛开的花，都会给出版事业增加无限的光辉，同时照亮我们继续前进的路，使我们得到永恒的文化生命，实现自己作为编辑人孜孜以求的满足。

现将 1982—2008 年度策划与责编选题书目列于文后。（见章末附表一。）

自有评奖活动以来，我策划与责编的图书获得国家级图书奖的有 5 种。由我策划，并以我为主责编的《教育投入与产出研究》、《李大钊全集》、《二十世纪中国史学名著》、《创世纪情愫——来自中国西部女童教育的报告》分获第三届国家图书奖、第五届国家图书奖荣誉奖、第六届国家图书奖、中宣部精神文明建设"五个一工程"第八届入选作品奖；我参与责编的《中国现代学术经典》获得第十一届中国图书奖，计 5 种。获得省部级和其他奖励的有 89 种。共计获奖图书 94 种，114 个奖项。厚厚的一摞获奖证书，为出版业，为出版社增添了荣誉。同时，磨砺了自己，练就了担当。

这些获奖证书更是当今社会对出版物价值和影响力的认可，对出版文化繁荣昌盛的鼓励和鞭策。现将获奖书目列于文后。（见章末附表二。）

几十年来，偏偏敬仰、热爱编辑这个职业，最终追寻到宁静地做书、做好书的心境。性情由复杂变得简单，简单到只有享受做书过程这一点点，远离了搅扰的人和事儿，豁然醒悟出只有自己静下心来，才能静下环境，这便是"境由心造"。居然不给自己添烦加乱，笃志选题，实现积累文化、服务当代、流传后世的愿望。但是，却没有想到后来有了评奖之说，更有获奖证书接踵而至。当今摆在人们面前的是证书，但是证书背后却是一部部出版物走出来的饱含艰辛和汗水的行行足迹。咀嚼回味忆往，正像"冷水泡茶慢慢浓"。多少岁月，多少奋斗，多少挣扎，多少困苦，多少坎坷，多少忐忑，多少疾痛，多少羡慕，多少嫉妒……默然受之。随着一杯浓茶闲适而过；随着阅世渐深，荡然无存。

选题情

附表一　1982—2008年度策划与责编选题书目(313种　约8000万字)

一、历史学(176种)

工具书(7种)
中国历史大事典(100万字)
外国历史大事典(100万字，责编1/2)
中国近代化大辞典(200万字)
中国历史资料选(古代部分)(40万字)
中国历史资料选(近代部分)(30万字)
中国历史资料选(现代部分)(30万字)
世界历史资料选(全一册)(40万字)

著作(59种)
中国古代史论丛(25万字)
隋唐政治史论集(40万字)
抛引集(35万字)
专制主义与中国封建经济(70万字)
汉至唐初史官制度的演变(16万字)
郦道元与《水经注》(7万字)
中国近代史论稿(35万字)
中国近代史(30万字)
太平天国北伐史论文集(25万字)
太平天国北伐军在河北(3.5万字)
河北城市发展史(25万字)
国共关系七十年(70万字)
旧史新谭(30万字)
历史转折之魂(20万字)
中国改革史(50万字，责编1/5)
中国改革通史(400万字，责编1/5)
庆祝邓广铭教授九十华诞论文集(100万字，责编1/2)

编辑情愫

仰止集(42万字,责编1/2)
二十世纪中国史学名著叙录(30万字)
李大钊与中国现代学术(48万字)
李大钊手札(8个印张)
中国现代学术经典(35种,责编5卷)
  严复卷(53万字)
  钱穆卷(110万字)
  陈寅恪卷(50万字)
  太虚卷(57万字)
  马一浮卷(50万字)
二十世纪中国史学名著(33种,1500万字,4人责编)
  中国古代史　夏曾佑著
  明清史论著集刊正续编　孟森著
  中国历史研究法(外二种)　梁启超著
  观堂集林　王国维著
  明季滇黔佛教考(外宗教史论著八种)　陈垣著
  隋唐史　岑仲勉著
  中国史学史　金毓黻著
  史学要论　李大钊著
  隋唐制度渊源略论稿(外二种)　陈寅恪著
  中国哲学史大纲(外一种)　胡适著
  中国古代社会研究(外二种)　郭沫若著
  古史辨自序　顾颉刚著
  中国通史简编　范文澜著
  先秦诸子系年(外一种)　钱穆著
  民族与古代中国史　傅斯年著
  安阳　李济著
  历史哲学教程　翦伯赞著
  世界通史　周谷城著
  史前期中国社会研究(外一种)　吕振羽著
  唐代长安与西域文明　向达著

选题情

　　中国古代社会史论　侯外庐著
　　穹庐集　韩儒林著
　　中国历史纲要　尚钺著
　　中国史探研　齐思和著
　　北宋政治改革家王安石　邓广铭著
　　朱元璋传　吴晗著
　　民族宗教论集　白寿彝著
　　中法越南关系始末　邵循正著
　　考古学论文集(外一种)　夏鼐著
　　长水粹编　谭其骧著
　　魏晋南北朝史论丛(外一种)　唐长孺著
　　尚书通论(外二种)　陈梦家著
　　甲骨学商史论丛初集(外一种)　胡厚宣著

全集、文集(5种)
李大钊全集(4卷)　(200万字,4人责编)
范文澜全集(10卷)　(300万字,2人责编)
翦伯赞全集(10卷)　(600万字)
邓广铭全集(10卷)　(500万字,4人责编)
静如文存(上、下卷)　(70万字)

普及型(105种)
三味漫画屋(5种,1844.5万字)
　　漫画史记(全五册)　(1699页,324万字)
　　漫画汉书(全四册)　(1503页,284.25万字)
　　漫画三国志(全五册)　(1845页,351万字)
　　漫画后汉书(全四册)　(1337页,351.25万字)
　　漫画资治通鉴(全六册)　(2836页,534万字)
中华百年爱国故事丛书(100种,500万字,责编50种,250万字)
　　民族英雄林则徐(5万字)
　　滚滚烟卷虎门浪(5万字)

三元里怒涛连沿海(5万字)
大沽激战(5万字)
捐躯报国一辈英雄(5万字)
天国悲歌(5万字)
太平天国两虎将(5万字)
革故鼎新一干王(5万字)
铁骑雄风——捻军的故事(5万字)
圆明园的控诉(5万字)
唤醒国人的思想家(5万字)
惨绝人寰的苦力贸易(5万字)
血泪流淌祭甲午(5万字)
台湾爱国志士丘逢甲(5万字)
力挽狂澜复新疆(5万字)
镇南关边抖神威(5万字)
不败而败遗恨多(5万字)
横扫群魔——反洋教的故事(5万字)
山河作证——沙俄对清朝边疆的侵吞(5万字)
日不落帝国的魔爪——近代英国对我国领土的侵略(5万字)
外争国权的外交家(5万字)
首倡商战的实业家郑观应(5万字)
难圆的梦——洋务运动(5万字)
戊戌风云(5万字)
唐才常与自立军(5万字)
资产阶级启蒙思想家严复(5万字)
浴血救国义和团(5万字)
实业强国梦(5万字)
帝国主义分子劫掠中国文物罪行录(5万字)
宝岛浴血记(5万字)
中国第一个总统——孙中山(5万字)
民国元戎黄兴(5万字)
护国英雄蔡锷(5万字)

碧血献中华——宋教仁(5万字)

一代人杰廖仲恺(5万字)

惊醒睡狮的号手(5万字)

鉴湖女侠秋瑾(5万字)

唤醒国人的号手——邹容(5万字)

呼啸人生——章太炎(5万字)

甘洒热血写春秋——朱执信(5万字)

保路风潮(5万字)

烽火遍神州——辛亥革命前的武装起义(5万字)

辛亥革命(5万字)

暗杀引发的一场革命(5万字)

登上舞台——中国无产阶级的早期斗争(5万字)

人世楷模蔡元培(5万字)

兴学育人爱国心(5万字)

科技先驱(5万字)

游子报国情(5万字)

神拳振国威(5万字)

一代革命巨星——李大钊(5万字)

新世纪的曙光——五四运动(5万字)

开天辟地的大事变(5万字)

工农齐奋起　碧血沃中华——中国共产党成立初期的工农运动(5万字)

反帝怒潮涌——五卅运动与省港大罢工(5万字)

长痛汉皋埋碧血——中国妇女运动的先驱向警予(5万字)

青年楷模恽代英(5万字)

革命的旗手——鲁迅(5万字)

北伐战争(5万字)

奋发图强　振兴实业(5万字)

中国无产阶级的首次战火洗礼——上海工人三次武装起义(5万字)

"八一"军旗红(5万字)

爱国学生的震天怒吼——一二·九运动(5万字)

万水千山(5万字)
巾帼英豪(5万字)
陕北红星刘志丹(5万字)
血染东南半壁红——方志敏(5万字)
坦荡志坚瞿秋白(5万字)
白山黑水掀怒潮——东北抗日联军的斗争(5万字)
喋血千里——西路军的故事(5万字)
西安事变(5万字)
卫国忠魂——抗日战争中阵亡的五位国民党将领(5万字)
抗日御侮风云录(5万字)
回民支队骁勇天下(5万字)
铁流远征(5万字)
皖南事变(5万字)
壮哉华夏一忠魂——吉鸿昌(5万字)
名闻中外的重庆谈判(5万字)
在烈火中永生——叶挺(5万字)
碧血长虹照神州——王若飞(5万字)
陕北保卫战(5万字)
转战沂蒙(5万字)
铁窗难锁钢铁心(5万字)
民主先锋(5万字)
为党献身——吴运铎(5万字)
岿然砥柱立中流——冯玉祥(5万字)
华侨旗帜 民族光辉——陈嘉庚(5万字)
坚贞爱国的艺术家(5万字)
人民热爱的音乐家——聂耳与冼星海(5万字)
傲骨铮铮的画家——徐悲鸿(5万字)
辽沈大角逐(5万字)
平津战役(5万字)
淮海决战(5万字)
走向光明(5万字)

白区战场(5万字)
一代元勋百战身(5万字)
革命战争英烈谱(5万字)
为有牺牲多壮志(5万字)
人民公仆杨秀峰(5万字)
血铸丰碑——1949年纪事(5万字)

二、历史教育学(23种)

著(译)作(2种)
历史教育学(著作)(31万字)
历史学科培养能力与技巧的方式与方法(译著)(16万字)

职业与乡土教材(8种)
职业高级中学试用课本《历史》(全一册)(30万字)
石家庄市历史乡土教材(5万字)
保定市历史乡土教材(4万字)
唐山市历史乡土教材(6万字)
秦皇岛市历史乡土教材(7万字)
张家口市历史乡土教材(3万字)
邯郸市历史乡土教材(5万字)
石家庄爱国主义教育教材(10万字)

中学历史知识系列(13种)
中学历史记忆要览(18万字)
中学历史名词解释(20万字,责编1/2)
中学历史基础知识问答(26万字)
中学历史自学自测精要(30万字,责编1/2)
中学历史选择题(20万字,责编1/2)
中学历史单元检测(6种,48万字)
初中历史会考复习(15万字)

能力要求与试题分析·高考历史(60万字)

三、地理学(4种)

工具书与著作(4种)
地学辞典(130万字)
地学发展史(译著)(16万字)
河北省地理(中国地理丛书之一)(30万字)
河北省地理概要(31万字)

四、地理教育学(16种)

乡土教材(5种)
保定市地理乡土教材(6万字)
石家庄市地理乡土教材(5万字)
唐山市地理乡土教材(6万字)
张家口市地理乡土教材(4万字)
邯郸市地理乡土教材(4万字)

中学地理知识系列(11种)
中学地理记忆要览　中学地理知识问答(26万字)
中学地理读图题(10万字)
中学地理选择题(20万字)
中学地理单元检测(6种，42万字)
能力要求与试题分析·高中地理(60万字)

五、教育学(10种)

中国当代教育理论丛书(10种，责编2种，60万字)
  教育哲学对话(30万字)
  教育投入与产出研究(30万字)
  教育社会学(30万字)
  教育心理学(30万字)
  教育管理学(30万字)
  课程变革概论(30万字)
  教学论(30万字)
  教育评价概论(30万字)
  新中国教育历程(30万字)
  教育改革发展论(30万字)

六、文学(35种)

创世纪情愫——来自中国西部女童教育的报告(报告文学)(30万字，责编1/3)
莱蒙托夫全集(译著·世界文豪书系之一)(5卷，责编1卷，50万字)
历代笔记小说集成(110卷，4000万字，责编33卷，1188万字)
刘秀走国(小说)(29万字)
西游掠影(游记)(33万字)
作文书屋(30种，责编10种，60万字)

七、政治学(3种)

马克思主义以前的马克思(译著)(18万字)
毛泽东思想概论(46万字)
毛泽东邓小平哲学思想研究(29万字)

八、经济学(3种)

可行性研究编写手册(180万字，责编 1/2)
空间经济学(30万字)
中国农民消费结构研究(30万字，责编 1/2)

九、文化(12种)

河北省风物志(中国风物志丛书之一)(30万字)
大厂回族自治县概况(国家民族问题丛书之一)(7.7万字)
张垣星光(25万字)
历史的启示(20.7万字，责编 1/2)
难忘的岁月(12万字，责编 1/2)
在西柏坡的日子里(10万字，责编 1/2)
新中国从这里走来(10万字，责编 1/2)
中共中央在西柏坡文献编选(46万字，责编 1/2)
世界民俗服饰(20万字)
中国戏曲舞美概论(25万字)
标题制作与编排(15万字)
世风档案(30万字)

十、英语教育学(4种)

初中英语记忆要览(17万字)
高中英语记忆要览(20万字)
新编中学文科自学自测精要·初中英语(15万字)
新编中学文科自学自测精要·高中英语(40万字)

十一、其他课外读物、教辅读物(27 种)

课外半小时(9 种,责编 2 种,10 万字)
使你成为优等生(低年级)(6 万字)
使你成为优等生(中年级)(6 万字)
使你成为优等生(高年级)(6 万字)
初中寒暑假生活(6 种,18 万字)
高中寒暑假生活(6 种,18 万字)
学美术丛书·速写(10 万字)
无言的温柔——通俗歌曲 108 首(13 万字)
中国民歌 108 首及演唱方法(13 万字)

附表二 **国家级获奖书目**[①]

序号	书　名	奖　别
1	教育投入与产出研究	①1997年第三届国家图书奖 ②1997年河北省第三届精神产品精品特别奖
2	中国现代学术经典	①1998年第十一届中国图书奖 ②1998年河北省第四届精神产品精品特别奖
3	李大钊全集	①2001年第五届国家图书奖荣誉奖 ②2000年河北省第七届社会科学优秀成果一等奖 ③2000年社科优秀图书编辑奖 ④2000年华北五省市优秀图书一等奖 ⑤2000年河北省第五届精神产品精品特别奖
4	创世纪情愫——来自中国西部女童教育的报告	①2001年中共中央宣传部精神文明建设"五个一工程"第八届入选作品奖 ②河北省第六届精神文明建设"五个一工程"入选作品奖
5	二十世纪中国史学名著	①2003年第六届国家图书奖 ②2003年河北省第六届精神产品精品特别奖

省部级和其他获奖书目

序号	书　名	奖　别
1	河北地理概要	①1984年河北省优秀图书二等奖 ②1985—1986年度河北师大科研成果二等奖
2	河北风物志	1985年河北省优秀图书一等奖
3	西游掠影	1986年河北省优秀图书一等奖
4	太平天国北伐史论文集	1986年首届华北五省市优秀图书奖
5	中学地理基础知识问答	1985—1986年度河北师大科研成果三等奖
6	职业高级中学试用课本《历史》（全一册）	1985—1986年度河北师大科研成果二等奖

---

① 同书其他奖别一并列入此表。

续表

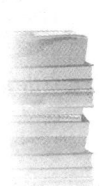

序号	书　名	奖别
7	世界历史资料选	1987年度河北省优秀图书三等奖
8	中国历史资料选	1988年度全国第一届优秀教育图书荣誉奖
9	河北省地理	①1988年度第二届华北五省市优秀教育图书奖 ②1987—1988年度河北师大科研成果二等奖
10	高中英语记忆要览	1988年度第二届华北五省市优秀教育图书奖
11	初中英语记忆要览	1988年度第二届华北五省市优秀教育图书奖
12	中国历史大事典	①1988年度河北省优秀图书二等奖 ②1989年第三届全国图书金钥匙三等奖
13	外国历史大事典	①1989年河北省优秀图书二等奖 ②1990年第三届华北五省市优秀教育图书二等奖
14	郦道元与《水经注》	1988年山西省历史学会首届优秀成果二等奖
15	历史教育学	①1989年河北省首届女编辑优秀图书奖 ②1991年中国教育学会历史教育研究会历史教育论著一等奖 ③1991年北京教育学院优秀著作一等奖 ④1991年光明杯优秀哲学社会科学学术著作三等奖
16	中国近代史论稿	1991年河北省第三届(1988—1990)社会科学研究优秀成果著作类一等奖
17	课外半小时	1992年全国第二届优秀教育图书二等奖
18	河北城市发展史	1992年华北地区第四届优秀教育图书三等奖
19	中华百年爱国故事丛书	①1992年河北省新闻出版局最佳图书奖 ②1992年河北省新闻出版局优秀选题奖 ③1995年全国第三届优秀教育图书一等奖
20	民族英雄林则徐(中华百年爱国故事丛书)	1992年第三届冰心儿童图书奖
21	滚滚烟卷虎门浪(中华百年爱国故事丛书)	1992年第三届冰心儿童图书奖

续表

序号	书　名	奖　别
22	三元里怒涛连沿海（中华百年爱国故事丛书）	1992年第三届冰心儿童图书奖
23	大沽激战（中华百年爱国故事丛书）	1992年第三届冰心儿童图书奖
24	捐躯报国一辈英雄（中华百年爱国故事丛书）	1992年第三届冰心儿童图书奖
25	太平天国两虎将（中华百年爱国故事丛书）	1992年第三届冰心儿童图书奖
26	革故鼎新一干王（中华百年爱国故事丛书）	1992年第三届冰心儿童图书奖
27	铁骑雄风——捻军的故事（中华百年爱国故事丛书）	1992年第三届冰心儿童图书奖
28	圆明园的控诉（中华百年爱国故事丛书）	1992年第三届冰心儿童图书奖
29	唤醒国人的思想家（中华百年爱国故事丛书）	1992年第三届冰心儿童图书奖
30	惨绝人寰的苦力贸易（中华百年爱国故事丛书）	1992年第三届冰心儿童图书奖
31	血泪流淌祭甲午（中华百年爱国故事丛书）	1992年第三届冰心儿童图书奖
32	台湾爱国志士丘逢甲（中华百年爱国故事丛书）	1992年第三届冰心儿童图书奖
33	力挽狂澜复新疆（中华百年爱国故事丛书）	1992年第三届冰心儿童图书奖
34	镇南关边抖神威（中华百年爱国故事丛书）	1992年第三届冰心儿童图书奖
35	不败而败遗恨多（中华百年爱国故事丛书）	1992年第三届冰心儿童图书奖

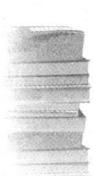

续表

序号	书 名	奖 别
36	横扫群魔——反洋教的故事（中华百年爱国故事丛书）	1992年第三届冰心儿童图书奖
37	山河作证——沙俄对清朝边疆的侵吞（中华百年爱国故事丛书）	1992年第三届冰心儿童图书奖
38	外争国权的外交家（中华百年爱国故事丛书）	1992年第三届冰心儿童图书奖
39	首倡商战的实业家郑观应（中华百年爱国故事丛书）	1992年第三届冰心儿童图书奖
40	帝国主义分子劫掠中国文物罪行录（中华百年爱国故事丛书）	1992年第三届冰心儿童图书奖
41	宝岛浴血记（中华百年爱国故事丛书）	1992年第三届冰心儿童图书奖
42	惊醒睡狮的号手（中华百年爱国故事丛书）	1992年第三届冰心儿童图书奖
43	鉴湖女侠秋瑾（中华百年爱国故事丛书）	1992年第三届冰心儿童图书奖
44	一代革命巨星——李大钊（中华百年爱国故事丛书）	1993年第四届冰心儿童图书奖
45	新世纪的曙光——五四运动（中华百年爱国故事丛书）	1993年第四届冰心儿童图书奖
46	开天辟地的大事变（中华百年爱国故事丛书）	1993年第四届冰心儿童图书奖
47	工农齐奋起碧血沃中华——中国共产党成立初期的工农运动（中华百年爱国故事丛书）	1993年第四届冰心儿童图书奖
48	长痛汉皋埋碧血——中国妇女运动的先驱向警予（中华百年爱国故事丛书）	1993年第四届冰心儿童图书奖

续表

序号	书　名	奖　别
49	青年楷模恽代英(中华百年爱国故事丛书)	1993年第四届冰心儿童图书奖
50	北伐战争(中华百年爱国故事丛书)	1993年第四届冰心儿童图书奖
51	奋发图强振兴实业(中华百年爱国故事丛书)	1993年第四届冰心儿童图书奖
52	中国无产阶级的首次战火洗礼——上海工人三次武装起义(中华百年爱国故事丛书)	1993年第四届冰心儿童图书奖
53	"八一"军旗红(中华百年爱国故事丛书)	1993年第四届冰心儿童图书奖
54	爱国学生的震天怒吼——一二·九运动(中华百年爱国故事丛书)	1993年第四届冰心儿童图书奖
55	陕北红星刘志丹(中华百年爱国故事丛书)	1993年第四届冰心儿童图书奖
56	坦荡志坚瞿秋白(中华百年爱国故事丛书)	1993年第四届冰心儿童图书奖
57	白山黑水掀怒潮——东北抗日联军的斗争(中华百年爱国故事丛书)	1993年第四届冰心儿童图书奖
58	卫国忠魂——抗日战争中阵亡的五位国民党将领(中华百年爱国故事丛书)	1993年第四届冰心儿童图书奖
59	回民支队骁勇天下(中华百年爱国故事丛书)	1993年第四届冰心儿童图书奖
60	壮哉华夏一忠魂——吉鸿昌(中华百年爱国故事丛书)	1993年第四届冰心儿童图书奖
61	名闻中外的重庆谈判(中华百年爱国故事丛书)	1993年第四届冰心儿童图书奖

续表

序号	书 名	奖 别
62	碧血长虹照神州——王若飞（中华百年爱国故事丛书）	1993年第四届冰心儿童图书奖
63	铁窗难锁钢铁心（中华百年爱国故事丛书）	1993年第四届冰心儿童图书奖
64	华侨旗帜民族光辉——陈嘉庚（中华百年爱国故事丛书）	1993年第四届冰心儿童图书奖
65	坚贞爱国的艺术家（中华百年爱国故事丛书）	1993年第四届冰心儿童图书奖
66	人民热爱的音乐家——聂耳与冼星海（中华百年爱国故事丛书）	1993年第四届冰心儿童图书奖
67	傲骨铮铮的画家——徐悲鸿（中华百年爱国故事丛书）	1993年第四届冰心儿童图书奖
68	人民公仆杨秀峰（中华百年爱国故事丛书）	1993年第四届冰心儿童图书奖
69	血铸丰碑——1949年纪事（中华百年爱国故事丛书）	1993年第四届冰心儿童图书奖
70	标题制作与编排	1994年河北省第四届(1991—1993)社会科学成果编著类二等奖
71	毛泽东领导思想概论	1994年河北省第四届(1991—1993)社会科学成果编著类一等奖
72	地学辞典	1994年河北师范大学优秀科研成果一等奖
73	专制主义与中国封建经济	①1994—1995年河北省第五届社会科学成果编著类二等奖 ②1994—1995年河北省第五届优秀图书编辑奖
74	莱蒙托夫全集	①1995—1996年度河北省新闻出版局优秀图书奖 ②第2卷荣获1993—1996年鲁迅文学奖全国优秀文学翻译彩虹奖

续表

序号	书名	奖别
75	漫画史记	1996年第七届冰心儿童图书奖
76	漫画汉书	1996年第七届冰心儿童图书奖
77	漫画三国志	1997年第八届冰心儿童图书奖
78	漫画后汉书	1997年第八届冰心儿童图书奖
79	漫画资治通鉴	1997年第八届冰心儿童图书奖
80	中国当代教育理论丛书	1995—1996年度河北省优秀图书奖
81	历代笔记小说集成	1995—1996年度河北省新闻出版局优秀图书奖
82	中国近代化大辞典	1996年华北五省市优秀图书二等奖
83	空间经济学	①1996年第六届华北五省市优秀图书二等奖 ②石家庄市社科联第五届社会科学优秀成果奖一等奖
84	爱国主义教育教材	石家庄市社科联第五届社会科学优秀成果奖二等奖
85	中国改革史	1998年第七届华北五省市优秀图书二等奖
86	汉至唐初史官制度的演变	2000年华北五省市优秀图书三等奖
87	中国农民消费结构研究	2000年华北五省市优秀图书二等奖
88	李大钊与中国现代学术	2006年江苏省第六届社会科学著作类二等奖
89	邓广铭全集	北京市第九届哲学社会科学优秀成果特等奖

作者情

我曾经接触或合作过的作者有数百位，是他们自始至终的支持和相助，成就了我的编辑职业。我与作者许多时候是通过散发浓浓墨香的书信，从相识到相知的。保持着志向、情感、心灵与信息的沟通。薄薄的、轻轻的信纸，有时不过一两页，几克重，却饱含着沉甸甸的分量和无法言表的真诚。现存信札559件，明信片389件，回函复印件57件。在整理书信过程中更加感觉成就一个选题，编辑个人的努力是自然的，又是微乎其微的。但是，社会、学界、学者给予的学识和智慧是必需的，又是极其巨大的，自然形成我对于作者难以忘怀的一份情谊和敬意。

刚刚走进出版社的时候，听过讲课，看过文章，由此得知"作者是衣食父母"、"编辑为他人作嫁衣裳"之说。当时只知字表之意，不明字里之学。几经报批选题受挫，逐渐认识到把自己关在屋里，永远得不到来自政策、学界、作者、课题、市场等方面的信息，永远得不到社会宝库赐予你的方方面面的资源，也就缺失孕育选题的土壤。

回想起来，策划、编辑三百多种出版物，从第一个选题《河北风物志》到最后一种出版物《翦伯赞全集》，有哪个选题不是来自作者给予的土、水、空气等养分的滋润！

一、首次合作情深

20世纪80年代初，原国家出版局曾组织各省（自治区、直辖市）出

作者信函（559 件）、致作者信函（复印件 57 件）

版社编辑《中国风物志丛书》，我被分配做《河北风物志》的责任编辑。这部书稿内容涉及历史、地理、古典文学与民间文学、考古、文物、摄影、绘画、民间美术、武术、饮食、特产等十几个专业门类，由 72 位作者完成。这是我当编辑后接触的第一部书稿、第一批作者，而且是一部出自多作者、多门类的自认为的繁难书稿。我真的很茫然，感觉无招架之力。但救驾的是谁？正是"历史渊源"、"地理风貌"、"名胜古迹"、"民间传说"、"历史名人"等部分的作者叶坚楠、杨积余、杜荣泉、李晓东、曹广志、张文、张文质等学者。他们既有扎实的专业基础，又有写作能力，正是这些强势作者压住了书稿几个重要部分的阵脚，托起了这部著作，拯救了第一次做责编的我。他们知道我刚做编辑，给予我很多帮助和理解；我知道他们都是学有专长的学者，对他们很敬重和信任。两年多的写作和编辑过程，我的首批作者成了我作者队伍的奠基者和永久的朋友。在以后的编辑生涯中，他们都曾给予我许多关怀和支持。像杜荣泉、张文、魏连科、王明信、张圣洁等教授都参与了"史学名著"、四大"全集"、"漫画史记"等诸多选题的研究和探讨，并承接了大量把关性的审校任务。那时他们大多在四十多岁，帮助我二十多年，一直到我退休。他们帮我

作者情

1995年秋,在张中行先生(左)书房,张惠芝亲聆教诲

做事,不讲价钱。经常做的是难度大的整理、审校工作,却取一般整理、审校酬劳。不管是寒冬腊月,迎着寒风;还是炎热酷暑,顶着烈日,他们都骑自行车取送书稿,进到我的办公室总是满脸通红,不是冻得搓手,就是汗流浃背。到了六十多岁,他们仍然这样来回奔波,我的内心酸楚颇多。但是他们心胸坦荡、无怨无悔,与我共同担当着许多重任,我无法用言语表达此时此刻的心情。但我知道,我收获的是他们品格、学识、精神的力量,收获的是最敬佩的永久的良师益友。还有像叶坚楠老师,交了"风物志"书稿就积极给了我选题建议,他主张根据学生的需要编写《中学历史基础知识问答》,我出于曾经的历史教研员的职业,欣然采纳。现在可以认为这样一本书过于平淡,但那时正处于"文革"后的书荒阶段。刚刚恢复高考,学生急需。结果这本书发行了18.8万册,赢得了读者和市场,对于解燃眉之急真的起了很大作用,还获得河北省优秀图书奖的鼓励。就在《中学历史基础知识问答》面世不久,51岁的叶坚楠老师,在与家人参加石家庄的一个庙会活动时,不幸遇难。我的心至今悲情犹存,不能释怀。

二、研精覃思配套

20世纪80年代中后期，我时常参加一些中国历史教学研究会的年会和相关活动，结识了许多朋友，包括该会会长赵恒烈先生。后来，他撰著的开创学科教学论的重要著作《历史教育学》交由我社出版，由我责编。紧接着，又确立了由他主编的全国第一套历史教师使用的按教科书章节体例编排的《中国历史资料选》、《世界历史资料选》的选题。这两种书给历史教师备课提供了极大的便利。他的著作的出版，因为他在全国历史教学领域的影响力，特别是《历史教育学》获得《光明日报》评选的优秀理论著作后，竟给我们社的知名度带来了不小的提升，大家纷纷赞誉我社为提高全国历史教学研究水平做出了贡献。

《历史教育学》，1989年12月版。系开创历史学科教学论的重要著作，获得《光明日报》评选的"优秀理论著作"称号

20世纪80年代末、90年代初，我不断走进中国历史学会，中国历史教学研究会，北京大学、北京师范大学、南京大学、南京师范大学、中山大学、河北大学、河北师范学院的历史系，参加他们的学术活动，获得广泛接触学者的机会。随后，请著名历史学家苑书义、张殿吉等主编了《中国历史大事典》、《外国历史大事典》、《中国近代化大辞典》等工具书。这样历史教学领域不仅有理论著作做指导，又有史料书籍用来翻阅佐证，还有了以事件为主体的工具书查阅疑难。这些书的陆续出版，使我实现了为大、中学历史教师成龙配套编书的夙愿。同时，使我拥有了历史学、历史教育学方面，随时、随处可以帮助我的大批作者。队伍扩大着，基石铺垫着。

作者情

《中国历史大事典》、《中国近代化大辞典》、《外国历史大事典》、《世界历史资料选》、《中国历史资料选》(现代部分)、《中国历史资料选》(近代部分)、《中国历史资料选》(古代部分)等工具书

三、队伍一倡百和

1991年，在中国近代史专家苏双碧、王晓秋等教授的全力支持下，完善了《中华百年爱国故事丛书》的编写宗旨并确立了100种图书的书目。苏双碧热心为我们推荐作者，并命笔作序，还同王晓秋、邱远猷等学者亲自为这套书撰稿，一下提高了丛书的作者层次；又有李永昌、董丛林、郭贵儒等学者提前拟定写作提纲和样稿等，对这套大规模的丛书，统一编写意图和体例以及提高书稿质量起了重大保障作用。这套丛书，有一百多位作者，来自大江南北。他们把自己手头科研和其他写作任务都搁置下来，为的是顾全在一年内全部完稿的大局。这样的尊重出版项目，这样的不惜放弃自我，对我们编辑的支持力度可说是到了极致。这分明是出版社的作者缘啊！同时，诞生了"会讲故事"的作者群体，使我们继续讲述中国故事获得了宝贵的作者资源。后来，这套书荣获全国优秀教

育图书一等奖、冰心儿童图书奖、河北省优秀选题奖、最佳图书奖等奖项。学界一百多位作者为一元主导文化的发展所做的贡献是功不可没的。什么时候想起这套书，什么时候都不曾淡漠对作者的那份感激和敬仰！

四、出色跨界联手

1994年，"为中国文化传香火于天下"，在社长出版意图的推动下，我提出"漫画史记"等选题。在论证这个选题时，得到美术界、史学界、文学界著名画家、学者华君武、丁聪、韩羽、魏连科、周传家、李敬泽等专家联手跨学界的支持。最终做成《漫画史记》、《漫画汉书》、《漫画三国志》、《漫画后汉书》、《漫画资治通鉴》等5套24册书。充分运用祖国优秀文化和引人入胜、喜闻乐见的漫画表现形式，讲好受众爱听的故事，推动社会主流思想文化的发展。可说漫画版的《史记》等载体开辟了另一条传播史学，将历史知识转化为大众常识，使其生生不息，发展繁荣文化的渠道，也是我做编辑的一种尝试。在编书过程中有诸多作者的鼎力相

1994年9月4日，著名漫画家丁聪（右）对《漫画史记》等书的画技、画法悉心指点后，与张惠芝合影留念

助，光信函就收到二十余件。在这里我特别要提到的是河北画院的画家谷爱萍女士在1998年12月20日这一天写给我的两封信，除了说明《漫画资治通鉴》第1册画稿进展情况外，就是透着真诚的质朴和发自内心地感谢韩羽先生。她写道："韩羽老师在我画草图期间和构线期间一直在指导我，提出许多宝贵意见。"韩羽先生是著名的漫画大家，能"一直""指导"一位画家由国画到基本掌握漫画的艺术表现形式真的不易，真的难

作者情

得，真的有着诲人不倦的师者风范。韩羽先生对我这样一个学历史的、完全不懂画的、默默无闻的小人物毫无怠慢，反而在我责编这套书的过程中给予很多从宏观到微观的精细指点。爱萍在来信中还说："母亲对我的帮助更是不言而喻，生活上不必说，在(画)人物形象塑造上提出自己的看法，这对我很重要、很客观、很亲切，又透彻。"这是一份对母亲由衷的敬重、钦佩、爱戴，更是信赖。从与她的几次交谈和见到她母亲两面后，深深感触到母亲对女儿的关注、帮助、支持、给予是最纯朴、最细致、最无私、最伟大的。爱萍告诉我："每当我作画时，七十多岁没有文化的老母亲，二十多年如一日，只要收拾好家务，就静静坐在画案旁，似乎很快进入角色，默默地、目不转睛地注视着画面，用心投入其中，直到观察几天，才谈东道西说出自己充满思考和智慧的意见。妈妈的看法往往对我很有启发。"爱萍眼下说出的不正是一幅令人羡慕的世界上最美的、最鲜亮的情景画嘛！编辑的背后是作者，作者的背后是母亲。爱萍的成就真的有母亲一份，而且是无限大的一份。

正是韩羽先生的指点，母亲的鞭策，中央美术学院学习的深厚功底和爱萍的一种精神境界，使她饱享收获。正像她信中说到的："希望每幅都画得称心"，"凑合事儿……心里过不去"。"紧赶慢赶，画到后来，再看一开始(画)的不堪入目，硬是又重新构图二百四十多幅……"能想到这一步，直到去做这一步，体现了一位画家可贵的治学精神。我最偏爱的就是对自己作品严肃、认真、较劲、负责任、求完美的作者，而画家谷爱萍就是我心目中这样的一位作者。我这个非专业人士，至今仍爱恋着出自她之手的《漫画资治通鉴》，千幅画面轻盈又美妙，夸张又真实，连贯又流畅，生动又传神；至今仍没忘记赞美她认真做人、认真作画的精神，并为自己的榜样。

在六年时间内，由二十多位作者完成的十余万条文字脚本和六十多位画家完成的十余万幅画作啊，捧在手里总共是近百位作者辛勤创造的成果，显得格外沉重！没有华君武、丁聪、韩羽等人谆谆教诲，没有魏连科、周传家、李敬泽等人精心构想，没有学界人士众志成城、联合力挺，我是无论如何也开不了这个头的，更不要说挑起这副重担。这次完成了《漫画史记》等书的出版，感觉是完成了文学界、史学界、美术界、出版界互相渗透、互相交融的一次成功的合作。是作者帮助这套书起步，使我享受编辑这套书的艰辛和成功的愉悦,积累了另样的队伍,学到了另样知识,提高了对另类书籍的驾驭能力!

面对《漫画史记》系列的问世,可以看到,支撑我们这个民族的,令我们血脉奔腾的历史文化,正在祖国大地上绵延不断地采用各种方式传承着,圆着中华民族要越来越兴旺的梦想。编辑的最终使命正在于此。

五、积攒资源生辉

著名学者、中央教科所研究员白月桥先生研究课程、教材、教法几十年,1994年,成了我们首位,也是自始至终的调研和求教对象。他曾帮助我们策划了四套教育理论方面的选题,并给我们推荐了教育理论各分支学科有显著研究成果者,还使我们联系到不少教育理论方面的资深专家,帮助我们出版社逐步拥有在这一领域的作者资源。

我们全室的大部分编辑都走进过白月桥先生的家。月桥先生每次都非常热情地接待,备好上等新茶和水果,而且不厌其烦地讲解,直到我们了却疑惑;对于我们提出的所有困难都想方设法地给予解决,直到我们工作顺利开展。而且还毫不保留地把他熟悉的或认识的,或通过他人可以联系上的著名教育家和著名学者张承先、顾明远、滕纯、汪永铨、郭永福、游铭钧、刘文修、侯光文、高奇、郭福昌、王善迈、鲁洁、桑新民等等引荐给我们。正是这些作者成就《中国当代教育理论丛书》纳入"九五"国家重点图书出版规划,并能够以优等质量的精品面貌出版。紧接着,我们又聘请这批教育学专家为我们策划了有关女童教育方面的热点话题——《创世纪情愫——来自中国西部女童教育的报告》。该书出版后,在社会上引起强烈反响。

白月桥先生曾在河北省教育科学研究所工作,那时我是石家庄地区教研室教研员,我们是上下级,也是相识多年的同行挚友。他调到北京工作后一直保持着联系。他的广博学识,他的钻研精神,他的崇高品质,他的真诚、厚德和不畏惧的精神意志力,通过这次策划和组稿的艰辛过程,使我惊叹并更加佩服。他不仅有精湛的学问,还有高风亮节的品行,是我永远的榜样,更是我永久的朋友。每当想起这套书的成功,从不可能忘却月桥先生不取报酬默默无闻的付出,且置身患高血压、糖尿病的

重疾于不顾,更觉其功绩如山。我对于他这样一位作者朋友十分感激,但更有一种无法偿还的愧疚。

2002年,在我们准备竞标国家教育部新课标普通高中历史教科书时,又是月桥先生向我们伸出援手,不仅给我们阐述个人编写历史教科书的经验和教训,还把他主编的《九年义务教育初中历史教科书》曾经使用过的相关政策、文件、课标讨论稿、写作提纲、样稿等资料,和盘托出,任我们享用。他的想法很简单,就是不分彼此,为多出几套优秀历史教科书而联手努力,共同奋斗。这种完全无私的意念真的令人鼓舞和振奋。我们的高中历史教科书能够成功立项,与月桥先生给予理论上的悉心指导,心血的徐徐汇入密不可分。

月桥先生在帮助我们策划"教育理论丛书"过程中积攒的作者资源,又运用到编写高中历史教科书当中,继续发挥了相当大的作用。说到高中历史教科书,还有深深铭记在我心里的中央民族大学历史系原主任陈梧桐教授和陈旭霞研究员、王萍教授。陈先生学识广博,晓畅通史,曾经受聘于人民教育出版社,编写过几十年的中学历史教科书,是人民教育出版社副总编辑王宏志教授推荐的资深教材专家。他的笔迹在教科书立项材料、写作提纲和各册、各章节的字里行间随处可见。他出色完成了出自几十位作者之手的书稿的统稿任务,以及书稿向教材转化的再创造性劳动,起到了我们编辑无论如何也替代不了的重大作用。回忆起来,当年我们有诸多竞争对手,假如没有陈梧桐,假如没有陈旭霞、王萍的睿智才华、心志不移、日日夜夜、辛勤劳作,我们的这套教科书怎么能力压群芳、顺利胜出呢?真切地感佩陈梧桐先生,陈旭霞先生,王萍先生!只是这样淡淡的言语,自觉太轻,但它却是发自肺腑的、感慨万端的感言!

六、传承学术人脉

我在"选题情"里说过:在1994年中国李大钊研究年会上,我表示出对于出版《李大钊全集》、《李大钊传》、《李大钊研究论集》的极大兴趣。张静如先生在《暮年忆往》一书中说:"张惠芝的允诺使大家很高兴,对研究者起着鼓励作用。"(《暮年忆往》第312—313页)1995年3月中旬,张静如、王世儒两位先生来石,与我社商谈出书事宜。时任河北省新闻出版局副局长的杨汝戬是张先生的学生,也参加了讨论。社领导当场说定出版以上谈到的三种出版物。张先生说:"这件事办妥了,我和王世儒非常高兴。回到北京后不久(3月29日)开中国李大钊研究会理事会,我向大家说了情况,不想有的理事提出李大钊的著作不要在地方出版社出版,至于经费可以向中央申请。这一意见提出后,有的理事表示支持。结果,让我觉得很难办。"(《暮年忆往》第 327 页)但是,4月28日,我收到由王世儒草拟的"编写计划",顿时感到诧异。原来,张先生的意见没能通过,只得不做《李大钊全集》总纂,仅任学术指导。我们出版社和我本人都面临着作者选择谁的考验。但我自信研究李大钊的著名学者是会全力支持、帮助我们的。

1999年出版的《李大钊全集》的编纂工作,就是由于以上极其特殊的原因,几乎全部落到河北省社会科学院、河北省李大钊研究会成员身上。这恰好给年轻学者一个学习、研究的宝贵机会。这支队伍平均年龄三十岁,做研究工作最长的仅有十年。面对这样一个重大选题,又同时面对这样一支年轻的作者队伍,我着实感到肩上担子的沉重。

我对年轻学者的信心是逐步积累起来的。通过参与李大钊研究活动的诸多接触,这些年轻学者在我心中已经有了基本定位。记得 1994 年,第一次在唐山参加李大钊研究活动时,我曾走进他们的房间,想跟他们聊聊。他们都在忙着手里的活儿,没人顾得抬头瞅我一眼。我感到一种从未有过的冷落。一会儿过后,我幡然醒悟:他们不理不睬,不正是反映出他们的专心、专注吗?至此得到一份对他们最初步的信任。这是其一。

河北是李大钊的故乡,河北学人一直十分重视对李大钊的研究。河北籍的著名学者王森然先生 1934 年发表了全国第一篇研究李大钊的文章——《李大钊先生评传》,从某种意义上可以说河北是李大钊研究的发祥地。1970 年年末,河北省哲学社会科学研究所历史研究室成立了以韩一德为首的李大钊研究课题组。该课题组先后独立或与他人合作编辑出版了《李大钊年谱》、《李大钊史事论集》、《李大钊研究论文集》、《李大钊史学综录》等。1984 年李大钊诞辰 95 周年之际,在河北省乐亭县组织召开了全国第一次李大钊研究学术研讨会。1989 年河北省李大钊研究会以及所辖唐山、秦皇岛等地的李大钊研究会相继成立。1991 年,河北省社会科学院历史研究所专门设置李大钊研究室,从事李大钊思想理论研究,

作者情

1998年夏，河北省社会科学院历史研究所所长、研究员杜荣泉（左三）参加《李大钊全集》的审校工作，与编辑部主任朱文通（左一）、责编杨子江（左二）、编辑部副主任王小梅（左四）、河北师范大学教授王明信（左五）热烈讨论审校中出现的问题

并编辑出版《李大钊研究》会刊等。他们的所长杜荣泉20世纪60年代初毕业于北京大学历史系，学养有素。在学术研究上亲力亲为，厚爱人才，甘为人梯，积极为年轻学者创造条件，又有对研究机构的管理才干，使河北省的李大钊学术研究蒸蒸日上，成为中华大地李大钊研究中心之一。年轻的学者踏着前辈的足迹，用心汇集国内外研究李大钊的信息，比较全面地把握新的研究动态，对于研究领域的主要学者的研究方向、研究程度，甚至对于国外学者，像日本著名的李大钊研究学者后藤延子的研究内容等都了如指掌。河北省培育的几十年的研究沃土，就这样养育着一代代学人的成长，现在又一点一滴地积淀在年轻学者身上。这就是真实的学术文化传承。河北的年轻学者做这么重大的课题没有发蒙，没有发憷，而是发扬踔厉，正是因为他们有着几代人夯实的学术研究基础。由此给予他们更多的信赖。这是其二。

三是了解他们一踏上研究李大钊的学术道路，就深受中国李大钊研

2012年4月24日,拜访著名历史学家、《李大钊全集》总顾问、北京师范大学教授张静如先生(左二)。左一张惠芝

究会"研究李大钊,学习李大钊"宗旨的鼓舞。作为李大钊的故乡人不断得到老一辈著名学者方行、张静如、彭明、刘桂生、马模贞、吴家林、朱成甲、朱乔森、韩一德、王世儒等的教诲和栽培。这些前辈,甚至奉献出自己从未公开发表的一些资料,不取任何代价地汇集于《全集》,像上海文物保管委员会顾问方行先生就无私地提供过《李大钊至存哥》、《李大钊至二哥》的书信手迹。为了编好《李大钊全集》、《李大钊手札》方行先生来过六封信,最后一封是在病重期间请人打印,而后寄来。我们请方行先生做《李大钊全集》学术指导,未及送到聘书,方老就永远离开了,令人悲痛万分。方行、张静如、韩一德、王世儒等学者还毫无保留地提出自己的编辑想法并竭尽心力做出许多具体指点。这些年轻学者有这么好的传承机遇,有这么强大的学术人脉,我想这是老中青三代学者共同造就的和谐奋进的学术氛围,让年轻人尽情享用了。2012年4月24日,我随作者王小梅、裴赞芬再次到张静如家造访。张先生已80高龄,从未停止研究,笔耕不辍,还教着十余个研究生,仍主持着党史党建优秀论文的评选等工作,鼓励年轻学者树立研究党史、研究李大钊的坚定信念,

并推动学术研究的可持续性发展，这是难能可贵的。

四是看到他们善于学习，勤于研究，研而专一，坚守研究方向。《李大钊全集》编辑部主任朱文通和另一主要成员裴赞芬，先后毕业于南开大学历史系，副主任王小梅毕业于北京大学历史系，均就读中国史专业，有良好的专业基础，并具有研究问题的能力。后来，他们撰写了多篇有分量的论文，又于2005年、2009年、2011年陆续出版《李大钊传》、《李大钊年谱长编》、《李大钊与早期中国共产党》等著作，收获了诸多成果。他们的发展走向，进一步验证了最初对他们的估量和判断是恰如其分的。而且我发自肺腑地感激他们实现了我曾经策划，却一直揣在怀中的《李大钊传》等选题。这些策划终于在他们笔下转瞬间作为出版物面世。

五是他们与李大钊的长子李葆华（曾任安徽省委书记等职，在中国人民银行行长职位离休）等后人，因李大钊的思想研究和李大钊研究会活动的开展，保持着不间断的联系，不断汲取营养和动力。我与他们在编辑《李大钊全集》的时候，曾经两次到李葆华家听取意见。第一次是1996年夏，与李葆华商量签订图书出版合同和聆听对编纂《全集》的意见。原来传言出版李大钊的著作、文章，家属拒收稿酬。这次见到李葆华，便知是真。李老给我们斩钉截铁的印象：第一，认定李大钊的一切是党和国家的财富；第二，绝不取其稿酬；第三，书不要太贵，要让老百姓买得起；第四，全力配合编辑者和出版社的工作。我听到第二条后对传言的疑惑荡然无存，同时，对李老思想境界之高更加敬仰和钦佩。李老的夫人听说河北老乡来了，拄着拐杖走到客厅，给我们斟茶倒水，还跟我们闲聊了一会儿。我有些激动，老夫人真是礼数周全、极其儒雅的女性，是李大钊家风的传承使然。我敬佩！李老夫妇仍操着浓重的乐亭话，我又亲耳听到了乡音，格外亲切。我本是乐亭人，与李大钊同县，住阁各庄，距大黑坨不过十几里地。对李大钊有着更多的崇敬和爱戴。也为乐亭县出了一位党的创始人、后英勇牺牲而骄傲。第二次是2000年12月3日，在《全集》出版之后，再次走进李葆华的家。李老以89岁高龄真的翻阅了《全集》，指出第二卷《黄种歌》，有四处跟他小时候听到父亲说的不同。诗文第6行"不怕死，不要钱"，当是"不怕死，不爱钱"；第9行"只手狂澜"，当是"只手挽狂澜"；第10行"方不负石笔铁砚"，当是"方不负石盘铁砚"；第11行"后哲先贤"，当是"后哲前贤"。李老的超长记忆和执着的心态给我留下很深印象。

当我环视李老的居所时，发现是老式房子。阳台窄而短，养着几盆普通的花草。客厅面积不大，以我的眼光测视不过二十平米，陈设简朴，沙发半新不旧，已用浅色棉布包了起来。大沙发前有一大茶几，一米多长，上面放着几个浅蓝釉花茶杯；两个单人沙发间有一小茶几，上面堆满书报杂志。但李大钊的"铁肩担道义　妙手著文章"的条幅却非常醒目地挂在两个单人沙发上方的北墙上，条幅中央庄重地挂着镶着黄框、有黑边的李大钊遗像。我感觉这副对联不单单是李大钊赠予杨子惠的，更是赠予有良知的知识分子和所有无产阶级革命者的。中国的革命者，包括李葆华也正是践行着"担当"的使命走到今天。倾听李老的讲话，感到了他革命意志的坚定、待人的诚挚和谦和，存有伟大父亲的遗风，感染着我和我的年轻作者。

2005年2月25日，我突然接到"李葆华治丧委员会"的信函，得知李老于2月19日病逝。一时间，我痛悔没能更多地感受和聆听李老的教诲。我在2月28日的日记上写道："早7点我就开始走在去八宝山革命公墓的路上，为李葆华同志送行。……今年春节我还收到李葆华同志'春节愉快，万事如意'的贺卡。对我这样的百姓，也这样敬重，还放在心上

2001年秋，在李大钊长子李葆华同志（左一）居所，听取李老对《李大钊全集》出版后的意见。左二张惠芝

作者情

……真的好感动。……我本想3月份去看望,没想到他2月19日就走了,终身遗憾。他的品格,是共产党人永远的榜样!"在治丧委员会送给我的《李葆华同志生平》里写道:"李葆华同志秉性刚正,立场坚定,正气凛然,高风亮节,虚怀若谷,不居功自傲,不追求名利地位和享受,不计较个人得失,乐观豁达,荣辱不惊,尽职尽责,从不懈怠,关心群众,平易近人……"这使我对李老的革命生涯有了较全面的了解,更加悟出了李老对《李大钊全集》的出版,全程、全情地给予支持和关注是来自骨子里的那份对事业的忠诚。他的人格魅力在于凭自己一步步走常人走的路,做出对国家、对民族应有的贡献。我深深地感动着!

我的年轻作者就是在这样的整体氛围熏陶下积极、热情地坐住冷板凳的学人。在编书过程中,我从编辑角度对他们要求非常严格,甚至苛刻,他们从无怨言或怨恨。我曾几次默默检讨是否过分,或许是我的年长,带来他们对我的宽容吧!我们互相有着承诺,都始终遵循共同规定的编辑方案、校勘原则、审校细则,认真做好搜(征)集、整理、排序、校勘、审校等项工作。正是从学术前辈和革命先烈那里积攒了胆识、勇气和斗志,成就了顺利出色完成编辑《李大钊全集》的任务,而且达到了完整、准确、全面、系统地反映"李大钊的思想理论遗产"和"伟大人格"的理想目标。年轻学者对继承、弘扬中华民族的主流文化,有着不可估量的功绩和贡献。在这里还要提到河北省开拓李大钊研究的奠基者,后调至辽宁师范大学历史系的韩一德教授。她见到《李大钊全集》后,于

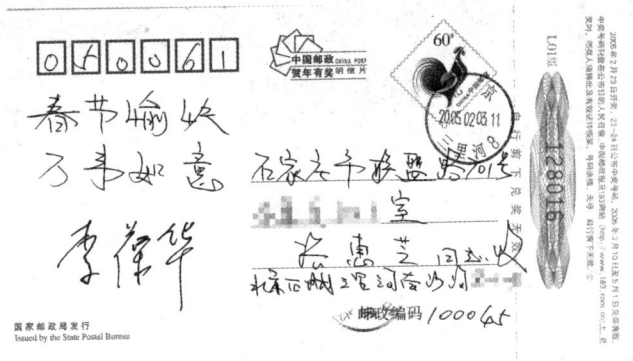

2005年2月3日,李葆华同志寄赠的"春节愉快,万事如意"明信片

2000年4月24日给我来信说:

我很感激您帮助历史所的年轻同志们编出这样一部杰出的完满的李大钊著作全集,这不仅是对大钊的最好纪念,为后人、为学界提供了难得的资料,在出版史上也是一件幸事。我过去与河北的部分出版社打过交道,深知如果没有像您这样一位学识、经验和责任心,都非常强的人在作指导、把关,不可能有今天这部优秀的书。记得我在读书时,老师给介绍马克思的《资本论》时讲到,它不仅是一部理论巨著,文学巨著,而且是一件极好的装饰品。放在你的书架上反映了你这个人的学识和品味。下课后许多同学去买了《资本论》。我拿到这次(应为"套"——本书作者注)全集,我想到这位先生的话。谢谢您为李大钊研究做出的贡献。……

1998年夏,河北教育出版社编辑认真听取专家学者对如何提高《李大钊全集》的编校质量的意见。左一杜荣泉研究员,左二王明信教授,左三张文教授,左四责编张惠芝

对于这封信,我很在意一德教授在拿到《李大钊全集》时想起教她《资本论》老师的那段话,从《资本论》说到《李大钊全集》,表现出极强的学者意识和学者风范。《李大钊全集》的出版必将永久地载入学术史和出版史

作者情

的史册。我为我曾经的有远见、有才华的年轻作者和鼎力相助的学术前辈而荣耀，更为能做《李大钊全集》的责任编辑，并得到李大钊之子革命前辈李葆华的援手而兴奋不已。庞大作者群体广博的学识，聪慧的创新，自觉的担当，坚守弘扬传承祖国优秀文化的品行……对于我，密切接触他们的十几年，虽已逝去久远，但留给我的深刻印象却依然挥之不去。

七、学养有素担纲

我作为编辑个体来讲，最后的目标，通过《二十世纪中国史学名著》、四部《全集》，包括《李大钊全集》的出版应该说是有所实现。我深知个人的学识、水平、能力微不足道，但绝不能枉费编辑这一职位给予的责任。除了领导给予了机会，最最重要的是学养有素的作者投入辛勤的劳动，慷慨担纲。

(一)《范文澜全集》

编辑《范文澜全集》，肯定要联系范文澜先生的学术秘书、助手，中国近代史所研究员蔡美彪先生。我与蔡先生从未谋面，之前还听说他不大好接近，故此拜访他时确有几分忐忑。我在1998年1月29日的日记里写道："出版《范文澜全集》的问题，与他（蔡）探商，他表示同意。"这个表态让我心有所安。因为没有他的支持，就等于是无源之水，不知道有谁能帮助我做成这件事儿。我在日记里还写道："蔡先生跟我谈了两个半小时，不觉疲倦，……有那么好的精力和记忆，……给我介绍了范老及其著作。范老1917年毕业于北大国文系（中文），是北大国学界最后一代学生，高材生，一度受聘校长蔡元培的秘书……1926年入党，……可说他是'旧史学的传人，新史学的宗师'。他的主要著作约300万字，著名的有：《文心雕龙注》、《正史考略》、《群经概论》、《水经注写景文钞》、《诸子略史》、《中国通史简编》、《中国近代史》(上册)等。现在'中国近代史'写了很多，也没离开范老的《中国近代史》(上册)的框架。此书写法全新。海外、香港均有译本，国内外流传很广。……范老的书出版后，从来是稿费充公。"蔡先生侃侃而谈使我全面了解了范老其人其作，心里豁然明白了许多。我找到了蔡先生，就是发现了出版范老《全集》的引航舵手，高兴极了。后来，蔡先生又引荐范老的生活秘书潘汝暄参加进来，做照片、插图等整理工作。1998年4月,潘先生曾陪我亲赴湖南长沙,拜访了范老次子范元维先生(长子已故),主要是征集相关资料。元维先生曾留学(前)苏联,但却遭受"反右"、"反修"的一场灾难,"七千人大会"被点名后下放到湖南农村劳动,种过田,喂过猪,后调长沙工业学校教书。又因脑血栓寄住益阳女儿家。当我见到元维先生时,他半身不遂,拄着拐杖,活动不便,说话不利,也看到了他家境的贫寒。他的儿子读研究生,所需学费却无力支付,但他只是表示对出版他父亲的著作的感激之情。元维先生很快委托蔡美彪全权代理著作权拥有人与出版社签约,校勘原著,收集有关资料,处理编辑出版过程中发生的有关费用问题等。并在1998年4月20日给蔡美彪的信中提出编纂《全集》时的六点具体意见。蔡先生于5月10日回信时表示"来信所示诸事,对编辑工作很有帮助,当在工作进行中逐项加以考虑"。元维先生本人还积极搜集其父在抗战时期散落各处的文章,尽最大努力帮助了我们。

　　那天,从元维先生家走出,只有酸楚和感慨。这样一位史学大家之后,新一代知识分子怎么会是这样的境遇?这就是支持我的,全然不顾个人重疾、孩子无着落的学费、住女儿家的不便和其他种种困难的作者!很长时间都萦绕在我脑海里的是:为他,我该怎么做?我能做什么?

　　回到社里,我立刻给领导打了报告,要求预发他部分稿酬,以帮助其子实现继续深造的梦想。领导批准当日,即将稿酬寄到元维先生手上,以解急用。

　　蔡先生在主持《范文澜全集》编纂工作时,力排干扰,做范老书籍的编排整理工作,与我们几易《整理细则》,还调动了近代史所七位研究员、副研究员参与其中,大家都表示当尽力以赴。蔡先生14次致函,与我商定各卷具体问题的处理意见。从信中不难看出蔡先生文思缜密,且简洁、干练的超高智慧,古稀之人驾驭《全集》全不费力,令我感佩至极。再加上帮助审校的河北省社会科学院、河北师范大学的杜荣泉、王明信、张文、秦进才等十几位研究员、教授,总共二十多人,历时四年,使《范文澜全集》终于面世。这是我编辑《全集》里用时最短的一部书稿。我再次体悟到,没有高屋建瓴的作者的全力以赴,作为一位编辑个体是孤掌难鸣、绝无生存空间的。没有十几位审校者多次伸出援手,是难于在短时间内完成繁重的六次审校任务,使图书质量达到优质的。

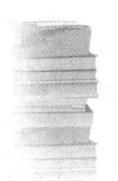

(二)《翦伯赞全集》

编辑《翦伯赞全集》，自然要请翦老的研究生、助手、北京大学历史系教授张传玺主持。那时张先生也已是古稀之年，还有许多科研任务和社会活动要参加。但是，张先生在翦老家属的委托下，毅然决然挑起全面整理翦老著作的重担。对全集总体结构安排提出积极设想，为了圆满完成整理工作，数次调整卷次和内容，很是辛苦。十分感谢张教授热情、真诚的支持和帮助。

我是1961年考入北京大学历史系的，第一位老师就是翦伯赞先生。他在迎新会上的讲话，是我开始学习历史的第一课。我印象最深的是他教导我们怎样学习历史。记得他说："你们选择了历史系，就要运用马克思主义理论和方法，运用唯物史观，去学习历史，去研究历史；要理论联系实际，把观点与史料结合起来去考究历史。"他这样要求我们：心要热，头脑要冷。这分明是在告诫我们要有热情，但更要有一份冷静和理智。这片真诚的话语，几十年来在我脑海中从未消失，至今都在指导着我的人生路。

真的没有想到四十年后，已故尊师翦伯赞，竟成了我今日的作者。我便是能在编辑方面为先生效力的得天独厚的学生，这是其他同学无法分享的一份落到我头上的幸运。我有些顾影自怜了。从张传玺整理《全集》到我责编《全集》，是我们两代学生通力合作十年才成就其出版的。这十年的时光，是我生命中的重要年段，有先生的《历史哲学教程》、《中国史纲要》、《内蒙访古》等经典著作相伴，有先生史德、史才的感召，似乎给我增添了许多智慧和力量，去拓宽自己的选题思路，静心、精心，做好自己分内的事儿。

(三)《邓广铭全集》

早在20世纪30年代，邓广铭先生的《〈辛稼轩年谱〉及〈稼轩词疏证〉总辨正》一文就受到胡适、傅斯年、陈寅恪、夏承焘等著名学者的好评。他写就的《辛稼轩年谱》、《稼轩词编年笺注》、《稼轩诗文抄存》三书，奠定了他在史学界的地位。正如著名史学家漆侠教授所说："先生的学问博大精深，成就是多方面的。但蜚声于国际学术界的，则是他在宋史方面的迈越前人的成就。20世纪40年代初，陈寅恪先生以师长的身份对先生奖励有加，誉之为：'并世治宋史者，未能成之先也。'"熟悉陈寅恪先生之为人者，都深知陈先生对学人从不给予廉价的赞词。这更加可以衡量出他对邓先生研究成果给以极高评价的分量。这正是我们最终确立和选定了他的全集来出版的缘由。

先生最终明确答复我们同意出版他的全集是在他病入膏肓之际。我曾于1997年10月7日，收到邓先生一封信，这大概是先生走到生命尽头之前，最后的一封长信了。(详见"练笔情·告慰先师 以飨学界")先生横遭病痛折磨，身体十分虚弱时，最多思虑的是怎样尽好对社会的最后一份责任。仍以他的超高智慧，尽心竭力提出对学术界、出版界有现实意义的完美设想。关于论文整理、著作修改，以及同时推出各部著作的单行本等事宜都在信中做了精辟的指示，给学生留下了谆嘱。

我先作为学生，后作为编辑，最终将先生的精湛研究成果完好地保存在10卷本的全集里，与北京大学中国古代史研究中心的学者和编辑同仁通力合作，出色地完成了这部重点图书的编辑出版工作。该书荣获北京市第九届哲学社会科学优秀成果特等奖的奖励。

邓先生的全集是出版了，但我还是心存三大憾事。

第一件，是在邓先生逝世时没能赶上告别，原因是得到噩耗是在告别的前一天傍晚，已无火车；大雪封路，插翅难飞！我的心在哭泣，只得默默祈福：先生一路走好！

第二件，是各部著作的单行本未能如愿出版，不管什么原因是学生自食其言。

第三件，是陈振、王曾瑜先生为《全集》写的两篇书评，未能刊发，是学生力所不及。

作者先生给予学生编辑百分之百，学生编辑给予作者先生的却有缺失，时值今日，学生悔恨，也终不能挽回。

先生是我永远不能忘怀的老师，如今要加上，是我永远不能忘怀的最尊崇的作者。

我越发明白了：作者是衣食父母，编辑就是编辑，在专门学问上，连"半吊子"、"二毛子"都够不上，甘作嫁衣裳便是。

作者情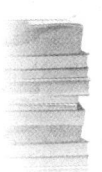

八、世纪之交捧月

当中国历史进入20世纪的时候,中国史学没有故步自封,没有落后于时代,而是与时俱进。回首百年,我们可以通过对涌现出来的许多史学名著的阅读和评价,再现史学家为中国史学的发展所走过的道路和留下的足迹。这些对于后人来说是宝贵的财富和前进的动力。恰在世纪之交,我考虑要使20世纪中国史学的巨大变革,锐意创新的面貌与诸多成就再次面世。这一考量作为选题一经提出,出版界、史学界在论证过程中都认定是个好选题,都以极大的热情关注着、企盼着它的诞生。任继愈、何兹全、戴逸、金冲及、田余庆、蔡美彪、张传玺、李学勤、彭明、张静如、刘桂生、苏双碧、瞿林东、漆侠、苑书义、林甘泉、陈高华等诸位史学家在座谈会上鼓励说:"你们能够对20世纪的史学成果进行回顾和总结,对推动21世纪史学发展将是有益当代、惠及后人的大好事情,这是大手笔!"瞿林东教授中肯地说:"你们确实有眼光,有魄力,这是利于史学界,利于国人的系统文化积累工程,是献给21世纪的珍贵礼物。"更使我感动的是著名历史学家,我的先师周一良教授赞扬地说:"出版这样一套书是功德无量之举!"

写到这里,我有几多敬仰,几多感慨。20世纪60年代初,我学习世界史用的教本就是周一良先生主编的《世界通史》。从此,记住了周一良这个温文尔雅的名字。渐渐了解到他学问精深,通晓日、英等多种文字。周先生先毕业于燕京大学历史系,后就学于哈佛大学东语系,再后回国有多所大学请聘教授,又应邀到过十余国讲学,以探求学术真谛为重。我也了解到他的身世:他参加革命,使我仰慕。我进入出版社工作后,未曾想为他做点什么,直到听说他对某出版社编纂的《周一良文集》有差错而不满的事情后,才感到自己的迟钝,并追悔莫及:如果我做,自信会是优质品。敬仰也罢,感慨也罢,全都于事无补。当学生时,与周先生很少接触,倒是参加工作后,多有打扰。每次造访,周先生夫人、哈佛大学博士邓懿教授都要斟递上等好茶,而后退出。周先生总是倾心而谈,平等相待,从不摆留过洋的大学者架子。让我从第一次登门时的紧张心情,很快放松下来。对于我,有困难找周先生形成了心底储存的

1997年秋，登门造访著名历史学家北京大学教授周一良先生（左一），征求出版《二十世纪中国史学名著》的意见时，周一良教授赞扬这是功德无量之举。左二张惠芝

一种不成文的定式。像钱穆收入"史学名著"选什么篇目，讨论时，众说纷纭，使我们犹豫不决。是周先生的意见，最后帮我们下的决心。1999年夏，取书评，才发现先生已有重疾在身，手在颤抖着，心诚、心细、心重、关爱学生的周先生已备好一部进口录音机，跟我说："写不成了，我口述，你录音，再整理吧！"我的心先惊，后酸，很苦涩，先生都这样了，我还……悔不当初。更让我痛苦不堪的是后来周先生将稿酬的一半分寄给我。在"汇款人附言"栏中写到"稿既合作，酬应分享"，使我愕然，不知所措。从字形的颤颤悠悠可以看出周先生的手抖得已写不好字了。我想不取款，可自动退回。没承想又过三个月，先生二次汇款，"附言"上写道："三十虽然少合作事情大正在想办法赶紧趁坡下八七老人周一良戏识孙儿代笔"。看来先生的病发展很快，已不能写字了。我的心久久不能平静。两次汇款中间，我给先生两信，现录呈一封如下：

作者情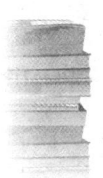

尊敬的周先生：

您好！

收到您的汇款通知单，仿佛收到一份回寄的"压力"和"不安"。我进入出版社工作十七八年来，未曾给您出版过任何著作，却得到过您的很多帮助和支持，不知给您增加了多少额外负担。但是，每次您都是有求必应，毫无保留地给予指点。当您的右手已很难抓笔写字的时候，您仍然没有丝毫勉强地答应给我口述"书评"。我只是笔录而已，怎能承受得了"酬应分享"四字呢？以您这样的高龄和身体状况，仍然孜孜以求、诲人不倦、求真求实、严谨治学，这分明是"点燃自己、照亮别人"伟大教育家的品格！学生会以您这种精神为榜样，终生受益的！

收到您的汇款单已近两个月，我决定将这份汇款单复印后珍藏起来。叁拾元钱，我收下了，但我要特殊地保存下来，作为永久的纪念。我决定这样做时，心依然是沉甸甸的。

请珍重身体。余不赘述。

致以

敬礼

学生张惠芝敬拜
1999年8月8日

不必回信，我会去看您的。

学生　又及
8月8日

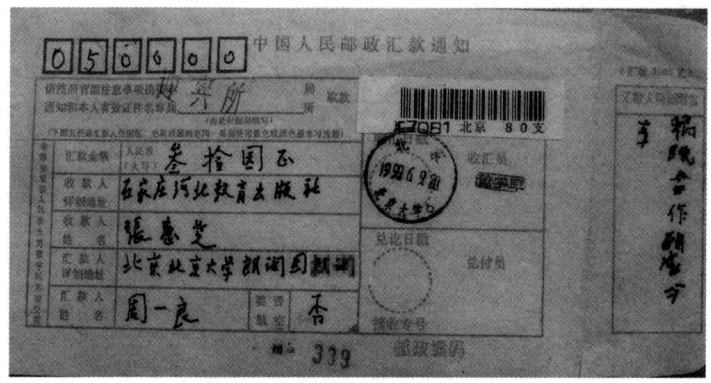

周一良先生第一次汇款单

编辑情愫

周一良先生第二次汇款单

周先生走了,但是,他的师者风范,他的叮咛教诲,他的指点迷津,是我得到的一份幸运,我将永远珍藏在心间。正是有周一良教授这样一批史家、史学工作者的臂膀形成靠得住的大山,我才得到勇气、坚强和力量。

《二十世纪中国史学名著》选题的确立,从征求意见到完善编纂宗旨、选目标准、具体书目、整理校勘细则等等方面,可以说是在力所能及的范围内充分调动了广大史学工作者的积极参与。为了确立选题和确保出版质量,与史家、学者、著者后人来往信函,现存111件,每封信函都洋溢着热情的支持和鼓励,并有诸多具体指点。这个选题耕耘于史学沃土,经历了播种前足够的浸种孕育,足够的养分、水、空气的吸吮,也就夯实了收获的基础。

《二十世纪中国史学名著》编纂的首要问题是如何确定"名著"的目录和编选范围。经过反复讨论终于在比较大的层面达成共识:"名著要收选对当时史学发展或对其后史学发展产生过重大作用、重大影响和占有重要地位的;专著、论集一视同仁;由于时间跨度大,其工甚巨,故先期收选已辞世史学家的名著。"[①]

我们初拟《二十世纪中国史学名著》书目30种,在小范围内征求意见

---

① 瞿林东,《变革与创新的20世纪中国史学——〈二十世纪中国史学名著〉编纂者说》:"史学名著"的内涵及要义,河北学刊,2003年第4期。

后又增至44种，向全国33位史学家和史学工作者以及收选名著的撰者后人或其弟子发函征求意见。"前31"列出代表作，"后13"仅列出著名史学家，请诸史学工作者帮助选择、确定其代表作。从1996年8月28日发出信函43件(包括部分著作者后人)到该年度12月底的四个月时间里，在全国史学界比较大的范围内展开了对这个选题收目的反复研究探讨，并于年底收到意见300多条，几乎是全部被征求意见者都有回函、回电。编纂成员张越教授，特意将戴逸、苏双碧、瞿林东等教授的意见要点单独整理出来。后来戴逸先生又来过两次信，不断补充他的意见。再后来，他抱病挥笔为这套书写下万字序言。

我们初拟的篇目和准备列入"名著"的涉及到44位史家，经过讨论，确定下来26位史家的50种著作；经过再轮的讨论，又加5位、5种著作；三轮讨论又确定近期辞世的2位、2种著作入选。其实，除了有三轮较大的变动外，各轮中间又有多次收选书目的微调，直到1999年编选书目第十二稿时，王国维收选《观堂集林》外，又增收《观堂别集》、《观堂外集》，分上下卷出版。

当时，钱穆先生入选书目备受瞩目。正当我们发愁、举棋不定时，于1996年9月19日，漆侠教授电告："钱穆先生《国史大纲》不要选，可考虑选用《刘向歆父子年谱》"；12月12日著名史学家周一良先生来信说："唯钱穆之学术史与梁启超书性质雷同，且钱之代表作乃《刘向歆父子年谱》，……建议改换，请考虑！"随后，我们采纳周、漆两位先生意见，顺利解决了这一问题。

王树民先生来信中提到"应增选之人与书。1.夏曾佑，选用《中国古代史》(原名《最新中学中国历史教科书》，作于1904—1906年，1933年改名《中国古代史》)，这是较早打破旧的史书体裁和观点，以章节体编写的史书，有一定的代表性，也提出一些独立的见解。2.(略) 3.金毓黻，选用《中国史学史》，这是中国史学史方面较早的一部著作，资料丰富"，又提出"范文澜可取他主编的《中国通史简编》(修订本)，……；郭沫若之《甲申三百年祭》可不用；钱穆的《国史大纲》可不用"，等等。提出增选夏曾佑的《中国古代史》的还有仓修良先生；提出增选邵循正《中法越南关系始末》的是张注宏先生；范文澜收选《中国通史简编》，在施丁、彭明、杜荣泉、张文、张文质等人的来信中都说明了这一意见；提出侯外庐收选

《中国古代社会史论》，胡适收选《中国哲学史大纲》之意见的有瞿林东、张注宏、施丁、魏连科、张岗等；提出胡厚宣收选《甲骨学古史论丛》之意见的有林甘泉、施丁、魏连科、张文等；提出尚钺收选《中国历史纲要》之意见的有戴逸、张注宏、张文等；提出唐长孺收选《魏晋南北朝史论丛》之意见的有胡如雷、黎仁凯等；岑仲勉收选《隋唐史》、周谷城收选《世界通史》是胡如雷、戴逸先生来信中分别明确表示了意见的。关于陈寅恪先生的《隋唐制度渊源略论稿》、《唐代政治史述论稿》、《白元诗笺证稿》等著作，诸位学者都认为应列入"名著"之中，家属也同意。但是他们在来电、来函里提出"书前不作评介文章，排版一定繁体竖排"的意见，我们认为只要从整体看丛书体例统一，个别书稿可以"特书特办"，不失灵活地接纳了这一意见，使全部书目最终得以定稿。

编纂委员会主任和副主任、成员瞿林东、秦进才、张越、周文玖教授更是多次来函、来电说明自己对书目选择的更新、补充意见，现录呈四封于后(以来信时间为序)。

张越致张惠芝(1996年6月5日)

张惠芝老师：您好！

  遵嘱将有关材料整理出来，现呈寄给您，请查收。因听取瞿林东先生意见并与他数次讨论有关问题，故迟至今日方初步完成相应事宜，请鉴谅。

  ....

  下面我想就有关修改及相关建议做一简要说明。

  ①这套书是以著作为主，而不是某位史家的选集或专集，即针对的是"论著"而不是人，故我们工作的关键是著作篇目的选定……

  ②河北饭店会议的一项收入长篇著作节选的动议，是否可以重新考虑……

  ③"发凡"中"出版次第"一项，会议中讨论是分二批出版，这里我写成分三批出版，主要是听取了瞿先生的意见，不知是否合适，请您酌定。

④书前附对入选著作的评介文章(见四.3)而非上次讨论的对史家本人的评介文章,亦请您酌定。

⑤所选著作的决定权当在出版社及编委会方面……

⑥有关校对问题不容忽视,亦提请您和出版社慎重考虑。

以上诸点仅是我在会后进一步考虑及与瞿先生商讨后所想到的,也许某些内容考虑不周或想法欠妥,仅供您及有关先生参考,不恭之处,亦请多多包涵。

很高兴能有这次与您合作的机会,希望能够顺利而出色地完成这项工作,同时也希望得到您的指点及批评指正。

文字潦草,请原谅。

此致

礼!

张越

1996年6月5日匆匆

张越的这封信提出的修改、补充,或进一步建议的六条意见,基本上是与瞿林东先生多次讨论后的共同认识,可说是《二十世纪中国史学名著》编纂原则初探到雏形关键性的一步,因有再前的开会、电话的商讨基础,我都赞同,并采纳了。在这里我要特别提出的是张越信中第六点。这本是我也非常重视的问题,这次张越的郑重提醒和告诫,可说在我大脑皮层的记忆部位又重重描了一笔,使这个记忆点加深、加重。我经反复考虑,先选择审校人员中学有专长,且认真仔细的人参与,并尽量按照学术专长安排任务,采取自愿承担与分配相结合的办法。如请魏晋南北朝隋唐史研究员孙继民审校唐长孺的《魏晋南北朝史论丛》,请先秦史教授张文审校夏鼐的《考古学论文集》等。因与所学专业相吻合,他们能够发现一般校对者所不能发现的问题。像张文、杜荣泉、贺达、李功、王明信等教授的审校记录要写到七八十页乃至一百多页,都是厚厚的一本,可见用功、认真之程度。在具体运作上,又将36位审校人员分成四个组,每部书稿都在两个组内循环校对,达六个校次,比平时增加三个校次。最后还有质量抽查,不合标准者,一律返工。瞿林东、张越等诸位作者关于编校质量的提醒,与我个人内心做事的准则很合拍,起了作用和效应,才使我对审校者的选择、质量要求更加从严和苛刻。我之所以能"狠"起来,也是因为有那么广泛作者的撑腰,胆子也就大了。

瞿林东致张惠芝、韩新保(1996年12月9日)

惠芝、新保同志:

今天收到"初拟书目",阅后,窃以为基本可行。诸家意见,能达到大体一致,也就可以了。

尚有一点修改意见,坦率提出,谨供参考:

一、吕振羽在30年代所著《中国政治思想史》,直到60年代,仍是权威性著作,似不可不收入第一批;且郭、范、侯、翦、吕,历来被称为马克思主义史家"五老",有四而缺一,似亦未妥。建议暂时缓收胡适《中国哲学史大纲》,再说它也给读者一种"哲学"的味道太重。这是一种修改意见,全数仍为30种。

二、金毓黻的《中国史学史》,是本世纪中史学史的开创性著作。在40—70年代,有很重要的影响,至今仍有参考价值,建议收第一批;为此,可缓收邓拓的《论中国历史的几个问题》。这是又一种修改意见,全书仍是30种。

三、顾颉刚的《古史辨》应作"古史辨自序及其他",收五篇自序及有关论文。现在的名称不准确。

四、李大钊的,可否称作"史学要论与唯物史观论",收入史学要论及有关的唯物史观的论文。

五、郑天廷的"清史探微",还是《探微集》?

六、剪伯赞,当作翦伯赞。

以上意见,不一定中肯,请你们斟酌。顺颂

冬祺

瞿林东
1996年12月9日

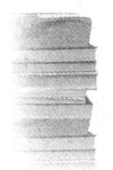

瞿先生对于"'初拟书目'……以为基本可行。诸家意见，能达到大体一致，也就可以了"。我也认同这一说法。瞿先生又就吕振羽、胡适、金毓黻、顾颉刚、李大钊、郑天廷等选目及命题提出五条建设性意见，是很值得考虑的。第6条纠正错字，使我难堪，我也确认为对这类错字不能容忍。在"初拟书目"打印稿中"翦伯赞"的"翦"姓，打成"剪"字，前有人校过，我也校过，放过的是这样一个本不该错的字，深感痛疚，想了许久、许久。

瞿林东致张惠芝(1999年8月21日)

惠芝女士：

　　您好！

　　傅斯年先生的著作，经何兹全先生再三再四斟酌，已经选定，以一篇最有影响的论文作书名，选了几篇有影响的论文，加上若干附录，应可达30万字之篇幅。何先生为此尽心尽力，表明他对自己老师的心意和对学术界的负责精神。

　　胡适先生的著作，我与有关先生商量，也得到耿云志先生赞同，选了两种著作；附录部分是耿先生选定的。

　　何、耿二先生的前言，预计11月份写出。

　　荣新江教授处已电话联系，我催张广达先生稿。姜、李二先生处，也已去函。

　　祝好！

瞿林东
1999年8月21日

　　《二十世纪中国史学名著》选收傅斯年、胡适先生的著作在初拟书目里就提出来了，只是迟迟没能明确收选内容，这次总算由瞿先生与何兹全、耿云志两位先生商定，分别以《民族与古代中国史》、《中国哲学史大纲》(外一种)命题，并由他们分别撰写评介文章，即前言。另外，向达的《唐代长安与西域文明》一书，最初考虑由移居美国的张广达教授撰写前言。瞿林东、荣新江告我联系方式后，随即用信函和电话做过联系，张先生是我北大的老师，后来先生来了信，表示愿意做这件事。我曾将上述情况高兴地告诉了瞿先生。所以才有信中说的"催张广达先生稿"，和电话联系北京大学荣新江教授作为第二撰稿人之事。最后还是由荣新江完成。瞿先生认真、负责的精神帮我们做了许多繁杂难事，一步步地推动着"史学名著"的进展。

瞿林东致张惠芝（2002年4月27日）

惠芝：

　　大札及"后记"收到，拜读一过，非常感动！看来还是我坚持得对，写总比不写好；写得好，不是就更好了吗！

　　我说好，不是溢美；它好在是真情的流露。当然，作为编辑，对各方面的同志都提到了，这是不可少的。关于我，写得多了些，可减少。

　　起首处，我加了一小段，主要是同《叙录》联系起来，不感到突兀。文中有两处用了"知友"一词，似很少见，不知是否是"挚友"之意。如不是，可改为别的词，你看怎样？凡我改得不妥之处，请你不要见怪，并予以恢复。

　　金家玲女士再次打电话给周文玖，对出版社迟迟不与其联系，颇不满，甚至流露出实在不行，可上法庭之意。我想，你回来，先给她打个电话，表示歉意，"黄金周"之后，赴京面谈，把这事处理了，以免产生变故。

　　另外，前不久，我见到田卫平，同他谈到在《河北学刊》上宣传"名著"的事，他很高兴能有此举。

　　祝好！

瞿林东
2002年4月27日

这封信函，一是鼓励，二是提醒。

先说"鼓励"。

信中说到的"后记",是我在瞿先生的提议下,为《二十世纪中国史学名著叙录》而作。该书由题记(由瞿林东先生撰稿)、总序、57部著作前言、后记组成。实际上是对收入的各部史学著作的导读,以方便学者对名著的深入理解和研究。同时,也是集中将"史学名著"的宣传、评介推向波峰。与《光明日报》的大规模、持久性和《河北学刊》大篇幅、全面性宣传评介,遥相呼应,一脉相承,组成智慧、智慧、更智慧的大智慧三部曲。起初我不怎么想写这个"后记",缘由是来自内心的一种纠结。想来算去是自己没资格与总序、前言、题记的诸位史家、学者"混搭"在一本书里。瞿林东再三劝解倒使我醒悟到:做"场务"还适合,可以试试看,就这样以编辑的视角,诠释着《二十世纪中国史学名著》从无到有,从确立到出版,经历了怎样的担当、磨砺、鼓励和感慨的心理路程。瞿先生说在我写的"后记"初稿前面加了这样一小段文字:"随着这本《叙录》的编辑工作的结束,含有33位史学家与57种著作的《二十世纪中国史学名著》这一浩繁的工程,也就告一段落了。然而,悠悠岁月,抹不去对于往事的许多记忆和心中的无限感慨。"我以为加得非常必要,也很得体。正是这段文字,使之与《叙录》自然联系起来。瞿先生在这封信中问到"知友"是否是"挚友"之意,在这个地方落笔时我是有所考虑,并查阅了《现代汉语词典》的。"知友"定义是"相互了解的朋友"(《现代汉语词典》第5版第1746页);"挚友"定义是"亲密的朋友"(《现代汉语词典》第5版第1758页)。那时,感觉"知友"是"相互了解的朋友"之意用这里似更妥帖。后来,还是遵循瞿先生意见,用了"挚友"一词。我想前辈师长、学者朋友、同事同仁对我确实有互相了解之谊,又有深切的关怀、深厚而真诚的友情,用"挚友"也恰到好处。瞿先生从建议由我撰写《二十世纪中国史学名著》的"后记"到审阅,到亲自修改,到对一个用词的"发问",可见他是多么用心、认真做事的人。

再说"提醒"。

信的后半部分,要我抓紧、关注"版权交涉",否则会引起作者后人的不满,甚至会被起诉等。编纂成员秦进才、周文玖教授也来电、来函说到此事。我恰恰在这一问题上,因编校等诸事太多而有所放松。《中国史学史》一书版权,作者后人先于我社卖予商务印书馆,就产生了我社要与商务印书馆进行再购买版权的交涉,自然拖了些时间,作者家属有怨言是可以理解的。后边的事儿还是都顺利进行了。可见瞿先生关于版权交涉的提醒是相当及时的。

正是由于全体编纂委员会成员都全力以赴参与了前面所说在史学界,乃至学术界的关于"二十世纪中国史学名著"如何界定,如何编选的反复讨论和研究,才理清了基本思路和编选原则。正如瞿先生在《变革与创新的20世纪中国史学——〈二十世纪中国史学名著〉编纂者说》"'史学名著'的内涵及要义"中所阐发的:第一,要有历史主义的态度。把它们放到当时的历史环境中去,以20世纪中国史学史发展上的历史地位,它在它所处的那个时代所产生的影响不但不会过时,所具有的那个时代的历史地位、价值,后人也无法超越。夏曾佑的《中国古代史》、郭沫若的《中国古代社会研究》等,就是如此。第二,要有发展地看问题的眼光。要看它们在较长的一个历史阶段的史学发展上是否产生了影响。如侯外庐的《中国古代社会史论》,最近二十年才得以张扬发挥,被确认为一个学派的奠基著作之一。李大钊的《史学要论》及有关论文、翦伯赞的《历史哲学教程》及有关论文等都具有类似性质。第三,要有兼容并包的气度。20世纪中国史学,尤其是前半期,学派林立,名著颇多。但历史观、方法论都不尽相同。面对这种情况,我们要充分发挥"选家"的眼光,不为自己的爱好、倾向所局限,以兼容并包的气度,公正地看待不同观点和方法的著作在20世纪中国史学发展上的地位和作用。第四,要有关注各研究领域的发展和学科建设的理念。适当考虑不同研究领域的特点及其发展趋势,可以使我们有比较开阔的视野、实事求是地对待20世纪中国史学名著的评价。以上意见是瞿先生在学界广泛讨论、反复磋商研究基础上的总结,也是一盏编辑《二十世纪中国史学名著》的航标灯。

捡拾曾经的记忆并罗列在这里,引起我对于这套书许多往事的回忆。在征求意见的回函中周一良、胡如雷、戴逸、张注宏、施丁、王树民、李学勤、苑书义、杜荣泉、张文、魏连科等先生都是两三页的信文,认真陈述收谁和不收谁的理由,还有多次来函或打电话再次补充自己意见的。每封信函、每个电话都饱含着他们对史学名著的深情,对编辑的无私援手,对尽快出版的渴望,对推动21世纪史学发展的企盼。每封信我都不止读一遍,因为有许多、许多耐人寻味的睿智和理念,有待我慢慢学习和汲取。每个电话我都全神贯注聆听，并都有笔录，以备查。最后，逐一汇集在"收选篇目意见"里，一目了然。这几十封信函给了我慰勉、力量、勇气，如同一束束火光，照亮了这套书刚刚起步的航程。如果没有那一封封言简意赅、充满真知灼见的信函，我就无法想象，怎样才能走好前边的路，怎样才能推动和完成这项相对巨大的文化出版工程。

后来，在确定体例时，规定在"总序"后，每部著作前，都设置评介文章，拟称"前言"。这些"前言"作者的选择，经反复研究，定位在著者的学生、助手、著者的后人，以及对其著作研究有素的专家学者，像作为学生、助手的刘乃和、黄烈、王煦华、蔡美彪、何兹全、张传玺、张岂之、陈得芝、毛佩琦、漆侠、苏双碧、张寄谦、葛剑雄、朱雷就分别为陈垣、郭沫若、顾颉刚、范文澜、傅斯年、翦伯赞、侯外庐、韩儒林、尚钺、邓广铭、吴晗、邵循正、谭其骧、唐长孺等撰写"前言"；齐文颖、李光谟分别为他们的父亲齐思和、李济撰写"前言"；著名学者王钟翰、李学勤、耿云志、郭齐勇、蒋伯勤、瞿林东、吴怀祺、陈其泰、桂遵义、姜义华、荣新江、陈连开、王世民，又分别为孟森、王国维、胡适、钱穆、岑仲勉、金毓黻、李守常、夏曾佑、梁启超、吕振羽、周谷城、向达、白寿彝、夏鼐、陈梦家所选著作撰写"前言"。[①] 这三十几位"前言"作者都是新中国成立后不断涌现出来的史学大家，是20世纪乃至21世纪史学发展的继续推动者、创造者，在各自的研究领域都是成就卓著者。说到为20世纪史学家撰写"前言"，他们不仅欣然接受，还都为其人其著的历史地位、价值和影响，以对历史负责的态度做了十分负责任的述评，花了大量心血。

年逾90的何兹全先生，不仅将恩师傅斯年"一部未完成的中国古代专著"、"创造性、突破性的史识"、"对学术事业的贡献"、"家世和才性"做了阐释和论述，而且对其学术思想提出自己的意见。认为先师说的"一分材料出一分货，十分材料出十分货，没有材料便不出货"的话，听起来好像很对，但深入追寻一下，也是有问题的。不是一分材料出一分货，而是同一分材料在不同人的脑袋里可以出好多分货。明确指出要重史料，也要重方法和理论。何先生在最后引用一句名言："吾爱吾师，吾尤爱

[①] 其中有两位著名学者，各分别为两位史学家的著作撰写前言。

真理。"

瞿林东先生听说辽沈书社出版了金氏的《静晤室日记》，为了撰写金毓黻《中国史学史》前言，特地托人买了一部。查阅后，发现其中有关于《中国史学史》写作的详细记录，生动地反映出撰写过程，是撰述史。这些材料对准确揭示金氏写作旨趣也极有说服力。20世纪40年代，白寿彝先生曾说《中国史学史》"带有浓厚的史部目录学的气味"，"是有意无意地用一个考据家底立场来写的"。瞿先生在《静晤室日记》中发现，金毓黻频频称其著作为"史学考"，这就为白寿彝先生的论点提供了直接证据。金氏在1938年3月4日的日记中，将中国史学史分为萌芽、成立、发展、中衰、复兴、革新六期之名目及其时段划分，尚可商榷，但它反映了金毓黻的思想轨迹，对史学史学科认识来说，是有研究价值的。从这个层面上说，前言虽属介绍和评介，但里面却有最新发现的资料，包含着新的认识成果。

黄烈的前言对郭沫若的《中国古代社会研究》在20世纪中国史学史的定位，十分准确。他说郭沫若于20世纪20年代在理论研究上下过大功夫，翻译过许多马克思、恩格斯的著作，在其著作中应用马克思主义理论研究中国古代社会、中国古代史，做出创造性贡献。在这方面，郭沫若应是第一人。1928年开始写作，1930年汇集出版的《中国古代社会研究》是第一部应用唯物史观写出的中国古代史著作。

郭齐勇为钱穆著作撰写的前言，对其写作背景做了深入的挖掘和研究。比如对于《刘向歆父子年谱》一书是通过编年的形式考辨事实，驳斥康有为《新学伪经考》说西汉刘歆伪造古文经之不通28处云云，目的是扭转疑古风气。因为康有为开启的怀疑新学伪经之风，是疑古辨伪之风的源头，致使人们对经史古籍存疑不信，进而怀疑一切固有的学术文化。钱穆认为这是十分有害的。揭示这一点，对认识其学术文化观，认识古史辨派以及当时的各种学术思潮都是很有意义的。

张寄谦先生肩负着邵循正的《中法越南关系始末》的整理和为之撰写"前言"的双重任务。邵先生讲授的"中国近代史资料"，张先生讲授的"中国近代史"都是我特别爱听的课，因为我的兴趣在近代史。邵先生的《中法越南关系始末》在20世纪30年代仅由清华大学研究院内部印刊，原印本年代久远，需要重新整理，而书中涉及大量外文等资料，非精通此数种外文,且对中国近代史、中外关系史有深入研究者实难承担。编纂委员会成员张越找到张寄谦先生,请她来做整理工作,并撰写"前言"。张先生应允,但突患重病住院,仍以顽强的意志,在病榻上完结数十万字的校勘、整理和"前言"的撰稿。可以想见,暮年之师为了出版中国人第一部自己写出的中外关系史怎样忍受病痛的折磨!怎样付出辛勤的汗水!终为学界做出这样完满的功课。当我看到整理好的三十余万字的《中法越南关系始末》的稿子时,几乎每页都有张先生用多种文字标注的工工整整的、密密麻麻的、或长或短的笔迹,使我惊愕。再看到书稿最后"法文参考书目举要(英文附)"有近三十页外文和"前言"的独到见解时,更是肃然起敬,万分感慨。

三十几位前言撰稿者,同是我昔日的老师,今日的作者。从他们撰稿的字里行间,不难看出每事必求甚研、精考细推的治学方法所奠定的深厚的学识基础和治学精神。这又是一批学术大家帮我成功闯过了《二十世纪中国史学名著》确定选目后撰写"前言"的又一大关。史学界的研究者十分上心、看重这套书,白发老人,慷慨担纲,积极参与这套书"前言"的撰稿。分明是前辈著作的影响力、亲和力、凝聚力的一种聚集;分明是思想相通、志向相同、感情相融的心心相印。

在编辑《二十世纪中国史学名著》的五年里,得到了中国历史学会、中共中央党史研究室、中共中央文献研究室、北京图书馆、第一档案馆、上海文物管理局、上海博物馆、《求是》杂志、《光明日报》理论部、中国社科院历史所及近代史所、商务印书馆、三联书店、北京大学、北京师范大学、中国人民大学、复旦大学、华东师范大学、中山大学、杭州大学、河北师范大学、河北省社科院、河北大学、湖北省博物馆等二十多个单位以及百多位历史学家和史学工作者的鼎力相助,并得到中国历史学会三届会长和中国社科院历史所三届所长的极大关注和支持。写到这里,简直有点纳闷:一套书怎么会有这么大的波及面,这么广的影响层,怎么会激荡这么多的人心向慕,牵起这么多人的举目瞩望。在编辑出版过程中,书信文字的簇拥,电话那边声音的响起,是作者与编辑之间的心灵沟通、水乳交融,谱写的节奏和美的悦耳乐章。陶冶心智,令人心醉。

编纂委员会主任瞿林东先生原本兼有许多重任,但是,对这套书从未懈怠,可说是尽其所能,投入其中。本该编辑想、编辑做的事儿,瞿先生也替编辑先想一步。瞿先生曾有一个完全出乎我意料的想法:建议我们出版社充分运用《光明日报》"史学理论"这块阵地,与其签订宣传《二十世纪中国史学名著》中的各部著作的协定。这是我根本没有想到的。我们照着去做了,出现了极好的效果。瞿先生还策划、组织,并亲自撰稿《变革与创新的20世纪中国史学——〈二十世纪中国史学名著〉编纂者说》。这是1.4万字的大文章,由"史学名著的内涵及要义"、"编纂体例的精心设计"、"名家评介名著的荟萃"、"审校细则、凡例之严谨"、"为了学术积累和学术创新"五部分组成,分别就这套丛书的编纂宗旨、编纂体例、学人评介、审阅校勘、学术价值等发表看法,有益读者对这套丛书的深入了解。足足占了《河北学刊》的13个版面。以上两举,加上出版《二十世纪中国史学名著叙录》一举,对"史学名著"的评介、宣传达到范围最大化,为运用20世纪中国史学成果,推动21世纪中国史学的创新与发展做出重大的贡献。

瞿先生在编纂这套书的五年间,与我们通信、通电百余次,他的每个指导性意见,都使我们这套书在各个环节的运作中有实质性的提高和进展。他是名副其实的主任,卓尔不群的行动者。我内心对于瞿先生的钦佩和感激难于言表。副主任、博士秦进才教授在古、旧书整理方面富有学识和经验。他融汇专家学者、编纂成员的意见,草拟"发凡"等初稿。徐勇、张越、周文玖三位博士出身的年轻教授是这套书的编纂成员,无论分配他们什么任务,不管繁琐,还是艰难,都以最高的质量、最快的速度完成。有这么多心甘情愿的合作者,作为我们最可信赖的作者和坚强的后盾,编辑工作进行起来真的得心应手。

跟着《二十世纪中国史学名著》的前言作者、整理者、审校者和编纂委员会成员艰苦卓绝地一路走来,不仅学到史学理论、史学方法、史学史方面的知识,同时,学到该怎样谦和做人和怎样严谨治学,增加了不少做编辑的亲和力和严谨治编的精神元素。在作者身上,越来越多地观察到凡是认真的人都是仔细、周到的人,都是不厌其烦地去说、去做、去累自己的人;都是不追求到完美不罢休的人;都是反复思量,不怕费力,不惜繁琐的人。编辑一旦遇到更加认真的作者,就不会达不到理想的目标。是一大批作者帮助我又一次实现常人体会不到的从内心卸下重

作者情

任的轻松和快乐。这一切都得益于世纪之交学界人士的众星捧月。尽管我也跟着吃了苦，受了累。

我作为编辑，通过与几百位作者面叙、电叙、信叙，以及作者面授机宜，最终真诚地收获了被我所接受了的一份真实的感情，即作者为我衣食父母，我为作者作嫁衣裳。令我渐渐懂得正是作者这方沃土，养育了编辑这份职业，成就了出版这份事业。写到这里，我越发感到作者的分量远远超出编辑自己在自己内心的分量；越发对于"作者是衣食父母，编辑为他人作衣裳"这两句话心悦诚服；越发品味出作者与编辑的关系是作者居上，编辑居下的唇齿相依的关系，且是互相依附而存在着，互相依赖而不可分离。作者与编辑、编辑与作者的关系一不是点对点的两个点的关系，二不是点与点相连成线的一条线的关系，三不是面对面的两个面的关系，而是互相面对的两个群体的关系。任何作者的独撰都有一个强大的存有时代烙印的、研究集体的智慧在前，后者必定吸收前者的成果，演变、推进，或更新前者的见解，筑造个人新的见地。任何作者的背后都有一个庞大的、睿智的学术群体。作为编辑个体来说也是在寻觅着不计其数的编辑前辈的出版理念、方式、方法的集体智慧，不断形成获得个人驾驭各种书稿的卓越能力。任何编辑的背后也同样有着一个庞大的、睿智的编辑群体。与其说作者个体与编辑个体共同成就着祖国出版事业的某个领域，不如说作者群体与编辑群体共同、又互相依存着成就祖国的出版事业的某个领域，更准确些，更禁得住推敲些。如果没有作者群体，编辑出版就是无源之水，无米之炊。因为他们才是出版社永不枯竭的源头活水。这就是我已退休十年，仍旧不忘我的作者的全部理由。在我退休的生活里总要安排时间，不时地看看这位，看看那位；不时地通个电话、发个短信，寄张贺卡，以示慰藉。作者的学识、品格、睿智、意志，深切地打动了我，提升了我。作者像电源、用电器、导线连接而成的电流通路，无休止地补给着我的编辑能量；像流淌的涓涓细流滋润着我的编辑生命，使我能够在编辑出版领域略尽涓埃之力。

审读情

1997年7月，我借助于工具书，带着对审读的初步认识走进审读室。怎样使审读工作科学化、规范化、制度化，怎样使其真正成为图书质量的重要保障？内心的一种定力和宁静帮助了我，终于勤能补拙，摸索出比较严谨、合理、适用的操作程序。各表制作，别具功效，环环相扣，形成审读的合力。任职内，审读图书800种，1亿字，制表48通，留下差错举例、差错计数、差错率、字词误正、质量等级、提高质量建议等3万多字的文字资料。当下重新审视这些资料，使我清醒地认识到只有具备负责精神、认真精神、科学精神、勤勉精神的出色编辑出版队伍，才会产出大量真善美的出版物，迎来编辑出版业的更加繁荣昌盛。

我刚刚调入出版社的时候，"选题"、"审读"两个词几乎同时映入眼帘。那时，恰逢中共中央、国务院发布的《关于加强出版工作的决定》(1983年)，强调"编辑出版工作是整个出版工作的中心环节"。国家新闻出版署颁发的《图书质量保障体系》(1997年)，又进一步强调"审稿是编辑工作的中心环节"。就在这时我到了审读室，从心底里加强了对这份工作的重视。这两个文件对我有着启蒙意义，是在告诉我，包括所有编辑在内：我们从事的这份职业是出版社的中心环节，是极其重要的；而"审稿"所处的位置是保障出版物质量的核心，更是质量保障的前提。

从那时起我才真正开始琢磨"审"、"审读"、"审读室"这组字、词的内涵，并从几部工具书里得知其定义。《现代汉语词典》(第6版第1157页)对"审"字有六项释义：①详细；周密：审慎｜审视。②审查：审阅｜

审稿。③审讯：审案｜公审｜三堂会审。④知道：审悉｜明是非之分，审治乱之纪。⑤的确、果然：审如其言。⑥姓。而"审读"的释义很简单、明了：审阅，审读书稿。"审读室"则无列条释义。《现代汉语词典》第6版增收新词和其他词条近三千条，遗憾的是没能将"审读室"收入其中。《辞源》①第82页对于"审"的解释：①悉也，详也，熟究也。谓反复辨别思考之也。审声以知音，审音以知乐，审乐以知政。②鞫事曰审……③助词。有决定之意。如言审如是也。犹言果然如此。④姓……

从辞书的释义，不难看出"审"字不仅仅指"审读"、"审阅"、"审稿"等编辑出版系列派上用场的一些词，还有更广泛的涵义，包括"审讯"、"审案"、"果真"、"姓氏"等义项。重要的是使我了悟到不管是哪个层次的"审读"，还是"审读室"的审读，"审"是核心、中心之词，引领了我对于"审"的理解，在我脑海里留存下"悉也，详也，熟究也"的印记。我带着点滴的肤浅认识走进"审读"。

一、考察筛选队伍

当时正值我还有大量书稿待发，再加上在短时间内要完成大量的审读任务，自知担当不起。便充分考察、挖掘、调用作者资源、社外审校力量，积极筛选、组建了有政治理论水平、有较高文化素养、有较高语言文字能力，在某个专业领域有较高学术造诣的教授、研究员、特级教师、高级教师等参与的42人的审读队伍。详见下表。

审读队伍一览表　　　　　　　　　　　　　　（1997年）

姓　名	性　别	年　龄	职　称	单位或联系地址
魏连科	男	62	研究员	河北省社科院历史所
杜荣泉	男	58	研究员	河北省社科院历史所
张圣洁	男	53	研究员	河北省社科院文学所

---

① 商务印书馆，中华民国四年(1915年)九月印刷、中华民国四年十月初版。这部《辞源》上、下册，是我父亲于1949年春在北京旧书摊上，连同《资本论》一卷一块儿买到的。《辞源》初版，距今已逾百年，仅封面有些剥落，全部内容无损。

续表

姓　名	性别	年　龄	职　称	单位或联系地址
张　文	男	58	教　授	河北师范大学历史系
张文质	男	58	副教授	河北师范大学历史系
王明信	男	56	教　授	河北师范大学历史系
秦进才	男	46	教　授	河北师范大学历史系
孟繁清	男	50	教　授	河北师范大学历史系
吴雪涛	男	55	教　授	河北省社科院文学所
贺　达	男	55	教　授	河北师范大学历史系
李　功	男	42	副教授	河北师范大学历史系
陈旭霞	女	38	研究员	河北省社科院文学所
王文涛	男	40	副教授	河北师范大学历史系
张　标	男	62	研究员	河北省社科院文学所
王　萍	女	36	副教授	河北省工会干部学校
孙悦春	男	62	研究员	河北省社科院文学所
田卫平	男	39	编　审	河北省社科院河北学刊
孙继民	男	39	研究员	河北省社科院历史所
唐华全	男	32	研究员	河北省社科院历史所
王志强	男	35	副研究员	河北省社科院文学所
吴灵之	男	55	教　授	河北教育学院数学系
王九江	男	53	副教授	河北教育学院数学系
王天元	男	54	副教授	河北教育学院物理系
张秉臣	男	55	副教授	河北教育学院英语系
刘绍本	男	58	教　授	河北师范大学中文系
何成森	男	56	高级教师	石家庄市教科所
邱飞洲	男	48	特级教师	石家庄市第一中学
刘翠真	女	46	高级教师	石家庄市第一中学

续表

姓 名	性别	年 龄	职 称	单位或联系地址
姚 红	女	40	高级教师	石家庄市第一中学
叶佩贤	男	55	高级教师	石家庄市铁一中
庞忠信	男	55	编 审	《河北教育》杂志社
倪兵群	男	56	高级教师	石家庄市教科所
于运来	男	55	高级教师	石家庄市教科所
齐福琴	男	56	高级教师	石家庄市教科所
雷天生	男	50	高级教师	石家庄市教科所
杨亚玲	女	37	高级教师	石家庄市教科所
张 璐	女	53	高级教师	石家庄市教科所
秦 桓	男	42	高级教师	石家庄市教科所
苏树江	男	39	高级教师	石家庄市教科所
王惠琴	女	56	教 授	石家庄进修学院
朱大海	男	46	高级教师	石家庄市教科所
赵智敏	女	49	高级教师	石家庄市第二中学

二、辛勤精酿心性

有了审读队伍，怎样使审读工作融入素质元素，科学化；融入法则元素，规律化；融入规则元素，制度化，使其真正成为图书质量的可靠保障，我做了些认真思索。终于勤能补拙，摸索出比较严谨、合理、适用的操作方法。设计制作的各表，都具备各自独特的功能，分兵把口，最后打赢审读的歼灭战。制表式样如下。

(一)审读书稿领取、审毕登记表

审读书稿领取、审毕登记表

书稿名称	领 取 人	领取时间	审毕时间

审读室代表出版社面对大量要审读的书稿,同时,面对接受任务的几十位审读者。那么,取稿、回稿的登记就显得既简单,又重要。因为涉及审稿秩序、书稿安全、审读意见的搜集等,特别是不能搞乱、搞丢书稿。书稿是作者辛勤的创造,重载着人类社会的全部生活,值得保护、敬仰和爱戴。我们的审读程序,必须最先迈出有责任心的第一步。

审读情

(二)审读(核)记录表

审读(核)记录表

稿件名称: 　　　　　　作者: 　　　　　　责编:

序 号	页	行	误	正	备 注

审次: 　　　　时间: 　　　　审读者: 　　　　　　第　页

第二步,是填写"审读(核)记录表",目的很直接,就是实录审读过程中发现的各个方面的问题的页码、行次、错误,如何修正等意见。"表"的特点是一目了然,以便作者、编辑修改,再加工。我在后边整理的"差错举例"和字、词误正,大多出自"审读记录"。

(三)文(理)科图书差错归类一览表

Ⅰ 文科图书差错归类一览表

书名：　　　　　　　责编：　　　　　　　　　编号：

版次＼项目	字数(万)	差错										差错率(/万)	质量等级	审读时间	审读者	审核时间	审核者
		政治性	知识性	科学性	字	词	语法	拼音	标点	数字用法	插图	体例	差错总数					
19 年 月第 版 19 年 月第 次印刷																		

第三步是填写"文(理)科图书差错归类一览表"，该表根据上表的"审读记录"，随差错性质归类而成。完成此表，实际是对作者、编辑的理论功底、文化素养、职业道德、文字能力的综合考察，是一幅形象的由表及里的人物画像。不管是编辑过程中的初审、复审、终审，还是审读室的再审，从性质和目的来说都是为了保障出版物的"质量"，反映出的是作者和编者的治学精神状态和认真工作的程度。王建辉先生在《编辑这个角色》(《编辑学刊》1994 年第 5 期)一文中说到编辑当是"通家"。"所谓通

家，别于专家，别于杂家之处，不是他懂得每一个具体的知识，而是他的气质，是他的判断力，是他的灼识通见，是他的过人的总体把握，在业务上表现为全能型。"我想做个"通家"，对编辑已是"宽大为怀"了。但这应当是做编辑的底线。实际上在审读过程中发现真的有很多差错的不合格产品摆在面前时，不禁要问：你是不是突破了底线？归根结底在于你是否忠于自己的职业，视职业为生命！我很感动于邹韬奋先生的一句话："我至今'乐此不疲'，自愿老死此乡。"如果我们有老出版家的这种编辑情怀和对于出版事业的热爱，以及高尚的职业道德，还会出现那么多错误吗？还愁有编不好的书稿吗？

Ⅱ 理科图书差错归类一览表

书名：　　　　　　　　责编：　　　　　　　　编号：

项目\版次	字数(万)	差错											差错总数	差错率(/万)	质量等级	审读时间	审读者	审核时间	审核者
		政治性	科学性	逻辑性	文字性	公式推论	可操作性	数字用法	图形	标点	体例	其他							
19 年 月第 版 19 年 月第 次印刷																			

此表与上表均属第三步,"差错"一栏里,又分政治性、科学性、逻辑性、文字性、公式推论、可操作性、数字用法、图形、标点、体例、其他、差错总数等 12 项,进行差错归类。具体内容可见后文"差错举例"。从这两张表,不难看出,我们十分重视书稿的政治性、科学性、知识性、逻辑性的审读,同时注重体例、字、词、句、语法、标点、拼音、插图、数字规范等细节的审读。是心理状态和思维系统追求真善美出版物的认识论、方法论使然。我们将表面的简单还原为实际的复杂,将弱化的项目,强化起来。这样在审读的过程中,摸寻出一些可以遵循的规律包括出现错误的规律,对审读质量与图书质量的提高有宝贵的借鉴价值。

(四)质量提高调查表

质量提高调查表

责任编辑: 　　　　　　　　　　　　　　　　　　　编号:

项目 / 版次	字数(万)	差错									差错率(/万)	质量等级	审读时间	审读者	审核时间	审核者
		政治性	知识性	科学性	字	词	语法	拼音	标点	数字用法	插图	体例	差错总数				
19 年 月第 版 19 年 月第 次印刷																	

审读情

第四步，对各审次质量提高情况做一对比，统计后填写责任编辑同一种图书、不同版次编校质量提高调查表。设置这张表的初衷，是执行新闻出版署和本社的决定。加强审读工作后，喜看图书质量的提高。我社一般图书，1999年比1998年的平均差错率减少了0.41/万，质量提高率为28%。每种图书不同版次的提高是不言而喻的。说明我们社成立审读室的决策是十分正确的；审读室的工作至少在编辑层面是有触动的、是有成效的。只要出版人、编辑人连手同心，拥抱我们的事业，融入我们的智慧和力量，就会有更多优质品的图书流入人类社会，甚至会影响、推动未来历史的进程。赵航先生在《审读论》中说："编辑出版重载了人类文明教化，成为人类社会发展基础中的基础，是推动社会发展动力中最强劲的动力。""几乎间所有萌发成熟的学问，都要在出版上找到位置，唯有如此，方能传承发扬。"读罢赵先生的这段话，更加感到我们从事的这份事业的重要和伟大。只要重视起来，坚持下去，就会出现持久性的图书质量的提高。

(五)审读(核)总表

审读(核)总表

书　名			书、稿、样	
版　次	年　月第　版，		年　月第　次印刷	
页　码		字　数		接稿日期
著译者		责　编		完稿日期
审读 意见				
				审读人：
审核 意见				
				审核人：

续表

审读室意见	
总编辑意见	
备 注	

第五步，是填写审读（核）总表，目的是从历史、现实和未来的广泛视角，掌握书稿质量的全部，判断书稿取舍。此表要填写书名，且要说明是成品书、排版书还是未排书，以及著（译）者、责编、版次等。另有"审读意见"、"审核意见"、"审读室意见"、"总编辑意见"专栏，形成四级会审。 栏，有审读者对书稿的总体判断、评估；二栏，是对"审读意见"的鉴定；三栏，向总编辑报告"读""核"意见，提出书稿能否采用，有无继续加工的基础，或能否直接付印、投放市场等建议；四栏，综合参考上述意见，做出书稿能否转化成出版物，在社会传播开来，流传下去的决断。

三、备尝辛苦不辞

我在审读室工作期间，社领导要求对教材、教辅读物进行全面审读；其他出版物，每位编辑每年抽查发稿量的 30%。虽然备尝苦差，但不以为劳。现仅将"差错举例""字词误正"列于其后，供分析、研究质量时参考。

（一）差错举例[①]

1. 科学知识性

(1)将"人民共和国"作为"中华人民共和国"的简称。

---

① 资料来源：1997—2001年审读记录、1998年春审读报告、1998年秋审读报告。字词差错详见"（二）字词误正"，不在此列。

(2)将"朝鲜战争"说成是"中国人民的胜利"。

(3)超纲、超教材,如命题涉及不要求学生掌握的小字内容;不要求注音,不要求掌握部首查字法;初二学生的物理练习题有高三物理课程要求的内容。

(4)"基本功训练"的前言中有这样一段文字:"……原则上都向该学科的各类考核、考试题题型靠拢,以利于教师和学生能习惯这些题型,供中考、会考时参考"。有应试之嫌。

(5)"同步训练"的说明中有这样一段话:"……训练层次上,既有面向全体学生,以双基为目标的基本练习题,又有适合优秀学生,以'培养能力'为目标的综合训练题……"这段话明显地背离"素质教育"的指导思想。

(6)一种"单元检测"第56页第7题关于"惯性"的叙述不科学,"惯性"只能言大、小,而不应言有、无。

(7)"达标试卷"关于温度的叙述不恰当,温度只能言高、低,不能言大、小。

(8)"达标试卷"将距离的长、短说成"省距离";将量的多少说成"厉害"。

(9)单元编排混乱,且有内容重复。

(10)将声音的断续次数,说成是声音的频率;复式光通过气体有的光被吸收,说成是光的"色散"。

(11)题中云:墙上的挂钟"越走越慢"如何调整摆长?"越走越慢",违反了摆的等时性。

(12)淮海战役主要指挥员误为林彪,应为刘伯承、邓小平、陈毅等。

(13)平津战役主要指挥员误为刘伯承、邓小平、陈毅等,应为林彪等。

(14)一种"单元检测",第15页选择题13、15题是两道错题。

(15)一种"暑假生活",第13页第14行中有一错误:……波长的奇数倍。正确说法是:……半波长的奇数倍。

(16)一种"同步训练",Ca(钙)、Cu(铜)误为可形成合金。

(17)误有200ml(毫升)的容量瓶。

(18)相同物质的量浓度,误为"相同浓度"。

(19)时刻、时间,概念不清。

(20)纯数论大小,误为论多少。

(21)钱论多少,误为论大小。

(22)《冒雨借书》一文,学生与教师用书有多处不一致。

(23)"压之之比"应为"压强之比"。

(24)"平等线"应为"平行线"。

(25)引文存在严重错误。

(26)一种"单元检测",第52页选择题2中,四项选择内容无一是正确的,无法进行选答;选择题5中,四项选择内容又全是对的,亦无法选答。双项选择中,出现三个正确选项等。

(27)一种"单元检测",第106页—111页有11处错误答案。

(28)一种"单元检测",第101页—109页有3处错误答案。

(29)一种"暑假生活",第23页—24页有2处错误答案。

(30)一种"暑假生活",第24页有5处错误答案。

(31)问题中的横线上应填"高粱、红色",但答案却是"棉花、白色"。

(32)选择题:"二战中开辟欧洲战场的战役是:①阿拉曼战役②西西里登陆③不列颠之战④斯大林格勒保卫战"。四个选项中无一正确答案。

(33)漏给答案:应给三个,仅给两个或一个。

(34)题目所指不明确,学生无法选答,无法改错。

(35)A、B卷互相提示答案。

2. 语法修辞、逻辑性

结构混乱、成分残缺、搭配不当、字词误用、词序颠倒、滥用虚词等。

(1)"用带点的造句",当为"用带点的词造句"。

(2)在看花过程中"有的还很珍惜地摘下一朵,簪在自己的发髻上"。

(3)"完成……问题",当为"回答……问题"。

(4)"回答……作用",当为"说明……作用"。

(5)"开隧道"说成"开山洞"。

(6)一个灯。

(7)一件……故事。

(8)一只只……鱼。

(9)步履维艰，误为步履惟艰。
(10)置若罔闻，误为置若惘闻(详见"字词误正")。
(11)鸟类所以能飞得高，是因为它们经常锻炼臂力。
(12)"明目张胆"地提意见，将"明目张胆"当作"光明正大"的同义词来用。
(13)"琳琅满目"的豆制品，实属乱搭。

3. 汉语拼音、标调
(1)声母、韵母错拼。
(2)拼音中的声调标注差错率高。如一种"基本功训练"，第1页—58页中，声调标注错误有58处。其中轻声、阴平、阳平的差错最多。
(3)汉语拼音与英文字母混用。

4. 外文单词、词组
(1)单词、词组错拼。
(2)人名、地名、国家、单位名称等专有名词，词首应大写，错为小写。
(3)缩写词应大写，却小写。
(4)不同文种的单词、缩写语混用。

5. 标点符号和其他单位符号
(1)错用、漏用、多用：引号用半个；"、""，"不分；"，""。"";"不分；或一"，"到底。
(2)小数点误为中圆点。
(3)破折号误为一字线、半字线。
(4)标点符号在行首的，行末仅半个引号的，均不规范。
(5)引文复合词、外文单词不按音节转行或漏排连接号。
(6)数理化等科技计量和单位符号有不少差错。以一本"达标试卷"为例，从第3—12页的10页内容中，非标准化单位符号出现48次。其分布如下：
①热量的国际单位用"焦耳"，但使用已废除的单位"卡、千克"的就有20处，无一处使用法定单位"焦耳"；
②比热的国际单位为"焦[耳]/千克·℃"，书中无一处使用该单位，使用废除单位"卡/克·℃、千卡/千克·℃"却有15次；

③燃烧值的法定国际单位为"焦耳/千克",使用废除单位"卡/克、千卡/千克"的有 8 处;

④功率的国际单位为"瓦特","马力"仅作为非法定的辅助单位,但书中用"马力"作功率单位,重复使用 5 次。

6. 数字

(1)全书阿拉伯数字与汉字数字混用。

(2)百分比、几分之几、气温的表示不规范。

(3)十五六岁、七八月,类似数字表示法有误。

(4)某年—某年;多少千米—多少千米;前后是否均有"年"、"千米"字样不一致。

(5)世纪、年代用法多有随意性。

7. 插图

(1)中国省级行政单位无重庆市、香港特别行政区。

(2)政区界线没有按常规绘画:如中亚各国的国界全部使用实线绘制,使区界、国界、河流不易判读。

(3)行政区划地图失真、不完整、不准确、不规范。如表示气温变化的曲线所表达的量不够准确;经纬线、区划界线有断线、不均匀。

(4)地图上常用图例,如"铅锌"误为"汞";"盐"误为"铁"。

(5)图例或代号选择绘画的位置不适当:如孟买是海滨城市,但其位置符号却画到海里;提问的代号画在两地理名称之间,易产生误判。

(6)绘制比例尺,按比例尺给的比例,测量北京到天津相距 12 千千米。

(7)插图形象,如画鸡蛋、土豆、菠菜、萝卜、姜等图失真。

(8)在同一页内,画的刺猬比非洲象还大,比例严重失调。

(9)封面上的尖嘴导向:导管无尖嘴,不产生压力,也就难发生喷泉现象了。

(10)电路图断路,开关接不上、合不拢,缺电表。

(11)插图不完整,如刻度尺无刻度,或刻度不均匀,量筒上无单位,不能读数等。

(12)电学中表示电流方向、光学中表示光的传播方向的插图上无箭头。

审读情

(13)文图不符：教学声母"l"，文字说明是：插图中小孩赶猪时，嘴里发出"l"声，但实际插图画的是三个戴红领巾的小孩而不是小孩赶猪；"天空中有些鸟"，图中无鸟；"桌上有 3 个杯子"，图中无杯；有两辆自行车，一红、一黑，图中颜色一样；杯子里均显示有液体，而无色，问哪个里面是牛奶，哪个里面是水。

(14)有文无图，如一篇短文中叙述画面、照片中的人和事，要求学生判断正误，但无画面和照片。

(15)图与说明文字不符，如"如下图"当为"如左图"、"如右图"等等。

(16)图形线条粗细、深浅、均匀度不一；画圆，不用圆规。

8．体例

(1)全书或整套书不注意体例的前后照应和统一：

如一套书，有的叫《假期生活》，有的叫《暑假生活》；另有一套书的说明各书自行其是，有的称其"《生活》"，有的称其"这本语文"，有的称其"本册"；

又如，参考答案，一般应全部提供，但个别册对简答题、论述题、写作题一律无答案，应给一答案要点，写作题也应给一标准提示。

(2)有的书干脆无说明(不知怎样使用)、无目录(无法查用)、无答案(无法检验)、无署名，以上四项内容即使有，也随意放置，无规律。

(3)字体、字号不统一。

(4)各级标题序号不统一，使用混乱，且有误，标题位置、转行格式不统一。

(5)多有阿拉伯数字转行使用，注音、标点在行首使用得不规范。

(6)每种题型结构和叙述方式不统一。

(7)丛书、套书的"说明文字"不统一，封面上的文字顺序也无规律可循。封面有"九年义务教育"字样，到封二或扉页就丢了"九年"两字，只剩下"义务教育"四个字了。

(8)封面书名与说明文字中的书名不一致。

(9)目录与正文序号、标题不一致。

(二)字词误正[1]

误正对照表[2]

误	正	误	正
浓装	妆	挺而走险	铤
拖踏	沓	捶手可得	唾
膛臂当车	螳	脱化	蜕
如火如茶	荼	滔光养晦	韬
坛花一现	昙	出人投地	头
踢除	剔	甜不知耻	恬
滕云驾雾	腾	摊倒	瘫
面折庭争	廷	乾旋	斡
趟水	蹚	吆和	喝
口惹悬河	若	不能自己	已
波伏	状	慧星	彗
未来	未	欧打	殴
传逆	递	包抬	括
凡尔塞宫	赛	抗日盟军	联
饶幸	侥	己经	已
桔子	橘	临贴写字	帖
梦夕笔谈	溪	帐目	账
湘颚赣	鄂	看图写画	话
助勉	勖	蒸气机	汽
嫌气	闲	水蒸汽	气

---

[1] 资料来源：1997—2001年审读记录、1998年春审读报告、1998年秋审读报告。
[2] 带黑点的字，为"误""正"对照字。

续表

误	正	误	正
流落出	露	水气	汽
双漆	膝	七星飘虫	瓢
两只笔	支	砂土	沙
曲臂	屈	石腊	蜡
防止害虫	治	膳鱼	鳝
杨子鳄	扬	装制	置
鸟龟	乌	竹杆	竿
人工受粉	授	联和国	合
馍头磴	馒	四人邦	帮
防照	仿	三棵数	树
必须品	需	杠秤	杆
柚蜒	蚰	支叉	枝杈
满州国	洲	较准	校
葛州坝	洲	遮荫	阴
株州	洲	桔黄	橘
月分	份	做为	作
炭棒	碳	宏亮	洪
粘土	黏	谭边	潭
粘乎乎	黏糊糊	叽哩咕噜	里
粘度	黏	档牌	挡
树杆上	干	颠狂	癫
伊哩啊啦	里	诀议	决
凝和	合	妄子成龙	望
慰籍	藉	忘动	妄
松驰	弛	步履惟艰	维

续表

误	正	误	正
义愤添鹰	填膺	喝求	渴
涛涛不绝	滔滔	宁巴	拧
刻扣	克	吻颈之交	刎
疑神	凝	勿庸置疑	毋
污告	诬	贪脏	赃
名门旺族	望	闻过是非	文饰
忘想	妄	午蹈	舞
合不扰	拢	婉惜	惋
按装	安	置若惘闻	罔
接受……信号	收	弦律	旋
运筹惟握	帷幄	寒喧	暄
好高鹜远	骛	枯座	坐
眩目	炫	难奈	耐
苦脑	恼	杳无音讯	信
喧闹	喧	侥勇	骁
宣宾夺主	喧	一泄千里	泻
水泻不通	泄	气喘嘘嘘	吁吁
悠关	攸	诩诩如生	栩栩
察颜观色	言	消声匿迹	销
益于言表	溢	竭见	谒
演译	绎	迁徒	徙
殉私舞弊	徇	遭秧	殃
徇职	殉	作楫	揖
勾消	销	侉大	夸
挎裆	胯	磙盘	磨

续表

误	正	误	正
明牟	眸	新颖	颖
忧柔寡断	优	甘之如怡	饴
怨天忧人	尤	一口同声	异
宽余	裕	苦心孤旨	诣
滥芋充数	竽	反应情况	映
一无反顾	义	绿草如荫	茵
堰旗息鼓	偃	始作佣者	俑
授与	予	记忆尤新	犹
椭园	圆	急燥	躁
尤如	犹	躁音	噪
忧怨	幽	伎两	俩
良霄	宵	敲榨	诈
编篡	纂	压诈	榨
甘冒不讳	韪	仗义直言	执
造形	型	改弦更章	张
自栩	诩	心浮气燥	躁
孤注一掷	注	谋利	牟
口干舌躁	燥	诏雪	昭
饮鸠止渴	鸩	信扎	札
出奇致胜	制	肿涨	胀
凑效	奏	人言啧啧	啧啧
暂露	崭	戒骄戒燥	躁
错落有至	致	沾水	蘸
慎密	缜	闲情逸志	致
玲龙	珑	冒然	贸

续表

误	正	误	正
层峦叠障	嶂	萎糜	靡
捉襟见衬	肘	默守成规	墨
吱吾	支	密而不宣	秘
脍灸人口	炙	临摸	摹
破锭	绽	澎胀	膨
缪论	谬	无独有隅	偶
默挈	契	并发	迸
全愈	痊	亳州	亳
磐竹难书	罄	刚腹自用	愎
先躯	驱	渗水	掺
诺大	偌	提心掉胆	吊
鹿葺	茸	故作矜恃	持
龙子	笼	兵慌马乱	荒
一愁莫展	筹	即然	既
合盘托出	和	若不经风	弱 禁
唉叹	哀	瞑思苦想	冥
赌搏	博	愤发	奋
斥之以鼻	嗤	妨微杜渐	防
真缔	谛	估息	姑
蜇伏	蛰	变挂	卦
扎记	札	免慰	勉
震奋	振	布署	部
烦脑	恼	按营	安
疑视	凝	各行其事	是
忸昵做态	怩作	眇然	渺

续表

误	正	误	正
篷荜增辉	蓬	原气	元
斧底抽薪	釜	负之一炬	付
藐远	邈	哽死	梗
附合	和	勾且	苟
沟火	篝	角注	脚
笔纪	记	面沙	纱
娇情	矫	漆盖	膝
搅合	和	含差草	羞
面俱	具	渐江	浙
清彻	澈	土鲁番	吐
倾刻	顷	姓各	名
忽忘我	勿	骨胳	骼
周地	圈	各司其是	事
准葛尔	噶	制做	作
勃海	渤	伽俐略	利
睛天	晴	鲁脊	兽
光和作用	合	取谛	缔
例满	倒	诲恨	悔
编排程度	序	百战不贻	殆
肝分泌	胆	密峰	蜜蜂
追塑	溯	镇头	馒
云宵	霄	既便	即
腊纸	蜡	提钢	纲
了草	潦	规化	划
一枕黄梁	粱	姿式	势
骠悍	剽		

四、解悟分析深省

（一）林林总总

本来像"中华人民共和国"的简称；提倡"素质教育"；不该超纲、超教材；温度只言高低，不言大小等等仅是一般常识，却频频出错。选项内容无一正确答案，双项选择中，出现三个正确选项，有时漏给答案，更有甚者在 5 页内出现 11 处错误答案；在 58 页的文稿内有声调标注错误 58 处；在 9 页文稿内出现 48 次使用非标准化国际单位符号卡、千克、马力等，问题林林总总。这正是屡屡出现低级错误的悲哀！

（二）典型乱搭

语法、修辞、逻辑"七不搭"举例：

"琳琅满目的豆制品"，一不搭；

"明目张胆地提意见"，二不搭；

"完成……问题"，三不搭；

"回答……作用"，四不搭；

"一件……故事"，五不搭；

"一只只……鱼"，六不搭；

"鸟类……经常锻炼臂力"，七不搭。

以上均属不注重语法、修辞，逻辑思维混乱。令人疑惑不解的是编辑怎样选择的作者，又是怎样审读、加工的书稿。

（三）漏标、错画

绘制行政区划地图一失真、二不完整、三不准确。如：省级行政单位漏标重庆市、香港特别行政区；中亚各国的国界绘制实线；将孟买这座海滨城市的位置代号画到海里；按比例尺给的比例测量北京到天津，要相距几千千米等等。漏标、错画，严重失误。

（四）丢三落四

插图一丢三落四、二严重失调。如电路图断路、无开关、合不拢；刻度尺无刻度；量筒上无单位；表示电流方向、光的传播方向无箭头。

文图不符：文字说明"天空有鸟"，图中无鸟；"桌上有杯"，图中无杯；

在一页内,画的刺猬比非洲象还大。令人啼笑皆非。

(五)随意使用

数字表示随意:世纪、年代、月、日、百分比、几分之几、气温表示,阿拉伯数字和汉字数字随意使用,无章可循。

(六)体例不一

体例不统一:内容结构、叙述方式不统一;丛书、套书中各册书的书名不统一;封面书名与封二、扉页、出版说明、版权页不统一;目录标题、序号与正文不统一;字体、字号不统一;各级标题序号不统一;标题位置、转行格式不统一;注音、标点不得用在行首,不统一;英文大、小写,书写不统一。多不照应,各行其是。

(七)捍卫质量

1. 从捍卫汉字做起

字词是造句、行文之基本元素,是语言基础之基础。能够正确把握字词的应用也是当个好编辑的先决条件。作为编辑来说,消灭错别字不仅是审稿的重要任务之一,也是提高书稿质量的关键所在。那么,捍卫出版物质量,就要从捍卫正确使用汉字做起。

2. 懂些文字学

编辑的职业要求我们不断地学习,学些文字学的常识是其中的一宗。要对分析文字的理论"六书"说有所了解。《说文解字》释义"六书"条,一曰指事;二曰象形;三曰形声;四曰会意;五曰转注;六曰假借。我的理解"指事"是把无法绘画出来的东西,用符号表示出来,如"一长横"加在"木"上为"末","一短横"加在"木"下为"本",表示树尖、树根之所在;"象形"是把日、月、山、川等实物描绘出来;"形声"是把两个形体,一形表义,一形标音,如江、河等字;"会意"是两个以上形体,几个概念联合起来表义,如武、信等;"转注"是指两个字意有相通的地方,可互为解释,如"考老是也";"假借"是借用声同、声近的字来表示,如"其"字与"箕"的形和声近,借用为代词。明白象形、形声、会意的一些道理是我们的必修课。更重要的是懂些文字形、音、义的关系、起源、发展、演变等学问,有益于我们的编辑工作质量提高。

3. 学点训诂学

编辑还应学点训诂学。通过翻阅《尔雅》、《广雅》这些训诂词典,以及《辞源》、《辞海》这类辞书，可以学到古今释词的体例和词语的本义、引申义、转义、比喻义以及语义的变迁等等知识。对于准确掌握字词的使用和纠正错别字有着非同小可的作用。

说起来，我还真有时常翻阅工具书的习惯。凡是心生疑义的字词，必查无疑。往往是查一个字、词，要连续翻出去十几页，边翻边阅读以某字开头的组词，有时还会找到更适合的词汇，或是成语、句式等，滋润你的文章，提高遣词造句的品味，何乐而不为？凡遇此事之时，更会提高阅读工具书之兴趣。只要重视、加强文字修养，搜集、整理、积累词汇，并将其应用于练笔和加工书稿的实践，错别字不难离作品而去。

4. 恶补缺憾

审读过程中整理出"字词误正对照"291例。分析一下所有错误用字，都是没有把握其字形、字音、字义所致。如：

形似，音同，义不同而出错的有：

"装、妆""庭、廷""趟、淌""鹰、膺""坛、昙""刻、克""婉、惋""惟、帷""眩、炫""泻、泄""栩、诩""燥、躁""霄、宵""缪、谬""躯、驱""谛、缔""偃、堰""篷、蓬"等等。

形似，音、义不同而出错的有：

"脱、蜕""茶、荼""乾、斡""踢、剔""疑、凝""讳、韪""扰、拢""贪、贫""讯、信"等等。

音近，形、义不同而出错的有：

"甜、恬""愤、奋""涛、滔""角、脚""原、元""事、是""赴、付""负、付""副、付""沟、篝""沾、蘸""冒、贸""茵、荫""苟、勾""布、部""致、制""唉、哀""掉、吊""经、禁""了、潦""夕、溪""嫌、闲""只、支""须、需""较、校""做、作""曲、屈""受、收""制、置""宏、洪""乎、糊""式、势""化、划""恒、衡""彻、澈"等等。

从知识层面看，万恶根源在于不懂形、音、义。

5. 纠正方法

我反复思考，总结纠正错别字的方法不外乎以下三种：一要注意字形，即注意形体相近的偏旁部首，如前边列举的形似、音同、义不同而错的字；二要注意字音，即注意利用字音分析形声字的声旁，读准字音，如前边列举的形似、音不同、义不同而错的字；三要注意字义，其实不

审读情

少错别字是由于对一些词语，包括成语中的字义理解有误而产生的。如前边列举的音近、形不同、义不同而错的字。

在审读中发现的科学、知识、语法、修辞、逻辑、定理、公式、字词、拼音、标点、数字、插图、地图、体例方面的差错，真是"夫耳闻之，不如目见之；目见之，不如足践之"。但果真实际看到了，却似遇疾风暴雨，激出个感寒症来，十分害怕出版物质量的滑坡。有人会疑似"小题大作"！我说：不然！编辑工作本无小事可言，包括一个标点符号使用正确与否。这是其专业性质决定的。

我反复思考过，作者创作和编辑审稿加工过程是否出现差错的总根源在哪里。——在于作者和编辑个体，在于精神文化创造者和编辑是否具备政治、文化、道德修养，以及一种内在的定力和追求宁静的品格。在于是否有传播文化、益于社会、不欺读者、不害青年的负责精神；是否有心细如发、事必躬亲、细微审慎、纤悉必具的认真精神；是否有登高望远、通观全局、有胆有识、全程驾驭的科学精神；是否有学而不厌、不舍昼夜、攻苦食淡、人一己百的勤勉精神。只有负责、认真、科学、勤勉这四种精神，附体于作者和编辑，才会迎来大量真善美出版物的面世，贡献、服务于人类文明社会。

书评情

初做编辑,听老编辑说,组织书评是最后一道工序。我丝毫不敢懈怠,要求自己站好每部书稿的最后一班岗。只要书稿编完,都很及时地写书讯、简介、推荐之类送《河北书窗》。而后更多的是请熟悉著作内容的专家、学者撰文。他们既能抓住其特点,又能洞察其不足,对图书给予全面、准确的评析,是广大受众最需要的。记得当年组织和发表书评,确有许多认真、执着、艰辛和困窘。有时需要多方投递,多次催询,求来拜去,经受着另样的煎熬。但是,自己仍保持着一定要发表、一定要评价、一定要宣传出去的韧劲儿。书评终于得以发表,现保存下来的有133篇。我体悟到从组织书评,到发表,再到收入囊中,是编辑过程之中不可或缺的部分,更是编辑不可推卸的责任和担当。

一、坚守推介真谛

我曾简单地认为组织书评是出书之后的事儿,殊不知请人需要时间,写出书评更需要时间。往往是书评发表滞后,错过了抢占市场、提高影响力的最佳时机。多次时过境迁的懊悔,使我悟出组织书评并不是在时间排序上,最后才去动手要做的事儿。有时在编辑出版的同时就要开始考虑,书评也要同步进行。

几经组织、发表书评的挫折与教训,熟思后,决定先给撰稿者提供清样,赢得提前撰稿的时间,也就赢得发表书评的时间。同步还要进行的是为书评的发表,联系报纸杂志。以上事项均要事必躬亲,步步都用时间,步步都有难处,步步都需踩实,一步拖沓,宣传不出去,对作者、作品、编者、出版者都是憾事。

书评的质量与书稿的质量并重,都直接关系到能否发表,能否有推荐力度和分量。我一般要求自己和作者专门请在学科领域内有影响力的学者撰稿,达到恰如其分地揭示出版物真谛的目的。能否请到理想的撰稿者,那要看你平日积攒的学术人脉怎样,需要时能否给力了。发表时也要选择有影响力的报刊刊登。这自然更增加了工作上的难度,但也必须按着这个目标多下功夫,多花精力,做到实处,以达到书评效应,实现以精品出版物的形式继承、传播、发扬祖国优秀传统文化的初衷。

高质量的出版物与大量高质量的书评,直接推动着图书品牌的形成,同时,扩大着产品的影响力、发行量与市场占有率。下面提供 10 种图书发表书评的相关情况。

书评、重印次数、获奖情况简表

图书名称 (10 种)	书评数量 (88 篇)	重印次数 (6 种重印,11 次)	获奖奖别
中国历史大事典	4	1	省部级奖
中华百年爱国故事丛书	6	1	省部级奖
漫画史记、汉书、三国志等	6	1	省部级奖
专制主义与中国封建经济	4		省部级奖
二十世纪中国史学名著	28	2	国家图书奖
李大钊全集	10		国家图书奖荣誉奖
邓广铭全集	5		省部级奖
空间经济学	7		省部级奖
教育投入与产出研究	5	4	国家图书奖
创世纪情愫 ——来自中国西部女童教育的报告	13	2	中宣部"五个一工程奖" "一本好书"入选作品奖

以上 10 种图书累计发表书评 88 篇。有 6 种图书重印,最多重印 4

次，重印率60%。有4种图书获得国家图书奖、"五个一工程"奖；6种图书获得省部级图书奖，获奖率100%。不管是重印，还是获奖，都是书稿自身质量和价值的直接表现，也跟组织书评这一环节编辑含量比较高间接相关。只要心里有这回事儿，重视了，去做了，就会有成效。

二、关注书评行为

我们出版的《二十世纪中国史学名著》这套书，就是为了总结20世纪的中国历史研究在几代史学家共同努力下取得的举世瞩目的成就。为了展示历史学成果，发扬20世纪史学的优良传统，推动21世纪史学的发展，我们首先下大力量，与《光明日报》理论部联合开辟"二十世纪中国史学名著"专栏。从1999年7月16日，郭沫若的《中国古代社会研究》、《青铜时代》等开始发表，到12月3日，历时四个半月，在《光明日报》组织发表了17篇文章，连续130多天评介了"名著"中的32部著作。那时段，在读者眼皮底下不断有"史学名著"闪闪而过，使得寻问何时出版，怎样购书的邮件、信函、电函络绎不绝。

与此同时，有苏双碧先生的《二十世纪史学的丰碑——评〈二十世纪中国史学名著〉》、兰书臣先生的《民族精神的采冶与结晶——评〈二十世纪中国史学名著〉》和周文玖先生的《中国史学史学科初步形成的重要标志》等书评分别在《光明日报》、《中国图书评论》、《烟台师范学院学报》上发表。

第三，《河北学刊》以13页、1.4万字的超大篇幅，发表了《变革与创新的20世纪中国史学——〈二十世纪中国史学名著〉编纂者说》，由瞿林东、张越、周文玖、秦进才、徐梓五位教授的《"史学名著"的内涵及要义》、《编纂体例的精心设计》、《名家评介名著的荟萃》、《审校细则、凡例之严谨》、《为了学术积累和学术创新》五篇文章组成。

以上共计25篇评介文章向广大读者、史学工作者全面介绍了"名著"之内涵，学术之积累，编纂之精到，校勘之严谨。

第四，时任中国历史学会会长的戴逸先生不仅为该书撰写"总序"，收入《二十世纪中国史学名著叙录》，而且还利用各种演讲机会和发表文章，阐释20世纪中国历史学的特点和成就，充分肯定了涌现出的一大批

书评情

史学家,创造性地撰写了一大批有价值的专著,这就包含了我们收选的57种著作。该书的编纂工作委员会主任瞿林东教授考虑到"总序"的精辟论述和各种著作的"前言"的简要评介,对于读者阅读和研究这些名著是必要的和有益的,为了更加便于各方面读者对《二十世纪中国史学名著》的了悟,回眸20世纪中国史学家留下的足迹,进而加深对20世纪几代史学家深刻的变革与勇敢的创新之历程的认识,便把"总序"和史学专家所撰各种著作的"前言"汇辑成册。书前,有瞿林东教授的长篇"题记",论及百年中国史学历史观和史学方法的变革,如何写下了艰辛而辉煌的一页。书末,由我作"后记",说明选题确立的宗旨、成书的过程并表达对各界关注和支持的感激之情。最后,以《二十世纪中国史学名著叙录》为题,做成出版物,再次将《二十世纪中国史学名著》隆重推介给广大读者。这样,《光明日报》开辟专栏;专家撰写书评、"编纂者说"和最后推出《叙录》的三部曲,一气呵成了对《二十世纪中国史学名著》的宣传、评介工作,不间断、不松懈、善始善终地完成。形成了规模比较大的、质量比较高的、时间比较持久的书评行为。使得这套书面世后,受到社会的广泛关注,尤为老、中、青三代学人所青睐。

记得当时是分三批(次)印刷的,出现第二批(次)没印出,第一批(次)印制的已售完,第三批(次)没印出,第二批(次)又缺货的始料不及的令人兴奋的现象。不得不在印制第二、第三批(次)的同时又组织第一批(次)、第二批(次)的重印准备并启动重印。作为学术书籍,在我的编辑路上还是遇到的第一次,也是仅有的一次购书盛况。这套书出版十余年后,仍有学人的称赞之词不绝于耳。2012年上半年河北出版传媒集团选题策划中心人员到省外调研时,学界的人们还牢牢记得,又重新提起,仍十分认可这个选题的价值。当策划中心的同仁电告这一消息时,我内心深处的那种感觉溢于言表。又如,2012年9月,大学同学聚会,荆州博物馆馆长彭浩先生是我同窗,几十年未见,对我讲的第一句话就是:"我看到报刊的评介文章,知道你们出版社编了一套'史学名著',我需要的几本全买到了。多年前我到书店找过几次,都未如愿。"质朴的几句话,竟使我的脉搏跳动加快,一刹那,有着一份振奋和喜悦。十余年后面对面亲聆了读者发自肺腑,不是书评胜似书评的激荡人心的话语,温暖了为了这套书的出版曾经满怀疲惫的心。

一丝不苟、环环相扣的宣传、评价、推介的"书评"行为，无疑大大增加了"史学名著"在受众心目中的分量，使其更加光灿灿地令人注目和敬仰，并且比较成功地确立了这类出版物主导、引领文化市场的地位和作用。后期的努力使其基本达到较好传承优秀文化的目标，其意义深远。同时，在某种程度上圆了我一个远远不及尽善尽美的梦。

　　作为20世纪的57种史学名著，能够重印两次，部分重印3—4次，至今仍有广泛市场，彰显了史学名著自身价值的魅力和编辑坚守品味、昂扬向上的文化追求，以及负责任地组织书评，并做到位，或比较到位，在一定程度上推动了传播、发扬祖国优秀传统文化的非同小可的良好作用。我越来越体会到比较成功的选题背后，不仅有"困于心，衡于虑，而后作"，更有拼"细节"，即为"细节"的种种付出。

三、如数家珍追昔

　　当我组织的各种出版物书评，陆续见于报（刊）端时，不禁有一份欣喜。读过书评我又从学者的视角增长了见识，提升了对原选题设计的意义和价值的认识。这次整理书评，真是"过一目，行一程"，可说每篇书评都是充满激情的诗篇，读来瞧去不厌倦，摸来抚去全是爱。

　　现将存档书评目录列表如下。

书评目录一览表[①]

书　名	书评题目	作　者	发表报刊	发表时间
中学历史基础知识问答	书讯	张惠芝	河北书窗	1984年9月第2版
中国历史资料选世界历史资料选（2篇）	《历史资料选》推介	王文	光明日报	1987年5月20日
	《中国历史资料选》和《世界历史资料选》推介	京教	历史教学	1987年第7期

[①] 凡只有1篇书评者，不再标注篇数。

续表

书 名	书评题目	作 者	发表报刊	发表时间
外国历史大事典 (2篇)	《外国历史大事典》出版	孺 牛	河北师范学院学报	1989年第4期
	《外国历史大事典》条目		中国出版年鉴(1990—1991)	
马克思主义以前的马克思	书讯		文摘报(光明日报主办)	1990年7月8日
中国近代化大辞典	《中国近代化大辞典》简评	林 文	光明日报	1995年10月23日
中国历史大事典 (4篇)	一部有特色的历史工具书——评《中国历史大事典》	林 文	河北师范学院学报	1988年第4期
	《中国历史大事典》出版		光明日报	1989年1月18日
	《中国历史大事典》评介		河北学刊	1989年第3期
	中国历史大事典		中国历史学年鉴(1989年)新书选介	
中国近代史论稿 (3篇)	善触"热点"勇爆"冷门"——评《中国近代史论稿》	林 文	光明日报	1988年11月2日
	读《中国近代史论稿》	乔还田	人民日报	1988年11月11日
	《中国近代史论稿》推介		文汇报	1989年3月7日
河北省地理	评《河北省地理》	唐学曾	河北科技报	1988年8月5日
河北古代历史编年	一部文图并茂的地方文献——读《河北古代历史编年》	傅振伦	河北学刊	1988年第4期

续表

书　名	书评题目	作　者	发表报刊	发表时间
历史学科培养能力与技巧的方式与方法	一块有用的"他山之石"——评介《历史学科培养能力与技巧的方式与方法》	黄慕洁	历史教学问题	1991年第6期
中华百年爱国故事丛书(6篇)	爱国主义教育读物中的"精品"——评《中华百年爱国故事丛书》	郑一奇	青少年读物指南	1992年
	百年风云　尽收眼底——评《中华百年爱国故事丛书》	史明迅	中国图书评论	1992年第3期
	一套高质量的中国近代史系列读物——《中华百年爱国故事丛书》评介	董丛林		1993年3月24日
	历史长廊的不朽画卷	杨金荣	新华日报	1993年5月5日
	中华百年历史的生动画卷——读《中华百年爱国故事丛书》	李梦洋	历史教学	1993年第2期
	深入开掘　立体展示——评《中华百年爱国故事丛书》的选题设计	伊其	中国图书评论	1993年第3期
专制主义与中国封建经济(4篇)	一部富有开拓精神的学术专著——读《专制主义与中国封建经济》	柯言	中国史研究动态	1996年第6期
	新思路　新框架——七位京津专家评《专制主义与中国封建经济》	郦文	河北师范学院学报(社会科学版)	1996年第3期
	一部有开拓精神的学术著作——《专制主义与中国封建经济》一书评价	何理	河北日报	1996年
	步入一个被忽视的领域——简析《专制主义与中国封建经济》	张惠芝	新闻出版报	1997年2月14日

续表

书　名	书评题目	作　者	发表报刊	发表时间
空间经济学 (7篇)	空间经济研究领域的创新之作——评卢嘉瑞的新著《空间经济学》	陈素梅	当代经济研究	1995年增刊
	《空间经济学》出版	小　王	经济日报	1996年6月17日
	空间经济的新探索——《空间经济学》评介	刘方棫	光明日报	1996年6月26日
	空间经济学的拓荒之作——《空间经济学》评介	宋　涛	人民日报	1996年6月26日
	独树一帜的《空间经济学》——《空间经济学》评介	张洪聚	思想战线	1996年第4期
	心事茫茫连广宇——评《空间经济学》	郑志瑛	学术论坛	1996年第3期
	迎接人类的太空时代——读《空间经济学》	胡岳岷	中国图书评论	1996年第5期
漫画史记 漫画汉书 漫画三国志等 (6篇)	《三味漫画屋》别开生面	牛素琴	人民日报（海外版）	1996年2月17日
	读史使人明智——兼评《漫画史记》、《漫画三国志》	孟繁清	中国教育报	1996年8月4日
	再现"史家之绝唱"的神韵——读《漫画史记》、《漫画三国志》	秦进才	今日出版	1997年第2期
	普及历史文化的好形式——《漫画史记》、《漫画三国志》出版感怀	孙继民	今日出版	1998年第1期
	两部新读物《漫画史记》、《漫画三国志》	孙继民	新闻出版报	1998年4月24日
	别开生面的《三味漫画屋》——喜读河北教育出版社的《漫画史记》、《漫画汉书》	牛素琴	今日出版	1998年第2期

续表

书　名	书评题目	作者	发表报刊	发表时间
中国改革史 (6篇)	系统全面的历史画卷	秦进才	中国教育报	1998年4月21日
	改革推动了历史进程——读《中国改革史》	苏双碧	人民日报	1998年6月27日
	系统全面的改革画卷——读漆侠先生主编《中国改革史》	秦进才	河北学刊	1998年第4期
	历史改革的现实参照——《中国改革史》读后	王建辉	中国图书评论	1998年第4期
	改革，一个人类社会永恒的课题——读《中国改革史》	孟繁清	中国史研究动态	1998年第9期
	改革：中国历史发展的强大动力——读《中国改革史》有感	张传玺	中国图书评论	1999年第5期
旧史新谭(2篇)	研史贵在出新——《旧史新谭》读后	高　山	光明日报	1998年6月12日
	著名史学家周一良在为《旧史新谭》一书撰写的序言中指出：教材的编写离不开学术研究		人民日报·学术动态	1998年6月6日
汉至唐初史官制度的演变(2篇)	读《汉至唐初史官制度的演变》	秦进才	史学史研究	1999年第4期
	简评《汉至唐初史官制度的演变》	孙继民	光明日报	1999年12月3日
毛泽东邓小平哲学思想研究	20年心路的结晶——评《毛泽东邓小平哲学思想研究》	程家明	理论学习与研究	1999年第2期
李大钊与中国现代学术	写在《李大钊与中国现代学术》出版之际	张静如	北京党史	2002年第6期
李大钊全集 (10篇)	《李大钊全集》首发式暨纪念李大钊诞辰一百一十周年学术讨论会在唐召开		河北日报	1999年10月25日

续表

书　名	书评题目	作者	发表报刊	发表时间
李大钊全集（10篇）	《李大钊全集》出版	纪　途	人民日报	1999年10月28日
	先驱者的遗产　革命史的丰碑——《李大钊全集》出版面世		中国社会科学院通讯	1999年
	遗产和丰碑——读《李大钊全集》	邓文锋	中国文化报	1999年12月18日
	先哲华章　革命遗产——写在《李大钊全集》出版之际	瞿林东	人民日报（海外版）	2000年1月3日
	李大钊研究的新起点	郭贵儒	中华读书报	2000年7月5日
	遗产·丰碑·典范	石仲泉	光明日报	2000年7月6日
	全面展示李大钊精神——《李大钊全集》出版感言	孙继民	新闻出版报	2000年7月26日
	简论《李大钊全集》出版的时代意义	王彦坤	大时代	2000年第4期
	党史丰碑　学界典范——读《李大钊全集》	胡子达 杨大忠 王志强	大时代	2000年第4期
中国农民消费结构研究（9篇）	《中国农民消费结构研究》评介	宋　涛	光明日报	1999年8月20日
	应关注我国农民消费——《中国农民消费结构研究》的启示	白仲尧	中国经济时报	1999年9月3日
	评《中国农民消费结构研究》	宋　涛	人民日报	2000年1月11日
	一部研究农民消费的力作	杨圣明	经济学动态	2000年第2期
	评《中国农民消费结构研究》	尹世杰	经济评论	2000年第2期

续表

书　名	书评题目	作者	发表报刊	发表时间
中国农民消费结构研究(9篇)	开系统研究中国农民消费结构之先河	詹连富	中国图书评论	2000年第1期
	指导扩大农民消费需求的力作——评《中国农民消费结构研究》	程恩富	消费经济	2000年第2期
	对农民消费结构的成功探索——《中国农民消费结构研究》评介	刘思华	河北学刊	2000年第2期
	探寻中国农民消费结构——简评《中国农民消费结构研究》	刘方棫	中国消费者报	2000年5月26日
创世纪情愫——来自中国西部女童教育的报告(13篇)	震撼心灵的"人类大音"——评梅洁长篇报告文学《创世纪情愫》	陈映实	中华读书报 大时代	2000年3月15日 2000年第4期
	女童教育与西部的未来	臧建	中国青年报	2000年3月28日
	一部撞击心灵的作品——读《创世纪情愫——来自中国西部女童教育的报告》	苏智良	河北教育报 文汇读书周报	2000年4月15日 2000年4月15日
	来自西部的女童教育报告	纪途	人民日报	2000年4月28日
	温暖西部的情愫	雷达	燕赵都市报	2000年5月4日
	创世的呼唤——梅洁的长篇报告文学《创世纪情愫》叙述了什么？		文艺报·文学周报	2000年5月9日
	新的创世纪呼唤		文论报	2000年5月15日

续表

书　名	书评题目	作　者	发表报刊	发表时间
创世纪情愫——来自中国西部女童教育的报告(13篇)	同是面对西部	储瑞耕	中华新闻报	2000年5月29日
	世纪企盼——读《创世纪情愫》	魏　平	大时代新闻出版报	2000年第5期 2000年7月31日
	冰冷的事实和热切的情感	李炳银	光明日报	2000年6月8日
	西部何以无语	鲍　风	长江晚报·读书周刊	2000年7月28日
	《创世纪情愫》一书读后感	景　曜	定西日报	2000年11月1日
	关注大西北　关注女童教育		河北日报	2000年11月24日
中国当代教育理论丛书(2篇)	创新源于沉思　精品出自远虑——评《中国当代教育理论丛书》	白述之	中国教育报	1997年4月13日
	《中国当代教育理论丛书》评介	孙素英 周发增	首都师范大学学报	1998年第6期
课程变革概论	《课程变革概论》简介	冯新瑞	课程研究(季刊)	1997年第2期
教育投入与产出研究(5篇)	教育经济学研究的力作——读《教育投入与产出研究》	曲恒昌	新闻出版报	1997年5月29日
	评介《教育投入与产出研究》	陈良焜	中国教育报	1997年6月8日
	一部真知灼见的新著——荐《教育投入与产出研究》	张惠芝	今日出版	1997年第6期
	致力于教育与经济关系的研究——谈荣获第三届国家图书奖的新著《教育投入与产出研究》	张惠芝	石家庄日报	1997年10月26日

续表

书　名	书评题目	作　者	发表报刊	发表时间
教育投入与产出研究(5篇)	持续增长的源泉——评《教育投入与产出研究》	孙　鸿 牛士英	河北学刊	1998年第4期
中国戏曲舞美概论	导扬新知　解惑授业——读张连新著《中国戏曲舞美概论》	王清辉	戏曲艺术（中国戏曲学院学报）	1997年3月
抛引集	《抛引集》简介	吉成名	中国史研究动态	1996年第9期
隋唐政治史论集(2篇)	胡如雷先生新著《隋唐政治史论集》读后感	孙继民	中国史研究动态	1998年第3期
	胡如雷《隋唐政治史论集》	刘健民	唐研究第7卷（北京大学出版社）	2001年版，第518—523页
范文澜全集(2篇)	《范文澜全集》出版		文坛信息	
	高山仰止　景行行止《范文澜全集》编余琐记	林甘泉 蔡美彪 张振鹍 潘汝暄	中国社会科学院院报	2004年1月13日（第4版）
二十世纪中国史学名著(28篇)	郭沫若的《中国古代社会研究》、《青铜时代》、《十批判书》	黄　烈	光明日报	1999年7月16日
	翦伯赞的《历史哲学教程》	张传玺	光明日报	1999年7月23日
	李大钊的《史学要论》	瞿林东	光明日报	1999年8月6日
	范文澜的《中国通史简编》	蔡美彪	光明日报	1999年8月13日
	吕振羽的《史前期中国社会研究和殷周时代的中国社会》	桂遵义	光明日报	1999年8月22日
	梁启超的《中国历史研究法》	陈其泰	光明日报	1999年8月27日

续表

书　名	书评题目	作　者	发表报刊	发表时间
二十世纪中国史学名著(28篇)	邵循正的《中法越南关系始末》	张寄谦	光明日报	1999年9月3日
	陈垣的《明季滇黔佛教考》(外八种)	刘乃和(原作)周少川(改写)	光明日报	1999年9月10日
	陈梦家的《尚书通论》(外二种)	王世民	光明日报	1999年9月24日
	吴晗的《朱元璋传》	苏双碧	光明日报	1999年10月8日
	李济的《安阳》	李光谟	光明日报	1999年10月15日
	谭其骧的《长水粹编》	葛剑雄	光明日报	1999年10月29日
	钱穆的《先秦诸子系年》(外一种)	郭齐勇 汪学群	光明日报	1999年11月5日
	周谷城的《世界通史》	姜　玢	光明日报	1999年11月12日
	胡厚宣的《甲骨学商史论丛初集》	胡振羽	光明日报	1999年11月19日
	金毓黻的《中国史学史》	瞿林东	光明日报	1999年11月26日
	邓广铭的《北宋政治改革家王安石》	漆　侠	光明日报	1999年12月3日
	二十世纪中国史学名著·总序	戴　逸	二十世纪中国史学名著叙录(河北教育出版社)	2002年版
	二十世纪中国史学名著叙录·题记	瞿林东	二十世纪中国史学名著叙录(河北教育出版社)	2002年版

续表

书　名	书评题目	作　者	发表报刊	发表时间
二十世纪中国史学名著(28篇)	二十世纪中国史学名著叙录·后记	张惠芝	二十世纪中国史学名著叙录（河北教育出版社）	2002年版
	二十世纪史学的丰碑——评《二十世纪中国史学名著》	苏双碧	光明日报	2003年2月26日
	中国史学史学科初步形成的重要标志——重读金毓黻先生的《中国史学史》	周文玖	烟台师范学院学报（哲学社会科学版）	2003年第3期
	民族精神的采冶与结晶——评《二十世纪中国史学名著》	兰书臣	中国图书评论	2004年第2期
	变革与创新的20世纪中国史学——《二十世纪中国史学名著》编纂者说："史学名著"的内涵及要义	瞿林东	河北学刊	2003年第4期
	变革与创新的20世纪中国史学——《二十世纪中国史学名著》编纂者说：编纂体例的精心设计	张越	河北学刊	2003年第4期
	变革与创新的20世纪中国史学——《二十世纪中国史学名著》编纂者说：名家评介名著的荟萃	周文玖	河北学刊	2003年第4期
	变革与创新的20世纪中国史学——《二十世纪中国史学名著》编纂者说：审校细则、凡例之严谨	秦进才	河北学刊	2003年第4期
	变革与创新的20世纪中国史学——《二十世纪中国史学名著》编纂者说：为了学术积累和学术创新	徐梓	河北学刊	2003年第4期

续表

书　名	书评题目	作　者	发表报刊	发表时间
邓广铭全集（5篇）	告慰先师　以飨学界——写在《邓广铭全集》出版之前	张惠芝	编辑之友	2000年第4期
	《邓广铭全集》前言	受业弟子共志	北京大学学报	2004年5月
	《邓广铭全集》简介	陈　振	宋代社会政治论稿（上海人民出版社）	2007年第334—348页
	《邓广铭全集》获奖		北京教育年鉴	2007年
	《邓广铭全集》获得北京市第九届哲学社会科学优秀成果特等奖　成果简介		北京社会科学年鉴	2007年
翦伯赞全集（2篇）	《翦伯赞全集》书目解题	张传玺	中国图书评论	2008年第5期
	《翦伯赞全集》责编的话	张惠芝	出版史料·文化自述	2009年第1期

四、赏析书评精思

编辑一生，组织发表书评存留至今的有133篇，估计还有早期的书讯、推介的书评和一些不经意、没能及时搜集起来丢失的情形，不免遗憾。我像尊重我的著作者一样，永不忘怀对我的书评作者的爱戴和感激之情。为了郑重地纪念，把出自他们之手的书评一一拍照下来，展示出去，再次照亮我的不孤独、不寂寞的几十年的"三百六十五里路"。抚今追昔，唤起我对许多书评故事的回忆。我拿着一百多篇书评，放来摆去，动情地举起相机开始了并不专业的拍照。拍后马上冲洗，不满意的再拍、再洗，有的要拍、洗五六次。我喃喃自语："没受过专业训练，拍成这样，也算不错了。"这些书评影像确实是草根摄影者的"杰作"。

这些书评都是理论家、评论家、史学家、文学家、出版家的笔下生

编辑情愫

《二十世纪中国史学名著》部分书评

花。他们独具匠心,有各自的独立思考、独特视角、独到见解,文思泉涌,使你读后,无不有入木三分之感;他们博览多闻、引经据典、大处落墨、要而言之,使你读后,无不叹为观止;他们由衷言之、惜墨如金、文从字顺、洋洋洒洒,使你读后,获得美文的享受。我每读一篇书评,都酷似春雨滋润万物生长一样,得到深入、深刻、远远超出本人认识水平的启发和教育。现呈录八篇书评,列于其后共享。

再现"史家之绝唱"的神韵[①]
——读《漫画史记》

司马迁倾毕生心血创作的《史记》,是纪传体史书的开山之作,它是文学的历史、历史的文学,是历史与文学和谐结合的统一体,

---

① 作者秦进才,河北师范大学教授、博士生导师、河北省历史学会副会长兼秘书长。该文发表于《今日出版》1997年第2期。

被鲁迅称为"史家之绝唱，无韵之《离骚》"。古往今来，手抄本、木刻本、影刻本、石印本、铅印本、影印本、宋本、殿本、监本、坊刻本等林林总总蔚成大观。时至今日，选注本、点校本、译注本、白话本、丛书本等形形色色随处可见。现在，在《史记》版本家族中，又增加了一个新的品种，这就是由河北教育出版社精心策划、编辑、印刷精美的《漫画史记》。《漫画史记》为16开本，共分五册，它忠实于原著的宗旨、风格，以简洁而优美的文字、风趣而轻松的画面，把史学的经典、深奥的文字，变成了能让千百万读者看得明白的漫画，再现了"史家之绝唱"的神韵，在促进传统文化典籍现代化方面，做了有益的探索，是功德无量的事业。

《史记》，由本纪、十表、八书、世家、列传五部分组成。本纪以编年的形式，提纲挈领地记录一朝一代的大事。十表以谱牒的形式，提要纪传、综合复杂的史实。八书以综论的形式，记载典章制度、自然现象的变化。世家以兼用编年和列传的形式，记载诸侯贵族和有成就的人物。列传以专传、合传等形式，记述方方面面的人物。《史记》以人物为中心，首先在于记述人物的篇幅比例之大。《史记》130卷中，系统记载人物的有：本纪12卷、世家30卷、列传70卷，占总卷数的86％以上。其次是记录人物范围之广。《史记》中的人物，有至高无尚的帝王、位高权重的将相、富比王侯的商贾、为知己者死的刺客、信守承诺的游侠、百家争鸣的诸子、胸怀韬略的士人，以至贩夫走卒、日者屠夫等，涉及各个阶级、阶层、各种职业、集团的人物，构成了全面的社会人物群像。司马迁通过不同的笔调、生动的语言，刻画出多种多样的性格，塑造了许多血肉丰满、神态各异、呼之欲出的人物形象，使我们在2000年后，捧读《史记》仍然如闻其声，如见其形。同时，通过对人物与社会各方面联系的描写，反映出了当时的社会生活、各种矛盾等历史面貌，从而为历史研究提供了丰富的史料。

河北教育出版社推出的《漫画史记》，十分准确地抓住了《史记》以人物为中心的神韵所在，发挥漫画的特长，把《史记》中系统记述人物的本纪、世家、列传全部加以再创造，而舍弃了记述人物不系统不生动的八书、十表。把《史记》中人物的生平业绩、言行举止化作了生动幽默的画面，把与人物有关的战争角逐、朝堂谏争、谋略筹划等历史事件，用一幅幅漫画表现出来。把本纪、世家、列传中的人物，分解成一个个相对完整独立的部分，将所有部分汇合起来，又再现出《史记》所记述的历史时代的社会面貌。所写的脚本，既忠于原著，又有所选择、浓缩、创造，并根据本纪、世家、列传的不同，采取了不同的排列方法，以表现原著的内容。用漫画形式传播古老的文献典籍，这虽不是河北教育出版社的创造，但以漫画的方式，系统地再现《史记》的神韵，则是河北教育社对于传统文献典籍现代化所做出的新贡献。

《漫画史记》、《漫画汉书》的出版，仅仅是河北教育出版社《三味漫画屋》的良好开端，《漫画后汉书》、《漫画三国志》、《漫画资治通鉴》，现在正在印制当中，不久即将问世。其他经、史、子、集的拟定脚本、绘制漫画等事也已进入议事日程，可以说是指日可成。我们期待着河北教育出版社以恢宏的气度，用漫画的形式，经过数年的奋斗，形成一套规模宏大、影响广泛的《三味漫画屋》系列，为中国传统文化典籍的广泛传播，再创辉煌业绩。

评介《教育投入与产出研究》[①]

著名的教育经济学家王善迈教授的新著《教育投入与产出研究》近期由河北教育出版社出版，该书紧密结合我国教育事业的发展与改革，总结了我国教育投入与产出的实践经验和研究成果，回答了一系列教育发展与改革所面临的重大问题。该书最重要的特色有以下几点：

1. 关于教育与市场的关系。本书从教育产出的特点出发指出：义务教育是公共产品，其供求与资源配置不通过市场，因此义务教育产出不是商品。非义务教育，特别是高等教育和职业教育是准公共产品，学费不是非义务教育的价格而是一种成本补偿行为，因此非义务教育产出也不是商品。作者还指出，市场对非义务教育的作

---

① 作者陈良焜，北京大学教授。该文发表于《中国教育报》1997年6月8日第3版。

用主要不表现在收学费上,而主要表现在招生数量和结构以及教学内容等方面。政府、学校和求学者的决策都要受劳动力市场的影响,劳动力市场对非义务教育供求有一定的调节作用。这就从理论上回答了教育与市场的关系,明确了政府在教育资源配置中的主导作用,以及市场对非义务教育的调节作用。

2. 关于教育融资的多元化以及政府投入的合理比例。教育只由政府出资还是应该形成多渠道融资体制,政府作为主渠道提供的经费是否应该有一定的合理比例,在我国争论了十多年。本书全面反映了这场讨论的背景,并且从理论上做出系统阐述,为这场讨论画上了圆满的句号。

3. 关于教育投资内部效益与外部效益。教育内部效益在本书中称为教育效率,是指教育投入资源与产出成果之比。本书介绍和总结了我国高等学校规模效益和要素效率的实证结果,指出我国高校最佳效益的一般规模约为四千人以上。按此标准衡量,多数学校规模偏小,人力资源效率也偏低,这为我国制定要素效率目标,调整高校规模,提供了实证的政策依据。教育外部效益在本书中称为教育投资经济效益,是指教育投资所引起的国民收入增量与教育成本之比。本书着重介绍了我国城市各级教育的收益率(一种外部收益率)的实证研究成果,并且指出这些研究开创了我国教育收益率研究的先河。

4. 关于教育预算管理体制。我国教育经费管理体制受到整个教育管理体制中条块分割的影响。长期以来财权与事权相分离,造成经费管理透明度低,事业发展与财政拨款脱节,教育部门无法利用财权实行有效的宏观管理调控。在本书中作者根据我国的实际情况,设计了一种具有可操作性的教育预算单列的改革方案,并从理论和实践上做了充分的阐述,为进一步讨论提供了新思路。

以上所介绍的《教育投入与产出研究》一书中,关于我国教育经济与教育财政改革的实践与研究成果,只是本书一小部分,自然是挂一而漏万,还有许多重要内容难以一一阐述。也还有许多问题难以一一阐述。也还有许多问题与观点有待于进一步探讨与商榷,有赖于读者自己思考和评述。

简评《汉至唐初史官制度的演变》①

牛润珍著《汉至唐初史官制度的演变》（河北教育出版社1999年1月出版）是中国史学史研究的最新成果，对史学史研究和官制史研究具有积极的意义。

长于通变。作者在宏观把握的前提下，紧紧抓住史官制度演变这一主题，对两汉、三国两晋、十六国、南北朝、隋唐初的有关材料逐一梳理，清晰地勾画出了汉唐时期史官制度发展的脉络，认为两汉与唐初史官制度出现两大变化：两汉变化表现为新旧两种史官制度交替，即先秦天官史官、官师、史巫合一的记言记事官制的消亡与新的著作官制的兴起；唐初变化表现为著作官修史制度的终结和史馆修史制度的确立，即别置史馆于禁中，以宰相监修国史，置兼修国史、直馆等史官，另设起居郎、起居舍人记事记言，集注起居，形成完善的史官制度。在两大变化之间起衔接过渡作用的史官制度则是著作官制。著作官制历经魏晋、东晋十六国、南北朝隋三个阶段，其中又有南北两个发展线索，南线是东晋—南朝，北线是十六国—北朝—隋代。这样，就将汉至唐初八百余年间史官制度演变的轨迹完整而系统地展现在读者面前。

善于概括。作者对扑朔迷离的历史表象和纷繁复杂的制度本体加以高度的概括。例如，对于三国时期的史官制度，作者将当时的正统之争与各国史官制度的不同联系起来加以考察，认为"正统之争与置官修史颇有关系"，并进一步指出，由于对正统的理解和认同的差异，导致了三国史官制度的不同："曹魏在东汉官制基础上多所改易，颇有革命之象；蜀汉沿守东汉官制；孙吴多循西汉，个别方面用东汉官制作补充"，从而概括出"曹魏著作官制、蜀汉秘书官制和孙吴太史及左右史官制"三种史官制度形态。

精于考证。有关汉至唐初史官制度的资料支离破碎且多抵牾歧

---

① 作者孙继民，河北省社会科学院副院长、研究员、河北师范大学博士生导师、河北省历史学会会长。该文发表于《光明日报》1999年12月3日第7版。

异,钩稽史料、爬梳剔抉,是每一位研究者无法回避而最能显示功力的基础性工作。作者对现有材料进行了大量的去粗取精、去伪存真的整理工作,得出了一些重要的结论。例如,关于唐代左右史的分工,点校本《旧唐书》卷七十《杜正伦传》误将原本"君举必书,言存左右史"改为"君举必书,言存左史",同书卷一四八《李吉甫传》误将原本"右史记言……左史记事"改为"左史记言……右史记事"。作者通过严密的考证,指出"左史记言,右史记事"一说源出于《汉书·艺文志》,但此外尚有《礼记·玉藻篇》"动则左史书之,言则右史书之"一说,点校者依据的"左史记言,右史记事"一说恰恰不适用于唐代。唐代是"左史(起居郎)记事、右史(起居舍人)记言"。这一考辨旁征博引,精密审慎。此外,关于两汉的著纪制度、魏史撰著的时间、北齐史馆的建置时间、史馆的地点所在等等,作者都做了翔实严密的考证。

党史丰碑　学界典范[①]
——读《李大钊全集》

在共和国50华诞前夕,河北教育出版社隆重推出了由河北省社会科学院和河北省李大钊研究会编辑的《李大钊全集》。该书融资料性、学术性、权威性于一体,是目前我国出版的第一部李大钊著(译)述的总集。它一经问世,便在社会上引起强烈反响。它的出版,是李大钊研究以及文献编纂工作中一件可喜可贺的大事。

李大钊是中国共产主义运动的先驱、伟大的马克思主义者、杰出的无产阶级革命家、中国共产党的主要创始人之一。李大钊在中国革命史和中共党史上的重要地位,决定了他的理论著作的重要价值。胡乔木同志在李大钊诞辰100周年学术讨论会上曾经说过,"像李大钊这样的历史人物,他们的历史本身,就是党的历史的一部分"。作为中国共产党的主要创始人之一,李大钊与中国共产党的创

---

① 第一作者胡子达(张圣洁笔名),河北省社会科学院文学所原所长、研究员。该文发表于《大时代》2000年第4期。

立及其活动有着非常密切的关系，这无疑更增加了其理论著作的文献价值。

《李大钊全集》收录了目前已公开出版的和新发现的李大钊的所有遗文共577篇（其中包括首次发表的61篇，70余万字），共192.7万字。该书按文章发表或演讲日期进行了编排，共分4卷，主要包括李大钊撰写的专著、论文、诗歌、译文、演说及其记录、讲义批注、题词、布告和联合署名的文章等内容。这就从总体上勾勒出了李大钊思想理论发展的主要脉络，既揭示了李大钊思想演变的历史背景和作用，又真实地反映了李大钊一生思想活动发展演变的历史轨迹。

李大钊是一个具有特殊历史意义的人物，跨越了中国近现代史上几个重要的历史时期。20世纪初期复杂动荡的社会现实及各种社会思潮对李大钊都产生过或多或少的影响，但李大钊最终选择了马克思主义。他率先系统地介绍马克思主义，并把信仰和实践结合起来，是马克思主义旗帜在中国得以树立的第一位奠基人。该书中的许多文章，如《庶民的胜利》、《Bolshevism的胜利》和《我的马克思主义观》等，都集中反映了作者对马克思主义接受和传播的历史轨迹，是中共党史文献中的珍贵资料。还有不少文章叙述了我党早期的活动，反映了我党在第一次国共合作中的突出作用。因此，该书的出版，不但可以大大推动理论界和学术界对李大钊思想理论研究的深化，而且对于进一步深化中共党史、中国近现代史研究都有重要的现实意义。

李大钊作为中国共产党早期的卓越领导人和具有高尚情操的学者，他遵循马克思主义理论，对中国革命进行了富有成效的探索，做出了重大贡献。江泽民总书记曾经指出："他的思想理论遗产，是中国共产党和中国各族人民的宝贵精神财富，对于推动我国社会主义现代化建设，仍然具有现实意义。""他的伟大的人格，永远是一切信仰马克思主义、立志为中华民族的兴旺发达而献身的共产党人和人民群众学习的楷模。"《李大钊全集》完整、准确、全面、系统地反映了"李大钊的思想理论遗产"和"伟大的人格"，具有很强的宣传教育价值。该书的出版，为我们进行爱国主义教育提供了一个生动的

书评情

读本，为我国进行社会主义精神文明建设提供了一部重要的历史文献。

值此世纪之交，《李大钊全集》的出版，更让人们感到李大钊这位中国共产主义运动先驱者给后人留下的思想遗产弥足丰厚和珍贵，他在中共党史和中国革命史上所竖起的丰碑越发显得高大雄伟。

《李大钊全集》是经过认真的搜集、整理、校勘而编成的。它尊重并汲取了前人的研究成果特别是最新研究成果，并且在很大程度上体现出编者的研究成果。该书谨遵学术规范，本着存真求实的原则，从而使该书达到了较高的学术水准。

众所周知，一本好的资料书绝不仅仅是旧有文献资料的汇编，而应吸收前人的研究成果特别是一些新公布和新发掘的资料成果。《李大钊全集》就是在借鉴前人研究成果的基础上整理加工的。对该书中每篇文章，编者均加了学术性题注和校勘性注释，交待了写作的时间、背景、发表的刊物等内容，其中包含着编者大量的研究成果。尤其是原件中未标写作时间的，编者大都进行了考证，推测出了写作的时间。对一些有争议的问题，编者也写进题注，以供读者参考。如《"大国民"的外交》一文，题注中写道："有学者认为此文恐非李大钊所作。参见朱成甲《〈李大钊文集〉中几篇文章的辨考》（载《近代史研究》1998年第1期）一文。"编者严谨的学术态度和对读者负责的精神，在滥书充斥的今天尤其是难能可贵的。

《李大钊全集·出版说明》中有这样一句话："本着存真求实的原则，对收入这部全集的绝大部分文稿，均据原刊或原件进行了认真的核对，力求忠于原文。"该书确实做到了这一点，它最大限度地保留了原作风貌，不以今律"古"。20世纪前一二十年正值文言文向白话文过渡的时期，加之当时西方新思潮的涌入，译文的大量出现，这就使得当时的语言未必符合现在的语言规范，如"蒲鲁东亦以国民经济为解释历史的键"、"今天是苏维埃俄罗斯革命成功的六周纪念日"、"古者巫医并称，为今宗教与医尚有密的关系"等等，该书均依原文照排；李大钊当时翻译的人名、国家名、党派团体名称等，很多也和现在不一样，比如说马克斯（马克思）、桑西门（圣西门）、诺威（挪威）、义大利（意大利）、布尔扎维克（布尔什维克）等等，编者也依原文照排。特别值得提倡的是编者对待文献资料的历史唯物主义态度。学界以外的读者，许多人并不知道李大钊在成为革命民主主义者和马克思主义者的征途中，曾经历过一个曲折的发展过程。他曾接受过改良主义、调和主义等思想，曾一度对袁世凯认识不清，对当时的革命党人也有过一些不妥当的批评，这些在他的著述中都有明显的印迹。对此，编者并没有像中国人民大学教授彭明先生曾经批评过的那样，"在文献上乱使刀"，而是不"为尊者讳"，最大限度地还文稿以历史的本来面目。应该说这样做无损于李大钊的光辉形象，正如鲁迅先生所说的，他的某些观点，"在现在看来，当然未必精当的"，但"他的遗文却将永住，因为这是先驱者的遗产，革命史上的丰碑"。从这个意义上说，《李大钊全集》堪称学界之信本。

该书还加强了订正讹误、补苴罅漏的工作，和以前的《李大钊文集》做一下比较，我们不难发现该书上乘的质量和品位。如《李大钊文集》中《国民之薪胆》一文中有一段话："适本年一月七日，我国以青岛既陷，正式通告日、英、德三国，声明拟销交战区域，日本政府向我严行抗议……十八日，日本提出之二十一条款，分为五项，约以秘密……我国既遭此奇辱，乃委由外交部当交涉之冲……每次会议，日使态度，备极强硬，闻小幡氏尤为蛮暴，其飞扬跋扈之状，咄咄逼人。至三月二十二日，日本托言换防，益大派军队，前往南满、山东……"其内容和《李大钊全集》所载有多处出入。(1)"拟"当作"撤"；"区域"后的逗号改为句号。(2)"十八日"后，《全集》中补全了以下一段话："日本公使日置益氏由我国外交次长曹汝霖氏引导，径谒我国元首，曹并自充通译。当时，日使突由大礼服挟袋中抽出公文一角，即此次要索我国之廿一条款，盖日置氏诡为省亲归日旋即遄反中国时所携来者，至是遂图穷而匕首见矣。"(3)"二十"当作"廿"。(4)"我国"后缺"元首"二字。(5)"遭"字替换为"□"。(6)"乃"后补全一句话："执国际道义以拒之，"。(7)"咄咄逼人"后句号改逗号，补全"颇为西报所指摘，政府始终隐忍"。从这短短一段文章的处理情况，足以看出《全集》编者严谨的治学态度了！

该书还对原稿重新进行了点校，纠正了以前的整理者出现的疏失。如《李大钊文集》的《"弹劾"用语之解纷》一文中有这样一句话，

书评情

"劾,《说文》'法有罪也'。《六书》故:'劾,犹核也,考核其实也'。"另在《论官僚主义》一文中,有一句话:"昔王崐绳目睹明代之覆辙,心进往古,缅怀修猷,累日稽夜营之力,著平书成帙。其建官上篇有云……"众所周知,"六书"并非书名。而《六书故》则为宋元之际戴侗所撰,其中文字是按六书象形、指事等分别排列的。《平书》也是书名,为清代进步思想家王源所作;《建官》是《平书》中的篇名。《文集》中,一处是书名误标,两处是该用书名号而未用。这三处在《全集》中均做了处理。再如《风俗》中的一段话:

　　然灵均去国,犹冀改俗,之推仕人,尚明知耻,凄凄碑碣,永招党锢之魂,滚滚黄河,不没清流之骨,松柏未凋于岁寒,鸡鸣讵于风雨,

　　　　　　　　　　　　　　　——《李大钊文集》

　　然灵均去国,犹冀改俗;之推仕人,尚明知耻。凄凄碑碣,永招党锢之魂;滚滚黄河,不没清流之骨。松柏未凋于岁寒,鸡鸣讵于风雨?

　　　　　　　　　　　　　　　——《李大钊全集》

这段话,《文集》中是一"逗"到底,而《全集》断为三句,且两个逗号改为分号,清楚地显示了原文的层次。末句"?"的运用,将"讵(jù岂)"字所表示的反问意思突现出来。应该说标点符号的正确使用不仅能恰切地表达出文章的意思,而且标点用得好足以使文章生辉,读起来也是抑扬顿挫,朗朗上口。类似上述例子,在《全集》中数不胜数。

这样与《文集》对比地介绍《全集》,绝无贬彼褒此之意,而只是为了说明《李大钊全集》确是站在"巨人的肩膀之上"的后出转精之作。

在编辑整理过程中,该书谨遵国家现行的语言文字规范。原稿中凡竖排、无标点或仅有旧式句读者,一律改为横排、新式标点符号;繁体字、异体字改为简化字、正体字,但因特殊需要或改为简化字、正体字容易产生歧义的,则予以保留。外文书名一律用斜体,一改以前非中非洋的状况。在个别文章中,属于原抄写稿或初刊稿中衍夺纰缪的情况,该书未做臆改,而是在原文前后加以不同的符号做了技术性的处理。这样做,比那种"径改不出校记"的处理方法,

显然更能取得读者的信任。

该书学术指导阵容庞大,其成员大都是国内李大钊研究的专家和在文献编纂、古(旧)籍整理中有实践经验的专家学者,出版社安排的责编均为治学严谨、极富责任心的资深编辑,从而保证了该书的学术性和权威性。总之,《李大钊全集》是文献编纂工作中一个成功的范例,它的许多做法对当今学界正在呼吁的学术规范无疑起到了示范作用。

诚然,《李大钊全集》是目前出版的唯一一部李大钊同志著述的全集。但从辩证唯物主义的眼光看来,"全"只是相对的,"不全"则是绝对的。换句话说,世界上没有任何一本全集是全的,如《朱自清全集》、《张之洞全集》、《全唐诗》、《全宋词》等等。李大钊的著述、译述较多,且散见于当时国内外的报章杂志,搜集起来颇为不易。随着研究的不断深入,肯定还会有新的东西被发掘出来。从《李大钊全集》出版到目前为止,有的学者又从俄罗斯新发现了一些李大钊的文稿,这或许就是《李大钊全集》美中不足之处吧!此外,众手成一书,在编辑处理上难免有参差不齐之处。但瑕不掩玉,《李大钊全集》作为"党史丰碑,学界典范",在中共党史文献中将熠熠生辉!

冰冷的事实和热切的情感[①]
——创世纪情愫

虽然说,每一个儿童都应该从小接受良好的教育,但是,因为无论是在东方还是在西方社会中,都曾经存在着对于妇女的歧视和错误认识,事实上女性儿童的接受教育问题,存在着更加严重的棘手的困难。所以,过去人们时常说,看一个社会发展进步的程度,首先就要看妇女所获得的教育和解放的程度如何。正是从这样的角度出发,梅洁的报告文学《创世纪情愫》是人们认识西部,认识西部基础教育,特别是女性儿童教育状况的很有价值的报告。

为了能够在一个十分开阔的视点和非常坚实的基础上来面对和

[①] 作者李炳银。该文发表于《光明日报》2000年6月8日。

研究表现西部女童教育的问题,梅洁阅读了数千万字的相关资料,在辽阔荒凉,贫困的西部行走调查了八十多天。这种不惧艰难、深入采访的精神和行动,令人感慨和感动。在不少人对于社会生活缺少热情,只关心自身的利益和情感活动的时候,就不能简单地对待梅洁这种创作态度和行动,它实际表现的是作家对于社会生活的责任感、使命感和深切的现实忧患意识,在今天是非常需要和珍贵的。

《创世纪情愫》对于中国西部女童教育所面临的严峻局势进行了很具体充分的表现,作者所直接和形象描写的许多人和事,有力地引发和冲击着人们的神经。那些因贫困、因愚昧观念而失学的女童的命运故事;那些在非常艰难的生活工作环境里,努力从事着崇高的教育事业的人们的生动事迹和精神,无不令人感到震惊和感动。但是,作品没有机械单纯地对待这些女童失学的现象,没有把自己的眼光和思考只是停留在这些具体的人和事上。而是在全球人类发展的广阔范围内来认识和面对中国西部女童教育的问题,结合着实际的考察,具体地分析思考了女性儿童失学的主要原因,既对不少因为歧视女性,轻视女童,从而导致女童失学的现象进行了揭露和批评;同时,也充分注意到,因为自然环境恶劣,生态失衡而导致经济落后,生活极度贫困,严重影响女童上学的现实客观原因。因为作者认可"教育一个男孩只是教育了一个人,教育一个女孩是教育一代人"的观点,所以,作者就特别地强调女童教育对于人类发展和社会进步所具有的积极作用。梅洁把女童教育放置在全球人类发展的进程中来认识,放置在消除贫困,更新观念,变革教育方式的必要性上来认识,使得自己的作品不仅蕴涵着缺憾、同情、悲悯的人文关怀的感情内容,还具备了明显的理性思辨特点。《创世纪情愫》在其情感内容和理性思考方面,对于中国的教育,具有一定的前瞻性和参照作用。

在这部作品中,有不少数字,这些内容看来冰冷,和文学的表现有所隔膜,但是它所显示的严峻事实足以使人感到惊诧和痛心,不乏警世醒人的作用。可是,当作家描写到许多为女童教育倾注了大量心血,付出了宝贵崇高的精神和行动的人的时候,却是热情洋溢,叫人为之动情。在这些地方,文学表现的穿透力和影响作用十分突出。梅洁将自己的冷静和柔情结合在一起，用冰冷的事实和火样的炽情完成了自己有关西部女童教育的报告，充分表露了自己的情愫。

改革：中国历史发展的强大动力[①]
——读《中国改革史》有感

中国有文字记载的历史不下几千年，其间改革变法至少有数百次，仅是那些影响巨大的改革运动就有十几次。进入近代以后，当古老的中国面临亡国灭种和列强瓜分的时候，改革就再次成为中国历史的必然选择，于是便出现了戊戌维新变法运动。戊戌变法虽然以失败告终，但思想界由此引发的对改革的探讨却成为一门学问。从此，改革成为学术界的一个长久不衰的课题。一百年有关改革的研究论著即使不能以不计其数概言，而其研究成果不断推出，研究角度不断变更，研究思维不断更新，则是一个有目共睹的事实。

但是以往的研究主要限于改革变法理论的阐述或具体变法事件的论述及评价估量，缺乏系统性和综合性，有些还带有极左思潮影响下的时代痕迹。漆侠先生主编的《中国改革史》（河北教育出版社1997年11月出版）恰好可以弥补上述的缺陷。该书以9章近五十万字的篇幅，上自史前时期的社会变革和国家产生，下至辛亥革命和民国建立，系统地概述了中国历史上所有的重要变法和改革，是集中展现中国改革历史的专门性通史。可以相信，该书作为"简明读本"同即将推出的仍由漆侠主编的10卷本《中国改革通史》，将极大地丰富中国改革史研究的学术园地。

读过《中国改革史》之后，我想它可以给我们揭示这样一个道理：改革是中国历史发展的强大动力和民族振兴的必由之路。当历史处于发展与停滞的十字路口时，成功的改革可以给当时的社会注入巨大的活力和生机，推动中国历史前进的步伐。商鞅变法就是这样的典型。同时，它还可以给我们提示另外一个道理：由于当时时代的、

[①] 作者张传玺，北京大学教授。该文发表于《中国图书评论》1999年第5期。

阶级的局限，改革的历程绝非一帆风顺，改革的失败有时候不能全部归咎于反对派的阻挠，改革成败的关键往往取决于改革者是否制定出符合当时社会实际的改革方案，改革的失败有时带给社会的不仅仅是停滞，甚至是战乱。王莽改制就是最明显的例证。

历史是现实的一面镜子，"以史为镜可以知兴替"。《中国改革史》的出版，对于我们现在进行的改革开放事业具有非常现实的借鉴意义。诚如编者在该书前言所说："一部中国改革史，既有成功的欢呼，又有失败的惨痛，是无数仁人志士的血汗凝聚而成的。改革先驱们的成功经验与失败教训都是无价之宝，必须加以认真总结。"中国当代的改革开放已经进行了，二十年改革开放取得了巨大的成就，但同时也面临着一系列的矛盾和挑战，《中国改革史》提供的最直接的教益莫过于让我们汲取历史的经验教训，保持清醒的头脑：当改革遇到暂时的困难，举步维艰的时候，我们不应该忘记历史上由于坚定不移实行改革而引导民族度过劫难踏上辉煌之途的成功经验，从而更加坚定实施改革的决心；当改革取得进展的时候，我们同样不应该忘记历史上因为陶醉于胜利而致使改革事业功亏一篑、毁于一旦的沉痛教训，从而更加周密审慎地制定改革的措施。"忧劳可以兴国，逸豫可以亡身。"这是先哲的千古名言，也是改革先驱血写的垂训。

二十世纪史学的丰碑①

——评《二十世纪中国史学名著》

《二十世纪中国史学名著》于2000年由河北教育出版社出版，随后又印了第二次，据说最近又将印第三次，说明这套书的出版是受到广大读者欢迎的。这部"名著"包括了3位已故史学家的57种著作。由于编者的精心选编，这些作品都有重要的学术价值，对一个时代或几个时代产生过影响。由这些著作构成的"名著"，实有如20

---

① 作者苏双碧，《求是》杂志社原副总编辑、编审。该文发表于《光明日报》2003年2月26日。

世纪史学的丰碑,屹立在中国的学术沃土上,值得庆贺。这套书之所以广受读者欢迎,是因为它编出了特点,编出了水平。至少有如下几个方面是值得称道的。

其一,"名著"选编精当,选材典型。此书编辑是下了很大的功夫的。可以说选入本书的作品,都是经过长期社会检验,为读者所公认的史学名著,不少著作起了开创作用。如夏曾佑的《中国古代史》,开创了以新的章节体裁撰写通史的先例,成为20世纪中国史学家编写史书的主要体裁;孟森的《明清史论著集刊正续编》中的有关清史论著,铸成了他近代清史研究"开山鼻祖"的地位;而梁启超的《中国历史研究法》及其补编,建构了20世纪我国史学具有开创性的"理论体系",产生了深远的影响;胡适的《中国哲学史大纲》,则是中国哲学史研究的"奠基之作"。随后,马克思主义史学在中国出现。李大钊的《史学要论》及其有关史学论著,使他成为"中国马克思主义史学的开拓者和奠基人",实际上,《史学要论》也是为中国马克思主义史学"开辟道路的著作";郭沫若的《中国古代社会研究》,则是开了用历史唯物主义观点研究中国历史的先河,它的贡献在于,当"旧史学还在一治一乱中打圈圈,新史学还找不到社会发展的路向时,《中国古代社会研究》却以全新的思路展示了中国史学的新方向,用全新的观点解释了旧史料"。

上面仅举几个例子,在33位史家论著中,产生时代影响,开创史研新题材、新思路、新方向的还有很多,这里不一一列举了。正是由于编者的用心,才把这些划时代的著作都找了出来,编入其中;也才建构起这套内容有着雄厚基础的史学名著。

其二,"名著"反映了史学方法论变革的历程。历史刚刚迈进20世纪,受到西方进化论影响的一些先哲史学家,发出了"史界革命"的强音。正如有的论者指出的,中国传统史学认为越古越好,而用进化论看待历史,则历史是进化的,"后世的文明远过于古代",这种历史观"改变了国人对于历史的观念"。正是因为进化史观如此玄妙,梁启超才大声疾呼,"史界革命不起,则吾国遂不可救,悠悠万事,唯此为大"。所谓"史界革命",就是接受进化史观,冲击那种只"知有朝廷而不知有国家;知有个人而不知有群体;知有陈迹而不知

有今务；知有事实而不知有理想"的封建传统史学。不少史学家都在进化论的命题下，更新思想。如梁启超、王国维、胡适、顾颉刚、陈寅恪等，都接受和实践了进化史观，从而使中国史学研究方法有了新的变革。

"名著"反映出20世纪史学的另一重大变革，就是接受和运用历史唯物主义观点和方法研究历史。李大钊最早向中国史学界介绍和宣传了历史唯物主义。用历史唯物主义研究历史的另一重要认识，就是探明历史发展是规律的，并在这个规律推动下，指明历史发展的方向。李大钊由于集学者、革命家于一身，又过早离开人世，他的历史唯物主义观点不可能在史学研究上亲自实践。但马克思主义的传播这股进步潮流终归在李大钊的首倡之后蓬勃发展起来。郭沫若的《中国古代社会研究》，实践了用历史唯物主义的方法研究历史，随后一大批马克思主义史学家，如范文澜、吕振羽、翦伯赞、侯外庐等等，他们的著作在"名著"中占有重要的地位。在中国，马克思主义史学的发展，实开启于这些大师。

其三，"名著"突出地反映了20世纪考古资料和历史档案的整理促进了历史科学的发展。正如戴逸先生在本书总序中谈到的，由于甲骨文、钟鼎文以及帛书、简牍等大量出土文物的发现，以这些历史资料为研究对象，充实了研究的内容和论点的佐证，造就了一大批有重要建树的史学家，如王国维、罗振玉、郭沫若等一大批专家。仅敦煌文书的发现，就造就了陈寅恪、常书鸿等许多著名学者。此外，蒙古文、满文史料以及明清档案的开放，也造就了一大批明史专家。这一点，同时也说明史学研究和考古发掘、史料发现有密切关系。新的史料可以为研究提供创新观点的机会，可以把研究引向深入。

总之，"名著"基本上反映了20世纪我国史学研究的水平、特点，是一部规模宏大、内容极其丰富的著作，为今后历史科学的研究提供了有益的参考价值，同时，也对20世纪史学起到总结和弘扬的作用。这是一项十分有益的工程，应当充分肯定。

"史学名著"的内涵及要义①

1996年秋冬之际，河北教育出版社提出了编纂、出版《二十世纪中国史学名著》的设想，意在从荟萃名著方面对20世纪的中国史学做一些整理和总结工作，同时也为21世纪的史学工作者提供学习和研究的方便。这一设想，得到了史学界许多前辈学者的称赞和支持，出版社随即聘请了学术顾问和学术委员，逐步实施这一设想。

承蒙学术界一些师友的厚爱和出版社的信赖，要我为这项工程的实施做一点实际工作。对此，我只能应命而没有推脱的理由。我参加了几次筹备会议，心情异常兴奋。这有两个原因：一是认为出版社此举可谓远见卓识，反映了策划者对于学术积累工作的高度重视，令人钦佩。二是深感这一工作对于史学史研究者来说确乎为期待中的事业，自然责无旁贷。因此，我和几位青年同志欣然答应了《二十世纪中国史学名著》的编纂工作，密切配合出版社实施这一浩大的史学工程。

编纂工作遇到的首要问题，是确定编选名著的目录。这自然又提出一个前提性的认识：什么是"史学名著"？编选的范围如何确定？经过反复讨论，大家得到以下共识：

《二十世纪中国史学名著》编选20世纪出版的、对当时史学发展或对其后史学发展产生过重大作用和重大影响，即在20世纪中国史学发展上占有重要地位者。专著、论集，一视同仁；名著、名篇，皆所珍惜。范围既广，其工甚巨，故先期编选部分已辞世的史学家的名著。

这一认识，写进了《二十世纪中国史学名著》的"编校凡例"之首，而在"出版说明"中也有所阐发。

对"史学名著"要义的确定，依我的浅见，是基于以下几个原则：

第一，要有历史主义的态度。这就是说，对史学著作要历史地看待，把它们放在当时的历史环境中去把握、去判断，给它们以合

---

① 作者瞿林东，北京师范大学史学理论与史学史研究中心主任、教授、博士生导师。该文发表于《河北学刊》2003年第4期。

理的历史地位,即在20世纪中国史学发展上的历史地位。清代史学理论家章学诚认为:"不知古人之世,不可妄论古人文辞也;知其世矣,不知古人之身处,亦不可以遽论其文也。"(《文史通义·文德》)章学诚说的知人论世的原则,不仅适用于评价古人及其文辞,也适用于评价近人及其论著。譬如说,有的史学著作,在今天看来已经"过时"了,在学术上已经被后人超过了。但是,它在它所处的那个时代所产生的影响,即在史学史上的影响,永远不会"过时",因为那是历史;后人也无法"超越"其历史价值,因为后人不具有那样的历史环境。夏曾佑的《中国古代史》、郭沫若的《中国古代社会研究》等,就是如此。

第二,要有发展地看问题的眼光。这就是说,对史学名著不能静止地看待,而要看到它们在较长的一个历史时段的史学发展上是否产生了影响。如侯外庐的《中国古代社会史论》,可谓卓尔不群之作,自成一家。它问世之时,固然不无影响,但其更大的学术影响是在最近二十年才得以张扬发挥,被确认为一个学派的奠基著作之一。李大钊的《史学要论》及有关论文、翦伯赞的《历史哲学教程》及有关论文,都具有类似的性质。这种现象,在中国史学史上是常见的。司马迁的《史记》,到了东汉时才真正受到重视,被一些名家称之为"实录";章学诚的《文史通义》,直到20世纪初才逐渐显现出它的理性之光。

第三,要有兼容并包的气度。20世纪的中国史学(尤其是20世纪前半期的史学),学派林立,名著很多,但它们的历史观、方法论却不尽相同,甚至大相径庭。面对这种情形,编选者要充分地发挥"选家"眼光,就要不为自己的爱好、倾向所局限,能有兼容并包的气度,从而公正地看待不同观点和方法的史学著作,中肯地衡量它们在20世纪中国史学上的地位。读者从现在所编选的书目中,不难看出上述原则是真正得到了贯彻的。

第四,要有关注各研究领域的发展和学科建设的理念。大家知道,不同的研究领域,往往很难做出高低之分,而同属一个研究领域或相近的领域,可能容易做出近于正确的判断。因此,在衡量名著时,适当考虑到不同研究领域的特点及其发展趋势,是很有必要的。这种情况,在专题研究以及专史、断代史、通史研究方面,都是存在的。上述理念的明确,可以使我们对20世纪中国史学名著有比较开阔的视野和实事求是的评价标准。

以上四点,是我们编选"史学名著"时的主要原则和基本思路。当然,我们在具体做法上,难免有这样那样的疏漏和不尽人意之处,但我们对待"史学名著"的态度是严肃的、认真的。我们在工作过程中,也得到了许多教益。

这里,笔者要着重指出:我们要衷心感谢老一辈学者和许多专家给予的指导,他们帮助我们更好地来把握"名著"的编选。比如钱穆的书,究竟是选《国史大纲》,还是选《先秦诸子系年》、《刘向歆父子年谱》?前者曾产生过较大影响,后者却是开创性著作。斟酌再三,我们采纳了周一良的意见,编选《先秦诸子系年》和《刘向歆父子年谱》。又如邓广铭的书,我们尊重漆侠、王曾瑜的意见,编选了《北宋政治改革家王安石》。我们编选金毓黻的《中国史学史》,是考虑到此书在中国史学史研究起步阶段的价值及对后来的影响;编选邵循正的《中法越南关系始末》,是注意到此书在这一领域的开创性意义。凡此,我们也都反复征求学术委员们的意见才确定下来的。

在中国学术史上,选文、选书都有悠久的传统。流传至今的《文选》,一千多年来,始终受到学人的重视。唐初人编选的《群书治要》,在当时有着很大的影响。稍近一点的《四部丛刊》、《四部备要》,都是关于四部书的选本的汇集;前者重版本,后者重实用,各有所长,均为学人所珍惜。章学诚从《文选》一类的书中得到启发并对其给予很高的评价,认为唐人裴潾所编纂的《太和通选》是"以词章存文献"(《文史通义·释通》)。这就是说,经过认真编选的一个时代的"词章",其实是具有从一个方面反映这个时代之历史面貌的文献价值。从这个意义上说,是否可以认为,《二十世纪中国史学名著》乃是反映20世纪中国史学发展面貌的一部分基本文献。我想,这是毋庸置疑的。

我们抱着科学的、平实的态度来对待这些史学名著。因此,我们没有把它们称为"经典"或"精品"(这在当前是广泛流行的词语),认为把它们称为"名著"是恰当的,是对它们的时代价值和历史价值的准确定位与实事求是的评价。一般来说,"经典"是具有权威性的著作,以至经历了历史长河的洗礼,仍保持其权威性,故其范围自亦有限;"名著"是指在当时和后世产生了重要影响的著作,其主要特点是具有开创性的一家之言,故其范围要比"经典"宽泛得多。至于"精品",本指精良的物品,也可用以称说艺术作品,如用来称说学术著作,未免不妥。对于这一点,我们的认识和初衷是极其明确的。这里,还需要说明一点,即我们在关于史学名著的自得之学和学术影响的关系上,能够有辩证的认识和适当的处置。中国史学历来重视"独断"之学,所谓"成其一家,独断而已"(《史通·辨职》)、"心裁别识,家学具存"(《文史通义·答客问》上),是其所推崇的标准。《二十世纪中国史学名著》所编选之书,大多具有这样的品格,都可视为有创见的一家之言。这样的著作,在专业研究者那里,影响是极大的,如《观堂集林》一类的论著即是如此。同时,我们也注意到刘知几曾称赞"高才博学,名重一时"(《史通·辨职》)的史家,我们可援引其例来看待史学名著,如尚钺主编的《中国历史纲要》,在性质上和《观堂集林》一类的论著颇异,但它在20世纪50年代所产生的积极影响,却比后者广泛得多,也可以说是"名重一时"了。要而言之,"心裁别识"之作,"名重一时"之书,都是我们所应该关注的。

　　按照出版社最初的计划,《二十世中国史学名著》拟编辑、出版三辑:第一、二辑,编选已故史学家的名著;第三辑,则编选当今史学家的名著。从实际工作来看,由于这一工程十分浩大,其间出现的各种问题都需要花费很多时间和精力才能得到解决,以至于原先计划两三年可以做完的第一、二辑,竟然用了五年多的时间才臻完成。我想,要认真做一点事情,大概都是这样。正因为如此,当初设想的第三辑的编纂工作,只有等待来日了。我们感到欣慰的是:第一,此项工作既然已经有了开始,就存在着继续做下去的可能。第二,《二十世纪中国史学名著》自面世以来,受到史学界以至学术界的广泛关注和积极评价,从前辈学者到在读的博士生、硕士生,均对编纂者和出版者的辛勤劳动予以赞扬和鼓励。如果说我们在这个工作中有什么成绩的话,那就是我们协助河北教育出版社,为史学界(当然不限于史学界)做了一件极有意义的学术积累工作。

编辑虽说是出版链条中的第一个环节,但是,我一直认为只要跟书有关的事儿,环环都属编辑的一份不可推卸的责任,就要责无旁贷地担当,像组织发表书评这最后一环就必须积极、热情、主动出击,把历经千辛万苦问世的出版物以书评形式宣传推介出去,融入图书的世界,发挥沧海之粟的作用,达到繁荣文化的终极目的。

档案情

可能是我学历史的缘故，编辑过程中发生的只言片语都想留存，习与性成，觉得那是有文字可考的历史过程。于是从选题申报表开始，陆续写出各式各样的编辑文字，以指导编书进程，与作者共同遵循，并将这些作为"国家档案的组成部分"的几千件资料妥存，有些还分门别类搞成《方案》《凡例》《细则》《纪要》《备忘录》《附件》等等。这些档案资料，清晰映现当年从调研选题到编辑成书的全过程，并有着信息传递、法律依据、经验积累等诸多功能。是为编辑志。

编辑活动是严谨治编的过程，务必践行科学化、精细化的管理。编书要有规矩，这个规矩是指：一要有编辑思想、编辑宗旨做统率；二要有编辑凡例、编辑方案、审校细则、版式设计先行，否则这个书非但编不好，还要编乱。退休前的七八年，我手头的书稿有20多个系列，其中近20个系列由我责编，或以我为主责编，共计164种，大多是先后，甚至是同时运作的。如果自己没个章法，就无法井然有序。对于每套书的选题申报表、图书出版合同、工作会议纪要、责任分工、编辑凡例、编辑方案、编辑细则、整理细则、审校细则、版式设计、质量要求、内容提要、文稿、图稿、编辑加工样、二校样、三校样、审读样、审校记录、作者与读者来函、复函、书评、书讯等等，都要按着系列各就其位，作为书稿档案妥存。这样可以使自己工作起来有条不紊。关键是各种书稿建档是编辑对待经营活动一整套的科学管理的重要组成部分。它顺应人们改造编辑出版业的需要而产生和发展。构建书稿档案是编书人在整个出版系统工程意义层面上的科学精神、信息传递、质量至上、责任心志的需要使然。同时，对于编辑同仁之间，编辑与作者、审者、校者之间统一认识，通力合作，保证出版物的优质品格是行之有效的。

我始终认为书稿资料档案是出版物产生的历史面貌最原始的记录，涵盖了编辑将各个选题从调研产生到写作完毕，到加工书稿，到审校样稿，到使之变成出版物投放市场的全程策划过程。这是运用文字形式，一笔笔记录下的编辑活动以及各种书稿逐步成熟、以至出版的艰辛历程，是编辑志，是编辑用文字记载下的历史。这不仅有益于把握出版物质量，也给后人留下可借鉴的出自编辑之手的资料，以便学者和出版工作者对某种出版物做进一步考证和探讨。

《李大钊全集》、《二十世纪中国史学名著》、《创世纪情愫——来自中国西部女童教育的报告》、《普通高中历史课程标准实验教科书》等，共计建立 35 个系列、413 种、1170 件书稿资料档案。下面就以上述四套书为例，阐释逐书建档，践行科学管理，是十分重要的。

一、学术规范人生

在"作者情"里说过，《李大钊全集》的编纂工作几乎全部地落在河北省社会科学院、河北省李大钊研究会成员身上，这是我始料不及的。应该怎样来做好这一套书的编辑出版工作呢？我们着实费了心思。首先对作者队伍情况做了科学分析。这些年轻学者，多的已经有了十年对李大钊思想理论的研究经验，而且还主编了《李大钊研究》刊物，汇集了国内外研究李大钊的信息，把握新的研究成果，具有一定研究水平和能力，基本素质不错。另外，有老一辈专家学者积极热情的支持，他们甚至奉献出自己从未公开发表的一些资料，不取任何代价地汇集于《全集》，毫无保留地提出自己的编辑想法并做出许多具体指导，主动地来电、来函进行精细的指点。这些都是我们做好这一选题的先决条件。基于李大钊的特殊历史地位，他的全集必须做好。为了这样一种坚定信念，我们结结实实地依靠了三组力量，制定了五项措施和一个方案、两个细则，都一一保存在 4 个系列、31 种、246 件的资料档案里。

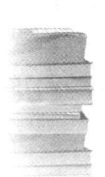

《李大钊全集》系列档案资料一览表

存档系列	种类名称	件数
一、合同、报告系列(16种16件)	1.《李大钊全集》编写计划	1
	2. 图书出版合同	1
	3.《李大钊全集》送审表	1
	4. 重点图书选题推荐意见表	1
	5. 第十二届(1998—1999)年度"中国图书奖推荐表"	1
	6. 第五届国家图书奖参评图书推荐表	1
	7.《李大钊全集》学术指导简况	1
	8.《李大钊全集》学术指导、编辑委员会、编辑部成员名单	1
	9. 河北省社会科学院历史所、河北省李大钊研究会申请编辑起动经费报告书	1
	10. 中共河北省委办公厅敬请江泽民总书记为《李大钊全集》题写书名的请示	1
	11. 河北教育出版社关于敬请江泽民总书记为《李大钊全集》题写书名的请示	1
	12.《李大钊全集》进度	1
	13.《李大钊全集》编校印制进度	1
	14. 河北教育出版社关于《李大钊全集》编辑出版情况报告	1
	15. 河北省社会科学院、河北省李大钊研究会关于《李大钊全集》编辑出版情况报告	1
	16.《李大钊全集》图书编校质量检查记录	1
二、整体设计系列(4种4件)	1.《李大钊全集》编辑方案	1
	2.《李大钊全集》编辑细则	1
	3.《李大钊全集》审校细则	1
	4.《李大钊全集》版式设计	1

续表

存档系列	种类名称	件数
三、宣传系列 (9种18件)	1. 河北省纪念李大钊诞辰110周年学术讨论会邀请函	1
	2. 会议有关注意事项	1
	3. 中共河北省委办公厅转发省委宣传部《关于举办李大钊同志诞辰110周年纪念活动的安排意见》的通知	1
	4. 中共河北省委宣传部关于举办李大钊同志诞辰纪念活动的安排意见	1
	5. 学习大钊思想，弘扬大钊精神，进一步推进全省两个文明建设——在《李大钊全集》首发式暨河北省纪念李大钊110周年诞辰学术讨论会开幕式上的讲话(1999年12月25日叶连松讲话)	1
	6.《李大钊全集》首发式暨纪念李大钊诞辰110周年学术讨论会在唐召开(《河北日报》1999年10月26日报道)	1
	7. 河北教育出版社隆重推出《李大钊全集》(《河北日报》1999年10月26日报道)	1
	8.《李大钊全集》宣传品文字材料	1
	9. 书评	10
四、部分编辑改正样系列 (2种208件)	1. 出版说明二、四、五、七、八、九、十稿的改正样	7
	2. 题注等改正样	201(页)

三组力量：一是李大钊思想理论研究的前辈；二是李大钊研究的年轻队伍；三是河北省文史哲社科研究力量。

五项措施：第一，聘请张静如、方行、彭明、刘桂生、马模贞、吴家林、朱成甲、朱乔森、韩一德、王世儒、侯且岸等11位国内著名的李大钊研究专家组成《李大钊全集》学术委员会，负责《全集》的学术指导和最后的学术鉴定工作；第二，聘请中国李大钊研究会、河北省李大钊研究会有关领导和专家学者组成《李大钊全集》编委会，具体领导《全集》的编辑出版工作；第三，聘请河北省社会科学院及有关单位的李大钊研究专业人员组成精干的编辑部，负责文稿的具体搜集、整理、校勘和编辑

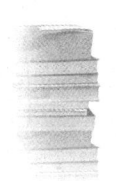

工作；第四，组织、动员河北省文史哲社科类30余位研究人员，参与《全集》的审校工作；第五，配备资深编辑4人，担当责任编辑，以保证出版质量。

这样我们就全线动员、组织、感召了全国李大钊研究力量的参与，保障《全集》科学性、学术性和权威性的统一，为中外广大研究工作者提供一部全新而可信的文本。

"一个方案，两个细则"是在《李大钊全集》整个运作过程中制定的指导思想、编纂原则、具体办法。是作者、编者、校者必须照办的科学指针。我们在编辑过程中，始终坚持以党中央领导同志的有关重要讲话精神为指导，尽可能完整、准确、全面、系统地反映"李大钊的思想理论遗产"和"伟大人格"。在充分听取专家意见的基础上，制定《编辑方案》、《编辑细则》和《审校细则》，明确并统一编辑思想。

《编辑方案》主要是明确学术顾问、编委会、编辑部的任务与要求、质量与进度。《编辑细则》主要是对于所收文稿内容，编排序次，题注、注释如何标注，标题、时间如何表示，旧式标点、无分段者，错讹及古体字、异体字如何处理等具体问题做了规定。特别强调作者要认真搜集、整理、校勘，要尊重并汲取前人的研究成果，要对原刊、原文进行全面核对，题注、注释要体现研究水平等。《审校细则》对编辑和校对做了更加具体化、规范化的规定，是任何参与这一项工作者必须遵循的原则。方案与细则，分别附后。

（一）《李大钊全集》编辑方案

1. 书名与分卷。本套文集拟定名为《李大钊全集》。其收录范围比现已出版的"全集"、"选集"、"文集"更为广泛、全面，力求"全"、"准"，科学性与学术性兼备，并酌加题注及必要注释。全书所收文稿，凡公开发表者，无论何种体裁，一律以当时报刊标明的发表时间为序编次；未刊稿，则以写作时间为准编入。全书分为四卷。

2. 文稿来源。搜集已刊行的各种李大钊文集，查阅有关报刊、档案文献资料，并向家属及海内外人士、团体征求。

3. 成立编辑工作委员会。为保证编辑质量并如期完成任务，拟由河北教育出版社、河北省社会科学院、河北省李大钊研究会聘请有关专家学者若干人，组成编委会，分担各卷的编审工作。编委的任务是：①审定篇目；②审定文稿的题注及注释；③保证如期完稿。编委会会议视工作需要由主任、副主任召集。

4. 编辑人员。由编委会聘请有关学者3—5名为编辑。编辑按照编委会决定的编辑方案和细则，具体负责搜集资料、誊抄、复印文稿，提出篇目，撰写题注、注释等前期编辑工作及日常联络事务。

5. 设学术顾问或成立顾问委员会。由编委会聘请有关专家学者若干人为学术顾问。学术顾问主要负责解决《李大钊全集》编辑过程中出现的疑难问题，以及篇目、题注及注释的最后审定，从学术上保证权威性。

6. 进度安排。全部书稿（含注释等在内）估计达130万字以上，计划于两年内完成。

①1997年1—6月，完成筹备工作，主要是筹划、搜集资料。

②1997年7—12月，提出篇目，征询各方面意见，校勘文稿。

③1998年1—3月，将篇目、样条、编辑方案及细则送交学术顾问、编委审核。

④1998年4—6月，完成符合出版要求的全部书稿。

（二）《李大钊全集》编辑细则

1. 本集所收文稿，包括李大钊同志撰写的专著、论文、诗歌、书简、译文、演说及其记录、题词、布告及联合署名文章等。

2. 本集所收文稿，均按其发表或写作时间顺序编次。原稿如系分期发表者，以首期为准。只有年月而日期不详者，置于该月之末；只有年份而月份不详者，置于该年之末；年份不详而难以考证者，置于文集卷末。

3. 本集所收文稿，主要依据李大钊发表的文章或手稿。采用公开发表之件，以初次刊载者为准，否则加题注说明；再版修订之作，以最后修订稿为准，亦加题注说明；文稿残缺者，亦尽量收录，并加题注说明。采用手稿之件，以定稿为准，同时附录异文或以注释标示。

4. 本集所收文稿，尽量采用原有标题，原无标题或个别需加改动者，可由编者酌拟，但须加题注说明。

5. 本集所收文稿，均在标题之下用括号标出该文写作或发表的时间。标示的时间,一律采用公历。如遇需标季节者,以本年度阳历2—4月为春,5—7月为夏,8—10月为秋,11月—第二年度1月为冬。

6. 本集所收文稿,如原无标点或用旧式标点者,均重新标点。原文已有分段者,一般不加改动;原无分段者,酌予分段。简短的书简、题序等,可不再分段。

7. 本集所收文稿,由编者视需要酌加题注,以※标明,置于页脚。正文中初次出现的生疏人名(包括字、号、别名等)、地名、历史事件、机构团体等,由编者视需要和可能酌加简要注释,顺序置于文末。

8. 本集所收文稿,遇有需要订正错字,订正之字,除径改者外,放在错字之后,置于〔〕内。增补脱字,置于＜＞内。衍文加［］。遇有残缺或难辨之字,用□表示。原书缺失,不知字数用⊠表示。

9. 本集所收文稿,均于文末注明所据底本。凡初次标注时,详列编著者、书(刊)全称、出版单位及时间、版次或收藏单位(报刊注明卷期、时间)。重复出现时,仅标底本名称,余则从略。

10. 本集所收文稿,均于文末说明原文署名,特殊情况加注说明。

11. 本集所收文稿,除对文中有特殊涵义的古体字、异体字原样保留外,一般均改用通行字体。

(三)《李大钊全集》审校细则

1. 原著(文)的内容及篇章结构,一般不做改动,原无分段者,酌予分段。简短的书信、题序等,不再分段。涉及政治敏感问题(如台湾问题、边界问题、宗教问题、民族问题等),编辑处理以国家现行规定为准。

2. 凡竖排、无标点或用旧式句读者,一律改为横排、新式标点。标点符号的使用,以1996年6月1日起实施的《中华人民共和国国家标准标点符号用法》为准。

3. 原著(文)有专名(如人名、地名、职官名、朝代名等)号者,均予省略。书名号一律用规范形式(《 》、〈 〉,外文书名排斜体)。原著无书名号或书名号不规范、不完整者,一律补加或改正。

4. 依据《新华字典》1998年版、《现代汉语词典》1998年版、《辞海》1989年版规范用字,原则上以《简化字总表》、《第一批异体字整理表》为准,此二表以1986年10月10日及1988年3月25日重新颁布及规定者为准。凡属繁体字与简化字和异体字与正体字一对一者,均用简化字、正体字,如趙与赵、冊与册等。如一对二或一对三以上者,则需要根据情况,区别对待。对于姓名、地名、官名等专用名词如简化字、正体字容易产生歧义者,则应保留原来的字形字体。历史上的鄠县不改为户县、和阗不改为和田等。文中有特殊涵义的古体字、异体字可原样保留外,一般均改用通行字体。

5. 译名一般用原著原字(如马克斯、史太林不改马克思、斯大林)。

6. 古今字、省形字等均保留原貌(如"蚤起"不改为"早起","景从"不改为"影从","分付"不改为"吩咐"等)。

7. 每个时代都有其独特语言,每个作者都有其惯用字词,因此,只要有根据就不改为现在通行的语言、字词。例如做程度副词用的"狠"不改为"很","绍介、单简"不改为"介绍、简单"等;"表章"不改为"表彰","马头"不改为"码头";"沈静"不改为"沉静","藉口"不改为"借口"等。

8. 原著(文)多为流传已久的名著,一般不得改动。但对原著(文)中确属错讹者,在所当改;别有依据者,不可妄改;义可两存者,不能遽改。一般笔画小误、日曰淆舛,显系误写、错排者,径改不出校记。

9. 前人引书,常有省略约减或个别词语的更动,只要不失原意,则不用所引书改引文。确需要改正者,校改处用六角括号(〔 〕)括住的字词,表示改正;用尖括号(< >)括住的字词,表示删去;用方括号([ ])括住的字词,表示增补脱字。

10. 原著(文)中因字迹模糊或纸页残缺而致无法辨认,又无其他版本核查的,根据所缺字数代以相应的虚缺号(□)表示,所缺字数无法确定者,用(⊘)表示。

11. 数字一律用汉字表示。

12. 以上细则,有未涉及者,请向编辑部反映,请勿擅自改动。

档案情

《李大钊全集》正是有《编辑方案》、《编辑细则》、《审校细则》等这些既抽象、又实用的规范文字形式统领着编书过程，才形成了它的鲜明特点：

1. 忠实原著　真实可信。在编辑整理过程中先后到北京大学图书馆、国家图书馆、上海图书馆、中央档案馆、中共中央马列著作编译局图书馆等二十余家图书馆、档案馆逐篇核对了原文、原刊，勘正错讹1221处，考订篇目署名、写作时间78处，还文稿以本来面目。二是充分利用"七典"（《新华字典》、《现代汉语词典》、《辞海》、《辞源》、《汉语大字典》、《汉语大词典》、《语言文字规范手册》），凡一典中有字头、词条的，均不改动，最大限度地保留原貌，不以今律"古"。20世纪前一二十年正值文言文向白话文过渡的时期，加之当时西方新思潮的涌入，译文的大量出现，这就使得当时的语言未必符合现在的语言规范，如"蒲鲁东亦以国民经济为解释历史的键"、"今天是苏维埃俄罗斯革命成功的六周纪念日"、"古者巫医并称，为今宗教与医尚有密的关系"等等，该书均依原文照排；李大钊当时翻译的人名、国家名、党派团体名称等，很多也和现在不一样，比如说马克斯（马克思）、桑西门（圣西门）、诺威（挪威）、义大利（意大利）、布尔扎维克（布尔什维克）等等，编者也依原文照排。特别值得提倡的是编者对待文献资料的历史唯物主义态度。学界以外的读者，不一定知道李大钊在成为革命民主主义者和马克思主义者的征途中，曾经历过一个曲折的发展过程。他曾接受过改良主义、调和主义等思想，曾一度对袁世凯认识不清，对当时的革命党人也有过一些不妥当的批评，这些在他的著述中都有明显的印迹。对此，编者并没有像中国人民大学教授彭明先生曾经批评过的那样，"在文献上乱使刀"，而是不"为尊者讳"，最大程度地还文稿以历史的本来面目。

2. 收录齐全　增加新篇。收录李大钊所有遗文、遗著，共计577篇（部）。其中收录新发掘出的遗文、遗著多达61篇（部），50余万字，超过全书的1/4，而《〈法学通论〉批注》、《〈刑法讲义〉批注》、《中国国际法论》、《〈支那分割之运命〉驳议》、《报与史》、《致蔡子民》等，均为首次发现和披露。这些新收录的遗文、遗著，对于进一步研究李大钊的思想理论遗产，乃至进一步研究中国共产党和中国革命的早期历史，都具有十分重要的价值。

3. 突出时序　编排合理。《全集》对李大钊的遗文、遗著，不分文体，均按写作或发表时间的先后顺序进行编排。先写先发者在前，后写后发者在后。由于新增的译著发表时间较早，《全集》的开篇就由《文集》本的1912年6月提前至1909年3月，即将研究李大钊思想史的时间提前了近三年。这能使广大读者和研究者非常容易了解李大钊的生平活动及其思想发展轨迹，为研究李大钊生平史、思想史提供了许多方便。

4. 题注校勘　见解独到。对李大钊的全部文稿，不论前人编辑过的，还是新增补的，都认真进行校勘、注释，并说明所依据的底本。凡收录的文稿，每篇均加学术性题注，收入最新成果，言简意赅地说明该文的背景和有关问题，共计1103条，有独到之处。编辑全程均请张静如、彭明、刘桂生等11位国内研究李大钊的著名专家进行具体指点和引导全书的编纂，并负责最后的审定工作，以确保其学术性、科学性、权威性。

5. 制定细则　规范学术。依据国家语言文字委员会颁发的《简化字总表》、《异体字整理表》和各种工具书，制定《编辑方案》、《编辑细则》和《审校细则》，明确编辑指导思想。认真细致进行编辑加工、校对和审读，累积审校16遍，每次校对都有详细的审校记录。对于新点校整理的文稿、译文和《全集》中所引用的英、日、德、法文，均另请专家进行审定。《全集》编校质量检查字数46.10万字(3卷)，差错率为万分之零点零零五五，为优质品。

该书还在加工审校中，对原文重新进行了点校，纠正了以前的整理者出现的疏失。如《"弹劾"用语之解纷》一文中有这样一句话："劾，《说文》'法有罪也。'《六书》故：'劾，犹核也，考核其实也。'"另在《论官僚主义》一文中，有一句话："昔王崐绳目睹明代之覆辙，心进往古，缅怀修猷，累日稽夜营之力，著平书成帙。其建官上篇有云……"众所周知，"六书"并非书名。而《六书故》则为宋元之际戴侗所撰，其中文字是按六书象形、指事等分别排列的。《平书》也是书名，为清代进步思想家王源所作；《建官》是《平书》中的篇名。此三处书名号的误标或未标在《全集》中均做了处理。编辑对题注的修改逐条、逐句、逐字，颇下功夫。

6. 版式考究　封面精到。内文设计先后做了三个版式征求意见稿，对于目录、书眉、每篇各级标题及文中夹注、眉批、题注的字体、字号

均进行了精巧安排和布局；封面装帧的历史感和现代感结合精到，以淡黄色为铺垫，以李大钊《狱中自述》手迹为底衬，"李大钊全集"五个大字跃然纸上。

编辑《李大钊全集》有明确的指导思想、切实可行的措施以及方案、细则对学术的规范。我们编辑身在其中，从未有一时一刻的懈怠。对于该书的"出版说明"，从总体到细节修改了九稿，现在所见《全集》的"出版说明"，已是第十稿了。另外，对于1103条题注，责任编辑逐条、逐句、逐字从科学性、学术性、技术性上做了细致的修改和严格的把关。这套书从编辑到出版历时四年，但到最后五个月进入紧张的审校阶段，节假日从未休息。更重要的是，我们全流程、全方位地体现了严谨治编的科学精神和精品意识。学术界认为我们编的《全集》从结构编排、收录数量、题注见解、学术规范、编校质量、设计装帧等诸多方面，均具有较强的竞争力，为李大钊研究提供的资料科学规范，真实可信。2012年5月，《全集》问世十三年之际，我仍看到北京大学马克思主义学院的学者宇文利先生刊于北京大学校报1190期的《李大钊的民族精神教育观》一文，其中引文13处，均引自我们编辑的《李大钊全集》（1999年版）。我们以严谨的科学的治编精神取胜，获得第五届国家图书奖荣誉奖，为其流传久远奠定了基础。

二、业精于勤登堂

现在想来，我是心甘情愿做了《二十世纪中国史学名著》的"车夫"，将57种著作分装在33节"列车"上，拖拉它整整五年。正是因为我知道这套书的分量与价值，但是，真正走起来，自觉好累，好重，好苦。记得，我上大学的时候读过其中极少的书，三十几年后，又与它们和更多素未谋面的书见面，旧情和当下的求知欲，有一份十分特殊的感情驱使自己倾心倾情地投入，反而时时体味到一种愉快。

该书于1997年正式启动，确立了编辑宗旨、编选原则、整理细则、组织机构。同时，我们聘请了顾问和学术委员，一同仔细研究、推敲编辑原则和入选著作；组建了由瞿林东教授为主任的编纂工作委员会。可以这么说，没有这个人的选择、发现，就没有这套书。我寻找到了编辑

1998年春,《二十世纪中国史学名著》编纂工作委员会主任、北京师范大学教授瞿林东(左一)与中国史学会会长、国家清史编纂委员会主任戴逸教授(左二)切磋《二十世纪中国史学名著》总序的写作提纲

这套书的支点。记得西方一位伟大的科学家说过:"给我一个支点,我能撬起地球!"我似乎也感到支点能够产生巨大的力量,当我找到这个支点的时候,我觉得灵感与睿智都好像已属于自己。五年中,为这套书先后建立了8个系列、59个种类、522件档案资料,使这套书的成功策划有了保障;同时这一切也感染、启迪着自己要跟上,要超越,要领好路。这些存档资料包含了编辑学存在的部分形式和内涵,如下表所示。

《二十世纪中国史学名著》系列档案资料一览表

存档系列	种类名称	件数
一、合同系列 (5种45件)	1. 图书出版合同	25
	2. 整理点校合同	3
	3. 图书校对合同	1
	4. 买卖版权合同	4
	5. 与《光明日报》理论部宣传协议和信往	12

续表

存档系列	种类名称	件数
二、申报表及一览表系列 (18种115件)	1. 图书选题申报表	1
	2. 局重点图书选题推荐表	1
	3. 图书在版编目(CIP)数据工作单	33
	4. 责编一览表	1
	5. 学术顾问、编纂工作委员会工作人员一览表	1
	6. 书目分类一览表	1
	7. 封面通知单发放种数一览表	1
	8. 书稿整理状态一览表	7
	9. 发排登记表	1
	10. 发稿送审表	33
	11. 重印送审表	28
	12. 字数、总页码、照片、总序、前言、正文、著述要目一览表	1
	13. 前言作者通讯录	1
	14. 审校人员登记表	1
	15. 审校人员分组一览表	1
	16. 各校次审校人员取样、回样签字表	1
	17. 审校进度一览表	1
	18. 制片进度一览表	1
三、整体设计系列 (11种32件)	1. 发凡	1
	2. 征求意见稿	1
	3. 编选说明	1
	4. 编选凡例	1
	5. 整理细则(存1—3稿)	3
	6. 入选书目(存1—12稿)	12

续表

存档系列	种类名称	件数
三、整体设计系列 （11种32件）	7. 著者简介	1
	8. 著作内容提要	1
	9. 总序录音整理、初稿、定稿	3
	10. 版式说明（存1—7稿）	7
	11. 版式样张	1
四、审校系列 （7种83件）	1. 审校细则（存1—5稿）	5
	2. 质量、时间进度要求、付酬标准	1
	3. 编校质量抽查内容和数量	1
	4. 重校要求	1
	5. 审校参考资料	1
	6. 审校参考工具书	1
	7. 审校记录	73
五、纪要系列 （5种14件）	1. 编纂工作会议纪要（存1—8次）	8
	2. 史学家座谈会发言要点	1
	3. "入选书目"意见汇集	1
	4. 审校工作会议纪要（存1—3次）	3
	5. 二次审校会议议程	1
六、致函系列 （4种5件）	1. 征求意见函	1
	2. 致前言作者函	2
	3. 致著者家属、前言撰稿人重印函	1
	4. 致读者（购书）函	1
七、信往系列 （7种200件）	1. 著者家属来函	27
	2. 前言撰稿人来函、学术界朋友来函	55
	3. 买卖版权信函	8
	4. 编纂工作人员来函	67

续表

存档系列	种类名称	件数
七、信往系列 （7种200件）	5. 读者来函	12
	6. 出版界朋友来函	9
	7. 复函(复印件)	22
八、宣传系列 （2种28件）	1. 发表总序	1
	2. 评介文章	27

为了确保《二十世纪中国史学名著》这套书从选题策划开始就体现高质量、高水平和参与人员的高素质，特别在入选原则上进行了反复讨论，确定了编选说明、凡例和整理细则，而且是三易其稿；入选书目十二易其稿；审校细则五易其稿；版式说明八易其稿，直到比较满意为止。这些档案资料，是这套书的编辑史，体现着一种追求、一种精神。

三、举无遗策功夫

为了编辑出版《创世纪情愫——来自中国西部女童教育的报告》一书，我们做到了五个坚持：一是坚持选好作者；二是坚持实地考察；三是坚持严肃创作；四是坚持规范管理；五是坚持采用各种宣传手段，以引起社会对女童教育的广泛关注。几经周折和筛选，确定了由女作家梅洁来进行艰苦的实地考察，并最终完成其写作。作为编辑，发现一个创作者，就是发现一颗与众不同的心灵，就是发现文化原野上的一块瑰宝，会珍爱地捧在手里，将她送上成功的通衢。梅洁在整整一年的时间里，除了实地考察，就是翻阅图书资料，三个月乃至一年吃的苦、受的累、费的心、尽的力，真如同掉入地狱一般。但她有一种可贵精神的支撑，这使她有足够的勇气，坚强地攀登了上来。这种精神就是作家的责任感、使命感和人民性。她怀着一颗时代的良心和一份时代的良知，走到西部女童、女童教育当中去，站在民族的、人类的、未来的立场上，采访了贫困的失学儿童、教师、农民、女童教育研究者、国内外教育官员和援助组织成员达百人次。梅洁不负众望，带回来几十本采访笔记和数百幅摄影资料。最终融人类学、经济学、环境学、人口学、妇女学、宗教学等多学科的思辨和阐释于一体,激情而理性、真实而深刻、朴素而富有震撼力地报告了一个世界性话题——女童教育与人类可持续发展,完成了来自中国西部女童教育的报告——《创世纪情愫》的创作任务。

这部作品反映的是女童教育的热点问题,虽然仅仅30万字,但是,我们从选题确立、作者选择、实地考察、作家创作、编辑加工、校对审读、装帧印制到独特宣传,历时三年,步步精心细致,随时建档,规范了12个系列、68种档案资料,坚持科学管理,举无遗策。

《创世纪情愫——来自中国西部女童教育的报告》系列档案资料一览表

存档系列	种 类 名 称	件数
一、合同系列	图书出版合同	1
二、报告系列	1. 经费请示报告 2. 选题确立和有关情况汇报 3. 关于该书审读意见加盖公章的请示 4. 关于向甘肃省定西地区赠书、召开出版座谈会的请示 5. 关于向甘肃省定西地区赠书活动安排 6. 河北省向甘肃省定西地区赠书仪式议程 7. 赠书仪式与会人员名单	7
三、专家审读系列	1. 中共中央党史研究室副主任、研究员石仲泉审读意见 2. 中国中共党史学会副会长、北京师范大学教授、博导张静如审读意见 3. 中国教育学会常务副会长、编审郭永福的审读意见:《用心血铸就的文学丰碑》 4. 中国教育经济学会会长、北京师范大学教育经济研究中心主任、教授、博导王善迈的审读意见:《人力资源开发的研究力作》 5. 北京师范大学教育与心理科学学院院长、教授、博导王炳照的《创世纪情愫》读后 6. 中央教育科学研究所课程研究中心主任、全国课程学专业委员会副主任、研究员白月桥的《拜读〈创世纪情愫〉》 7. 河北省文化厅厅长王辅捷对《创世纪情愫》清样的审读意见 8. 河北省新闻出版局图书处处长、编审李海洲对《创世纪情愫》清样的审读意见	8

续表

存档系列	种类名称	件数
四、专家点评系列	1. 国家教育部基础教育司司长李连宁：《这部书在非常关键的时刻面世》 2. 中国作协书记处书记陈建功：《关注大忧欢的"我"》 3. 中央教育科学研究所研究员滕纯：《三方合作的成功》 4. 北京师范大学教授史静寰：《我看重这部书的"特别视角"》 5. 中国作协创研部副主任、研究员雷达：《为西部开发提供非常有参考价值的调查报告》 6. 中国社会科学院文学研究所研究员何西来：《以前开发西部，总是屯兵、派兵，梅洁看到的不是兵，是文化，是教育》 7. 北京大学副教授、中外妇女研究中心秘书长臧建：《女童教育与西部未来》	7
五、宣传及社会反响系列	1. 宣传措施 2.《创世纪情愫——来自中国西部女童教育的报告》一书在"面向21世纪女童教育国际研讨会"上的强烈反响 3. 参加"面向21世纪女童教育国际研讨会"的国家教育部副部长韦钰博士、国家教育部基教司长李连宁、英国剑桥大学梅尔教授、美国肖恩·M.昂德希尔教授等在《创世纪情愫》清样上签名留念	3
六、书评	1. 震撼心灵的"人类大音"——评梅洁长篇报告文学《创世纪情愫》 陈映实 《中华读书报》2000年3月15日；《大时代》2000年第4期 2. 女童教育与西部的未来 臧建 《中国青年报》2000年3月28日 3. 一部撞击心灵的作品——读《创世纪情愫——来自中国西部女童教育的报告》 苏智良 《河北教育报》2000年4月5日；《文汇读书周报》2000年4月15日 4. 来自西部的女童教育报告 纪途 《人民日报》2000年4月28日 5. 温暖西部的情愫 雷达 《燕赵都市报》2000年5月4日 6. 创世的呼唤——梅洁的长篇报告文学《创世纪情愫》叙述了什么？ 《文艺报·文学周刊》2000年5月9日 7. 新的创世纪呼唤 《文论报》2000年5月15日 8. 同是面对西部 储瑞耕 《中华新闻报》2000年5月29日 9. 世纪企盼——读《创世纪情愫》 魏平 《大时代》2000年第5期；《新闻出版报》2000年7月31日 10. 冰冷的事实和热切的情感 李炳银 《光明日报》2000年6月8日	

续表

存档系列	种 类 名 称	件数
六、书评	11. 西行何以无语 鲍风 《长江晚报·读书周刊》2000年7月28日 12.《创世纪情愫》一书读后感 景曜 《定西日报》2000年11月1日 13. 关注大西北 关注女童教育 《河北日报》2000年11月24日 14. 西部花絮 《大时代》2000年第11期	14
七、书讯	1.《创世纪情愫》出版 《光明日报》2000年4月5日 2.《创世纪情愫——来自中国西部女童教育的报告》座谈会举行 《中国教育报》2000年4月6日 3. "西部大开发",先走一步 《文艺报》2000年4月11日 4. 河北省向甘肃省定西地区赠送《创世纪情愫》等图书和学习用品 《河北日报》2000年9月15日;《中国文化报》2000年9月21日	4
八、纪要	1. 国家教育部基教司、中国作协创作研究部召开出版座谈会纪要(2000年4月4日) 2. 中共河北省委宣传部、河北省新闻出版局、河北教育出版社召开出版座谈会纪要(2000年9月11日)	2
九、读者反映	1. 陈 军 上海市闸北区教育学院教师 2. 马新兰 宁夏同心县韦州镇回民女校校长 3. 任玉贵 青海省教育科学研究所副研究员、中国管理科学院研究员 4. 单秀明 宁夏西吉县兴隆镇回族女子职业教育中心主任 5. 马群峰 甘肃省通渭县通和小学教师 6. 毛忠平 甘肃省通渭县通和小学教师 7. 邢旺昌 甘肃省通渭县通和小学教师 8. 王泽功 甘肃省通渭县鸡川中学教师 9. 王承武 甘肃省通渭县教研室教研员 10. 申士昌 北京西城区教育教学研究中心特级教师 11. 李 君 河北师范大学科技处 12. 刘新宗 《河北教育》报刊社原社长、总编、编审 13. 毕 平 河北师范大学数信学院研究生 14. 李 丹 河北师范大学中文系99级现当代文学专业研究生	14
十、讲话系列	1. 在《创世纪情愫——来自中国西部女童教育的报告》一书座谈会上的主持词 2. 在赠书仪式上的主持词	

续表

存档系列	种 类 名 称	件数
十、讲话系列	3. 中共河北省委宣传部副部长在赠书仪式上的讲话 4. 河北教育出版社社长在赠书仪式上的讲话 5. 作者在赠书仪式上的讲话	5
十一、贺电	1. 国家教育部基础教育司给中共河北省委宣传部、河北省新闻出版局的贺电 2. 中国作家协会创作联络部给中共河北省委宣传部的贺电	2
十二、赠书目录	赠送《创世纪情愫——来自中国西部女童教育的报告》等图书，价值20万元	1

这部书不仅编校优质，更重要的是震撼心灵，启人心智。该书出版后，《人民日报》、《光明日报》、《中国青年报》、《新闻出版报》、《中华读书报》等十余家报纸分别以《冰冷的事实和热切的情感》、《震撼心灵的"人类大音"》、《世纪企盼》等为题发表了一系列评论文章。河北电视台专门为此书做了节目。中共河北省委宣传部、河北省新闻出版局和河北教育出版社还到西部甘肃定西通渭县召开出版座谈会，开展赠书活动。我社每年出书千种以上，从来没有一种书，由于它的内容是写发生在哪个地域的事儿，而到哪个地方去签字赠书。类似这些活动大多在熙熙攘攘的大都市。因此，我们这一次签名赠书的举动在出版界的史册上留下了可贵的一页。我们的座谈会也很独特，一独特在参加座谈会的单位上，有教育界、文学界、妇女界、新闻界、出版界等各方面人士，是多个领域联手的一个座谈会；二独特在会议地点上，不是在首都、省会，而是在最接近民众的通渭县；三独特在不是为了推销图书的商业行为，而是为了进一步向社会呼吁女童教育的重要性，引起社会的关注。人们普遍认为《创世纪情愫——来自中国西部女童教育的报告》是一部对认识西部、认识西部基础教育，特别是认识西部女童教育现状很有价值的好书。人们被书中鲜见的文化荒漠、人类苦难和同样是鲜见的不分国籍、不分种族与宗教信仰的救助精神深深地感动了，强烈地震撼了。这份报告的真谛是告诉人们女童教育问题并不是孤立的，而是关乎人口素质普遍提高的问题，是关乎一个民族、一个国家乃至人类社会可持续发展的重大问

题。20世纪最后十年中，召开的几乎所有重大国际会议所形成的文件，无一不强调占人类半数以上的妇女和儿童的权利。而教育被认为是改变女童处境的最有效的途径。各国政要在审视人类命运的庄严时刻，在解决妇女与儿童问题特别是女童教育问题上取得了前所未有的共识，终于醒悟到"没有精神生命的个体"很可能变成一种巨大的破坏力。这是在科学规范的编辑经营书稿全程中发出的最有针对性的呐喊，这是在独特的全方位的编书管理方式的呵护下产生的成功的出色的图书效应。

四、梳理困知勉行

编写高中历史教科书的作者队伍组织起来后，怎样培养、指导作者尽快进入编写的角色，是颇费功夫的，可谓困知勉行。我们在所有环节设置了充分体现编辑意图的不同类型的文字材料用以引路。这种编辑文化现象不一定会出现在每位编辑、每部书稿上，当因人、因书而异。因为每个人的思维方式和编辑方法不同。我个人的感悟是在处理重大选题，比如著作稿、丛书、套书、译丛、工具书等多作者、编者、审者的项目时这些是必须用到的。作为编辑只要有相当的目的意识、勤勉的敬业精神和相关的实践积累，就能形成科学实用的编辑文字，指导编辑工作顺利进行。

我们在编写《普通高中历史课程标准实验教科书》的两年多来，写就了11个系列、255种、334件的档案资料，即编辑应用文，体现的是一种用文字记载下的编辑在选择优良的胚胎后，辛勤的孕育过程，即编辑活动和它造就的编辑文化现象，形成了教科书质量保障和获取市场支持的体系。这是我退休前的编辑活动中，最后开启的一套书。我知道它的风险与分量、价值、意义并存。现今，从编辑文化现象这一视角，重新做了梳理和考量。我感觉这些从编辑活动中积淀下的编辑文字，是比较科学、严谨、完善、详尽的书稿档案。下面是编辑文字系列档案资料总表。

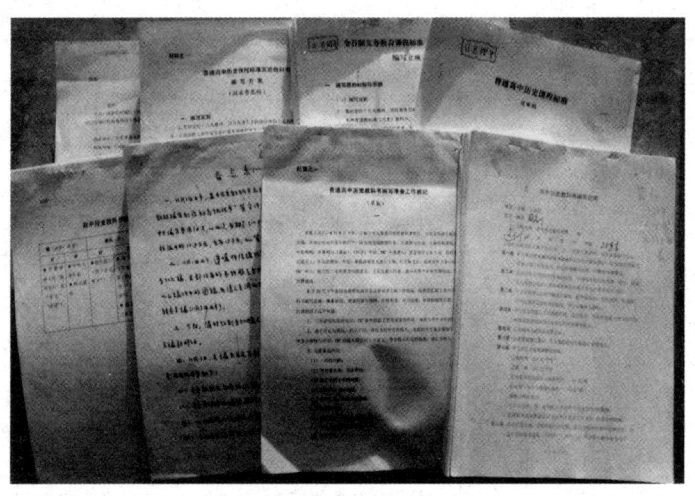

《普通高中历史课程标准实验教科书》部分档案资料

《普通高中历史课程标准实验教科书》系列档案编辑文字资料总表

存档系列	种类	件数	内容
一、文件系列	10	10	国家教育部下达的《课程标准》等相关文件
二、合同系列	6	37	书稿相关各方面签订的合同，这是编辑过程中，选题确定后的一个必要程序，对于合同各方有明确责任、义务、权利、承诺、约束的功能。包括甲乙丙三方合同、修改合同稿、主编与作者合同等
三、授权书系列	1	1	主编授权副主编行使主编之职的授权书
四、报告系列	20	68	立项报告及教科书的写作大纲、样张、样张说明、课时分配、日程安排、国内外中学历史教科书比较分析、审稿程序、整体结构、系列产品、遴选作者的条件、专家对于立项资料的意见汇总、送审报告、申报小结等
五、编辑宗旨系列	16	16	包括编写方案，实施细则，编写要求，质量标准，编写步骤，编写进度，组织机构，编写队伍，编写合同，写作、编辑、设计、制作流程，审读、审阅、审定要求，编写情况汇报

续表

存档系列	种类	件数	内容
六、纪要系列	20	20	包括组稿、审稿、会稿、研讨等等各种会议纪要、工作摘要、情况通报、汇报提纲等
七、备忘录系列	30	30	编辑过程中发生的任何事件,就像历史上的任何历史事件一样,不会平白无故地发生。为了将编写好这套书的各种障碍减少到最低程度,推出一个"备忘录"系列,以求共同遵循
八、附件系列	7	7	编辑在组织某部书稿前,尽管做了较充分的准备,但也会出现考虑不够周密或需要随时变化的事项。随时发现问题,随时形成解决问题的具体意见,随时运用"附件"这种编辑文形式,做前期意见的补充或完善。以告知作者需要进一步明确的问题或编写要求的变化
九、致函系列	9	9	编辑在组织稿件过程中,定期或不定期地与作者交流、沟通或提出阶段性要求、指导意见的致作者函是编辑应用文常用的一种形式。一般是就我们发现的问题或作者提出的问题及时写就的,以引导作者遵循编辑宗旨
十、复函系列	101	101	电子邮件、打印书信、手写书信等等与作者的个别来往信件,对于作者提出的问题、困难,甚至是质问,都要明确地、及时地、直接地予以答复,以利于作者尽快解决疑惑,全身心投入后续撰稿工作
十一、致酬系列	35	35	这个系列包含致主编、分册主编、作者、编、校、审等不同类型的酬单若干件

　　就策划编辑而言,随编辑现象产生的文字,即是写书、编书、发稿过程中形成的带有指导意义的文字;是主观意识和客观需要相结合的产物;更是作者、编者、读者交流沟通与合作的载体和手段。这是我在实践中根据个人的感悟能力和认知水准对编辑活动中写就的文字材料的一种界定。它绝不是平淡、无声、简单、通俗的,人人会用的几个字,而

是有灵魂、有生命、有内涵的，不是人人都能用得好的几个字。它也不是中文专业人士或是作家、文学家都能写好的文字，就像我刚才说到的，必须有相当的策划意识、目的意识、敬业精神，又有相关的实践积累，且会动脑筋、出点子、定题目、做文章的独特编辑人，才有可能写好的具有指导性的、体现编辑意图的，或许还能解燃眉之急的一种科学实用的编辑文字。这就是编辑应用文。各种编辑文字的运用，使我深刻地体会到它在编辑活动中有着不可或缺的地位和作用。我给各类编辑文字分别做了一个简单的释义，不一定那么准确。

(一)合同类

合同系列，指书稿相关的各方签订的合同书，这是编辑活动中选题确定后的一个必要的程序。这种合同均是记叙说明形式的编辑应用文，对于合同各方有明确责任、义务、权利的功能。

《普通高中历史课程标准实验教科书》合同类编辑文字一览表

序号	名　称	种　类	件　数
1	甲、乙、丙三方合同	1	1
2	修改合同稿	1	1
3	补充意见稿	1	1
4	经费预算稿	1	5
5	主编与作者合同	1	28
6	乙、丙两方补充合同	1	1

(二)授权类

授权书、委托书、推荐书之类是编辑常会用到的一种文字，说明谁授权谁，谁委托谁，谁推荐谁，在某一段时间内行使什么权力，承担什么义务即可。我曾收到一份授权书，如下：

授权书

兹授权××出版社《普通高中历史课程标准实验教科书》(包括教师用书)副主编×××先生，在本教材编写期间行使主编之职。

授权人：×××
2003年9月6日

(三)报告类

报告类编辑文字是我们经常用到的一个编辑应用文类型,比如,请示报告、调查报告、选题申报、审读报告、会议报告、工作检讨、各类总结等等,大体都属于这类文字。

《普通高中历史课程标准实验教科书》报告类编辑文字一览表

序号	名称	种类	件数	序号	名称	种类	件数
1	立项报告	1	1	11	主要编写人员基本情况	1	5
2	写作大纲	1	9	12	主要编写人员基本情况一览表	1	1
3	样张	1	4	13	主要撰稿人资历证书	1	22
4	样张说明	1	4	14	专家推荐主要撰稿人意见	1	10
5	栏目设计	1	1	15	审稿程序	1	1
6	字数、图数分配	1	1	16	整体结构	1	1
7	课时分配	1	1	17	系列产品	1	1
8	立项工作日程安排	1	1	18	遴选作者条件	1	1
9	国内外中学历史教科书比较分析	1	1	19	专家对于立项资料的意见汇总	1	1
10	出版社情况介绍	1	1	20	高中历史教科书申报小结	1	1

(四)编辑宗旨类

编辑宗旨类编辑文字反映了整个9册教科书、9册教师教学用书编写过程中的编辑思想、编辑意图。对于作者、编者、审者政治性、思想性、科学性、知识性的质量要求,编写步骤进度,组织机构职责等方方面面都有明确的约束。

《普通高中历史课程标准实验教科书》编辑宗旨类编辑文字一览表

序号	名　　称	种类	件数
1	《普通高中历史课程标准实验教科书》编写方案	1	1
2	《普通高中历史课程标准实验教科书》实施细则	1	1
3	《普通高中历史课程标准实验教科书》和《教师教学参考书》编写要求	1	1
4	《普通高中历史课程标准实验教科书》和《教师教学参考书》质量标准	1	1
5	《普通高中历史课程标准实验教科书》和《教师教学参考书》编写步骤	1	1
6	《普通高中历史课程标准实验教科书》和《教师教学参考书》编写进度	1	1
7	《普通高中历史课程标准实验教科书》和《教师教学参考书》组织机构	1	1
8	《普通高中历史课程标准实验教科书》和《教师教学参考书》编写队伍	1	1
9	《普通高中历史课程标准实验教科书》和《教师教学参考书》编写合同	1	1
10	《普通高中历史课程标准实验教科书》和《教师教学参考书》第一次工作会议主要内容	1	1
11	《普通高中历史课程标准实验教科书》和《教师教学参考书》写作、编辑、设计、制作流程	1	1
12	《普通高中历史课程标准实验教科书》和《教师教学参考书》编写要求修订稿	1	1
13	《普通高中历史课程标准实验教科书》和《教师教学参考书》审读、审阅、审定要求	1	1
14	《普通高中历史课程标准实验教科书》编写工作汇报(繁本)(18页)	1	1
15	《普通高中历史课程标准实验教科书》编写工作汇报(简本)(5页)	1	1
16	《普通高中历史课程标准实验教科书》介绍(教师培训讲稿)	1	1

此类应用文起着策划全书编写过程的作用。例如,《实施细则》就是将《编写方案》中规定的历史课的总体目标予以细化。总体目标体系,一是基本知识与基本技能目标体系;二是过程、方法、能力目标体系;三是情感、态度、价值观目标体系。这三个不同层面的目标有不同的具体内容和教育功能,是相辅相成的。第一个层面的目标是后两个层面能够达到的精神教育。这篇《实施细则》应用文,细化总则在前,分述知识技能、过程、方法、情感、态度、价值观的细化方法在后。第一层次下又分三点:基本知识目标,基本技能、技巧目标,历史学科的能力目标。每点下面又分若干小点,比如第三点"历史学科能力",包括历史想象能力、一般能力和学科特殊能力,复现能力和创造能力,知识迁移能力,归纳、分析、判断、比较能力,评价、论证能力,等等。而各种能力的核心是历史思维能力。要有效地培养学生的历史思维能力,尤其是创造性历史思维能力,使学生学会运用科学的认识方法和观点去分析历史,其中最重要的就是运用辩证唯物主义、历史唯物主义理论去观察分析历史现象和历史过程。每位作者必须明确历史教科书不仅要讲授历史知识,还应该把历史哲学的某些理论方法作为教学的主体内容纳入教材,贯穿于教学全过程。我们非常具体地给作者确定了22个方面的历史哲理纳入教授体系,包括:①历史客体的各种原因与结果;②历史发展的必然性和偶然性;③历史发展中的新事物与旧事物;④历史客体的发展阶段性;⑤历史客体的时代性;⑥历史记载中的主体意识渗透;⑦历史发展的多样性与统一性;⑧历史发展的总趋势与曲折性;⑨历史发展中的量变与质变;⑩历史客体的现象与本质;⑪历史客体的形式与内容;⑫历史变革中的继承与发展;⑬社会存在决定社会意识;⑭生产力与生产关系;⑮经济基础与上层建筑;⑯历史前进中的主要矛盾与次要矛盾;⑰对历史客体的评价;⑱民族意识;⑲国际意识;⑳环境意识;㉑评定历史对其后历史的影响和意义;㉒吸取历史经验与教训。

《实施细则》这篇文字反映的内容,主体是具体的细则,且有总述、分述鲜明的层次感;叙述条理清楚;写作要求具体,作者有章可循,兼备指导性和可操作性的特点。这就是产生于我们编辑工作实际中的比较典型的,有指导意义的,有目的性的,有一定理论、专业、实践基础的编辑文字。这也是只能出自编辑之手,在一定综合素养和编辑实践基础上产生的实实在在的一种文体。这是自然产生于编辑文化过程中的其他文化

人不便参与和不能替代的,且属于我们编辑自己的独特的编辑文化现象。

(五)纪要类

纪要类编辑文字包括组稿、审校、会稿、改稿、研讨等等各种会议纪要、工作摘要、情况通报、汇报提纲等等。会议纪要一般要出现会议名称、时间、地点、与会人员、会议主题、发言摘要、决议事项、会议综述等内容。每份纪要的产生都是有一定背景的,也必须有个主题。

《普通高中历史课程标准实验教科书》纪要类编辑文字一览表

序号	名　　称	种类	件数
1	《普通高中历史课程标准实验教科书》申报立项决议	1	1
2	《普通高中历史课程标准实验教科书》编写准备工作摘记	1	1
3	《普通高中历史课程标准实验教科书》活动课设计研讨会	1	1
4	《普通高中历史课程标准实验教科书》完善整体结构研讨会	1	1
5	关于国家教育部召开的《普通高中历史课程标准实验教科书》编写研讨会情况通报	1	1
6	第一次和第二次《普通高中历史课程标准实验教科书》编写工作研讨会	1	1
7	《普通高中历史课程标准实验教科书》送审报告	1	1
8	《普通高中历史课程标准实验教科书》部分教科书编写小结	1	1
9	《普通高中历史课程标准实验教科书》各册改稿会议和分册主编会议纪要	1	1
10	《普通高中历史课程标准实验教科书》审、校稿会议纪要	1	1
11	《普通高中历史课程标准实验教科书必修》(Ⅰ)(Ⅱ)(Ⅲ)、《选修》(一)(二)改稿会	1	1
12	《普通高中历史课程标准实验教科书选修(三)》改稿会	1	1
13	《普通高中历史课程标准实验教科书选修(五)探索历史的奥妙》一书的研讨会	1	1
14	《普通高中历史课程标准实验教科书选修(二)》改稿会	1	1
15	《普通高中历史课程标准实验教科书选修(二)》研讨修改稿	1	1
16	《普通高中历史课程标准实验教科书选修(五)》研讨修改稿	1	1

续表

序号	名　称	种类	件数
17	第一次听取专家关于《普通高中历史课程标准实验教科书选修》（二）（三）（五）（六）修改意见会议纪要	1	1
18	《普通高中历史课程标准实验教科书》修改碰头会纪要	1	1
19	第二次听取专家关于《普通高中历史课程标准实验教科书选修》（二）（三）（五）（六）修改意见会议纪要	1	1
20	作者探研评审专家修改意见纪要	1	1

（六）备忘录类

编辑过程中发生的任何现象，出现的任何编辑文字都是有缘由的，就像历史上的任何历史事件一样。这就产生了客观推动主观、主观又作用于客观的一种编辑文字——备忘录。

备忘录这种形式的编辑文字，可以拟个题目，也可以不拟题目，只要将发生的事情，或反映的问题，或提出的建议，或决定的事项，使用序号一一写来即可。

《普通高中历史课程标准实验教科书》备忘录30件都无题目，内容则有主次、前后之别的条理逻辑性。为了突出反映主要问题，将编辑过程中的存疑或几经争议决定下来的各种事项记录在案以备查，对于编辑来说是非常必要的。这是不拘泥于某种写作手法，不拘泥于某种固定内容，方便使用的一种绝好的文字形式。

像"备忘录（十二）"产生的前提是我赴山东省潍坊市参与教师培训时，发现培训教科书和送国家教育部审查定稿的教科书，在阅读栏目的设计和插图配置上相差甚远。不知何许人，对于国家教育部评审通过的定稿，不经主编、作者和出版社终审同意，就擅自删减，直接影响教师的使用，因为有的栏目设置原本就是正文内容的一个补充，删掉栏目，会给教师讲课带来困难。忽视并随意改变评审委员会决定的做法是极端错误的，我有责任向主编、向出版社领导反映已经发生的严重问题和纠正此问题的个人意见。正是出于责任意识，写就了共计八页的备忘录（十二）和附录，如下：

备忘录(十二)

一、《普通高中历史课程标准实验教科书》送审本与培训本的阅读栏目个数相差较大,培训本4册书共减少了阅读栏目77个,分散在各册中的情况如下:(详见附录)

必修(Ⅰ)	必修(Ⅱ)	必修(Ⅲ)	选修(一)
删24个栏目	删23个栏目	删19个栏目	删11个栏目

二、《普通高中历史课程标准实验教科书》原规定正文每页插图2—3幅(不含眉图),后又减少到1—2幅,现在培训本的情况是平均每页不足1幅,情况如下:(详见附录)

必修(Ⅰ)		必修(Ⅱ)		必修(Ⅲ)		选修(一)		总页数	总图数	平均幅/页
页数	图数	页数	图数	页数	图数	页数	图数			
223页	176幅,删图24幅	217页	178幅,删图15幅	216页	213幅,删图8幅	203页	160幅,删图7幅	859页	727幅	0.846幅/页

三、第一、二两点是作为打破学科体系的束缚和文图互动的特点写在我们立项报告之中的。阅读栏目总共删除77个,这样做的结果不仅削弱了教科书的特点,而且偏离了编写思想。同时,直接影响我们在培训时向实验区的老师阐释教科书的编写宗旨、结构体例和主要特点。

四、作为版式设计,我们在立项报告中曾经承诺要突出书眉底色渐变和阅读栏目有淡淡的底衬等活而不乱、生动新颖的版式设计,但我们没有做到,至少没有做好。

五、建议恢复已经教育部基教司批准和专家审查通过的反而被删除的阅读栏目。

六、以上建议,请主编和终审定夺,而后通知执行者。

高中历史教科书编写组

2004年6月30日

附录

必修（Ⅰ）删除知识阅读 4 个，链接阅读 12 个，资料浏览 4 个，学术窗口 3 个，计删除 23 个栏目：

	送审版原栏目、页码、内容		培训版删除内容的页码
知识阅读	107	香港自古以来就是中国领土	95
	132	世纪宝鼎	118
	178	共产主义者同盟	162
	221	亚非会议	201
链接阅读	5	宗法制的产生	5
	18	唐朝宰相的官衔	16
	20	行省制的起源与发展	17
	38	义军首领徐骧	35
	39	沙俄入侵东北	36
	70	革命根据地的五次反"围剿"	62
	76	北平和平解放	68
	87	中国共产党民族自治主张的提出与实践	77
	92	无标题	82
	110	无标题	97
	184	旺多姆纪念柱和旺多姆广场	168
	209	德国人对国家统一的追求	190
资料浏览	117	无标题	105
	120	中国同非洲国家相互关系的五项原则	107
	171	英国有选举权的人数	155
	205	无标题	187
学术窗口	20	对东汉魏晋南北朝宰相的不同看法	172
	10	对冷战起源的不同看法	190
	234	支持"单极世界"的两种理论	211

必修（Ⅰ）原有插图 200 幅，培训版插图 176 幅，除按复核意见删图 1 幅外，实删除 23 幅：

	送审版原页码、内容	培训版删除内容的页码
13	秦始皇陵	12
45	1937年7月17日蒋介石发表庐山讲话	41
48	1945年8月15日，日本裕仁天皇宣布无条件投降	43
48	1940年8月，八路军进攻井陉煤矿	43
54	太平天国颁布的完纳粮米凭证	49
63	孙中山就任中华民国大总统	56
67	李大钊像	60
77	人民解放军占领南京	68
84	在普选中进行的人口调查和选民登记	75
101	1993年，我国正式实行公务员制度，面向社会公开招考	89
147	罗马广场	133
151	克伦威尔像	136
176	德国柏林的轧制车间	160
186	巴黎市民在街上筑起的障碍物	169
197	1953年鞍山钢铁公司大型轧钢厂顺利投产	180
208	美国国务卿马歇尔	189
214	《罗马条约》签字仪式	194
220	尼赫鲁展示制宪大会通过的新国旗	200
222	纳赛尔宣布收回苏伊士运河	201
224	1983年，不结盟国家第七次首脑会议在印度新德里举行	202
228	波兰总统瓦文萨	206
230	叶利钦发表演说抵制政变	208
233	美国总统官邸——白宫	209

必修（Ⅱ）删除知识阅读 8 个，链接阅读 10 个，资料浏览 2 个，学术窗口 3 个，计删除 23 个栏目：

	送审版原栏目、页码、内容		培训版删除内容的页码
知识阅读	14	中国古代农业的生产	12
	43	派遣幼童赴美留学	37
	82	国有企业改革的试点	75
	83	多种所有制经济的共同发展	76
	114	中国人眼中的电话	103
	117	中国共产党的早期机关刊物	106
	146	天才发明家爱迪生	130
	202	欧盟的主要机构	182
链接阅读	6	《七月》	5
	34	商鞅首倡"重农抑商"	31
	95	市场经济	87
	111	中国旅游知多少	101
	112	城市居民交通工具使用调查	101
	125	迪亚士发现好望角	113
	131	荷兰对殖民地居民的残暴奴役	113
	138	资本家如何通过奴隶贸易积累工业资本	124
	189	布拉格之春	170
	200	欧洲一体化的缔造者	181
资料浏览	66	无标题	161
	220	马克思的有关论述	200
学术窗口	120	中国网络技术的进展	108
	126	谁最早发现了美洲	115
	140	对法国第二帝国的评价	126

必修(Ⅱ)原有插图 193 幅,培训版插图 178 幅,删除 15 幅:

送审版原页码、内容		培训版删除内容的页码
3	新石器时代骨耜(浙江余姚河姆渡遗址出土)	3
4	战国六角形铁锄(河北易县燕下都遗址出土)	4
35	精耕细作的清代农业	32
80	1978年,凤阳县小岗村民签订的承包保证书	73
83	中共十二届三中全会通过的《中共中央关于经济体制改革的决定》	76
91	上海浦东陆家嘴金融贸易区的外贸银行	83
112	2002年,第七届北京国际汽车工业展览会	101
132	英国女王授予"海盗之王"德雷克骑士称号	119
135	一个白人商人正向黑人酋长付钱购买黑人奴隶	121
140	1829年,史蒂芬孙制造的"火箭"号机车行驶于利物浦和曼彻斯特之间	125
146	诺贝尔像	131
148	20世纪初的美国石油工业	132
190	叶利钦在"八一九"事件中向市民发表演说	171
200	让·莫内像	181
202	2002年1月1日欧元正式开始流通	182

必修(Ⅲ)删除知识阅读 6 个,链接阅读 7 个,资料浏览 3 个,学术窗口 3 个,计删除 19 个栏目:

送审版原栏目、页码、内容			培训版删除内容的页码
知识阅读	49	蒲松龄故居	45
	59	秦代三大石刻和汉代《熹平石经》	54
	62	敦煌北朝壁画和吉林集安高句丽墓室壁画	56
	83	马克思主义传播后涌现的进步社团和刊物	75
	166	进化论的观点提供了自然史的基础	153
	207	现代雕塑艺术	191

续表

送审版原栏目、页码、内容			培训版删除内容的页码
链接阅读	32	徐光启勤学不倦	30
	34	中外石拱桥对比	31
	68	洪仁玕的《资政新篇》	62
	130	面向21世纪教育振兴行动计划	120
	138	苏格拉底与年轻人	128
	145	德文版的《圣经》	134
	220	用粉笔画出的设想	203
资料浏览	20	梁启超评《明夷待访录》	18
	126	无标题	117
	156	康德的星云假说	144
学术窗口	180	在"测不准问题"观点上的分歧	164
	201	对社会主义现实主义理论的探讨	185
	221	关于影视艺术的发展对社会生活的影响,中外学术界存在的不同观点	204

必修（Ⅲ）原有插图221幅,培训版插图213幅,删除8幅：

送审版原页码、内容		培训版删除内容的页码
12	张载像	11
69	梁启超《变法通议》	63
83	1920年8月,《共产党宣言》第一个中文全译本出版	76
135	希腊大剧场	175
157	海涅:笔尖直指权贵和市侩	145
164	牛顿的数学笔记	151
178	光线在太阳引力场中的弯曲	163
222	法国广播大厦	204

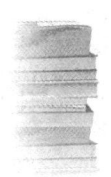

档案情

选修(一)删除知识阅读4个,链接阅读5个,资料浏览1个,学术窗口1个,计删除11个栏目:

送审版原栏目、页码、内容			培训版删除内容的页码
知识阅读	136	普加乔夫	130
	145	别兹德纳村发生的骚动事件	138
	161	日本浪人	152
	163	樱田门事件	155
链接阅读	32	商鞅四见秦孝公	30
	34	商鞅严厉处罚变法的反对者	32
	81	王安石变法时湖陂治理	76
	81	我国古代的足球运动	76
	170	太政官制度	161
资料浏览	27	无标题	26
学术窗口	105	国内外学术界对于德国农民战争有不同的评价和意见	99

选修(一)原有插图167幅,培训版插图160幅,删除7幅:

送审版原页码、内容		培训版删除内容的页码
7	刻有雅典娜头像的雅典钱币	7
34	奖励耕织	31
52	北魏平城(今山西大同)出土的"传祚无穷"瓦当	48
103	在奥格斯堡帝国会议上,路德派教徒正在与罗马教会激烈辩论	97
147	农奴制度废止后的俄国农村贵族	139
148	俄国画家列宾所作的《伏尔加河上的纤夫》	140
161	日本浪人形象	153

183

(七)附件类

编辑在组织某部书稿前尽管做了较充分的准备,但也会出现考虑不够周密或需要随时变动的事项。随时发现问题,随时形成解决问题的具体意见,随时运用"附件"这种编辑应用文形式,做前期意见的补充或完善。

《普通高中历史课程标准实验教科书》整体结构(附件一)

册(必修、选修)		单元(章)	课	
前	后	前	前	后
• 开篇绪语(代"致同学们"或"前言""说明")	• 中外大事年表 • 网站推荐	• 探究提示(代"学习重点")	• 内容提要(代"导入新课")	• 要点回顾 • 探究与思考

这份附件的题目是《〈普通高中历史课程标准实验教科书〉整体结构》,列表内容,强调每册、每单元、每课前后都有哪些零碎东西,要求作者协助完成。这就进一步向作者明确交代了这套书整体结构全貌。这样一个附件,即是用图表形式表述的编辑文字。

(八)致函类

编辑在组织稿件过程中,定期或不定期地与作者交流沟通或提出阶段性要求、指导意见的致作者函是编辑文字常用的一种形式。一般是根据编辑发现的问题或作者提出的问题及时写就的,以引导作者实施编辑宗旨。例如,致函三,就是发现作者在写作过程中缺乏对栏目使用的正确认识,有的在一课里重复几次使用同一个栏目,或对于不好选择内容的栏目很少涉及,基于这种不对路的撰稿倾向,编辑给全体作者写了一封简短明了、只有208个字的致函。主要说明四点意见:

①每课不要重复使用同一栏目名称;
②阅读内容仅限于撰写3—4个栏目;
③各栏目字数限定在160字以内;
④每课应兼有"学术窗口"或"资料浏览"栏目。

(九)复函类

电子邮件、打印书信、手写书信等等与作者的个别来往信件,凡属编辑回函,也当是在编辑文之列。对于作者提出的问题、困难,甚至是

质问,都要明确地、及时地、直接地予以答复。利于作者尽快解决疑惑,全身心投入后续撰稿工作。

(十)致酬类

这个系列包含致主编、分册主编、作者、编、校、审等不同类型的酬单若干种。写法上要有题目、横目、纵目,并留出要填充内容的空间。这个系列是用表格形式表达的一类编辑文字。这类表达形式最大的特点是一目了然,也是我们经常使用的编辑应用文之一。

上述提到的仅仅是《普通高中历史课程标准实验教科书》这一套书中用上的11个类别的编辑文字,远远不是编辑文字的全部。但是,千变万化,我以为这类编辑文字的共性有以下七点:一要有主题、有思想;二要搜集、积累丰富的材料;三要设法组织好材料,使之有逻辑性、条理性;四要有过渡和照应;五要运用的表达方式主要是记叙文、说明文或议论文,或夹叙夹议文,依内容而定;六要有质朴、明确、精练的语言;七要实事求是,富有说服力,不说假话、大话、空话,不做表面文章。

近些年,我渐悟到要写好这类编辑文字,建立相关的资料档案,要具备五个基本条件:一是要具备理论素养;二是要具备责任意识、敬业精神;三是要了解编辑工作的特点和规律;四是要具备语言文字能力;五是要用心去做,练笔不倦。

我在编辑《范文澜全集》、《翦伯赞全集》、《邓广铭全集》、《李大钊全集》、《二十世纪中国史学名著》、《中国当代教育理论丛书》、《创世纪情愫——来自中国西部女童教育的报告》、《普通高中历史课程标准实验教科书》时,都以编辑应用文的形式建构了若干系列、若干种类、若干件的书稿资料档案。这些不间断的系列化的应用文字,使编辑的思想、眼光、魄力和严谨态度,形成一道编辑文化风景线,体现的是编辑全程策划意识、编辑文化精神,真实记录了编辑过程,以至编辑出版的艰辛历程。这些文字资料使我在编书的进程中始终保持着感性和理性相统一的激情与冷静。从这样一个平台上走过来,编出的书会展示美好的前景。

练笔情

我始终认为做编辑就要练笔。只有经常练笔的人，才能修炼好的内功，培育好的心境，提高自身素质，理解作品和作者。我曾根据自己的专业和编辑学的思考，先后发表了一些文章并出版了编著[1]，品尝过当作者的滋味，似较具备编辑、作者两者相兼的复合心态，懂得尊重作者，与作者能和谐相处，获取理解，赢得认可，在一定程度上增强亲和力，有益催生优秀选题。对于我，往往是书编完了，一路散发的情丝还萦绕心间，于是，写就了与编辑学相关的《学步谈》、《历史学科的选题构思》、《编辑史地工具书偶得》、《运用"历史表解"搞好历史教学》、《步入一个被忽视的领域——简析〈专制主义与中国封建经济〉》、《一部真知灼见的新著——荐〈教育投入与产出研究〉》、《"从零开始"的启示》、《不应有的失误》、《编辑超负荷与出版物质量》、《企盼展示挤出水分的精品》、《〈二十世纪中国史学名著叙录〉后记》、《严谨治编——出版物生命力永驻》、《编辑应用文之界定与实践》、《编辑策划随想》、《告慰先师　以飨学界——写在〈邓广铭全集〉出版之前》、《〈翦伯赞全集〉责编的话》、《注入大众心田的历史》、《〈翦伯赞全集〉首发大会新闻稿》、《令我在这美丽的地方驻足》等19篇文章[2]，加上完成其他写作任务，收获了练笔给予的感动与情怀。

---

[1] 本书仅收入和编辑学相关的文章。
[2] 本书收入时对文章题名做了调整。

练笔情

一、天遂人愿笔耕

(一) 天遂人愿　聊以自慰

1955年，我上初三时知道了写日记，大概这是我练笔的初始。那时我是少先队大队副主席，由于热心社会工作，每天回家很晚，有一大堆作业要等着晚饭后去做，又面临中考，急得自己够呛，情绪非常不好，这时写下了第一篇日记。可惜这篇日记，在我大学毕业，分配到解放军农场劳动锻炼、离开北京前随着五六本日记卖掉了。但是还清楚记得大意是：天快黑了，已经静校，才从大队部返回教室，教室门窗紧闭，只有孤苦的书包在等待我一人的迟迟到来。走吧，回家吧！没空儿写作业，没空儿复习，唉，考不上好高中怎么面对同学、家长、左邻右舍？想哭……

后来想想，为什么要写日记？噢，是因为心存苦闷，不知道跟谁去说，憋得难受，才抓起笔，对纸去说，表述忧愁。日记是胜似有声的无声倾诉。我的所谓日记，是有心事儿做，无心事儿休。要说写得最勤的时候是在大学。我想这也是自己营造的练笔机会吧！

再后来，又体会到，每一篇文章或著作的阐释，如果没有缜密的思考，没有一定程度的造诣，没有准确的文字表述，没有零距离的情感，都会牵强附会，似是而非，不为大众所接受。包括科、教、文、卫、工、农、商、学、兵各条战线的工作人员都在其内。因为国民心中的选择是有标准的。做编辑的，有无内功，以及内功如何，也无时无刻不在接受着选择。

(二) 习与性成　不觉笔倦

我的工作经历使我得到不断练笔的机会。当老师要写教案，在师范学校教书的两年，历史课、政治课都没有教材，我带着一岁多和三岁多的一双儿女，每天把他们打发睡觉，大约晚九点后，才能伏案撰写《中国古代史》、《中国近代史》、《世界近现代史》、《中共党史》等教案，直到深夜。而且，写了改，改了写。现在想来，这是我做编辑前夜的演练。十几本摞起来有半尺厚的教案，虽已被老鼠啃过多处，但我搬过七次家，哪次都没落下它们。这套教案保存已有41年，依然不舍不弃，因为它是

1972—1974 年在河北省石家庄地区元氏师范学校教书时撰写的《中国古代史》、《中国近代史》、《世界近现代史》、《中共党史》教案,这是编前大演练,老鼠啃过的教案也依然珍藏着

我的劳动,含有我的汗水,也为我日后的编辑工作做了较扎实的铺垫。后来,我当了教研员要不断写文章指导教学,还要编刊改稿或亲自供稿。特别是调入出版社的前三年,编辑先后向我约了 14 万字和 30 万字的两部书稿,我还自荐了一部 18 万字的书稿,这样我成了出版社的作者,更有了练笔机会。

调入出版社做编辑室主任和党支部书记的时候,有机会接触编辑的送审表和复审书稿,也审查过比较特殊时期党员再次登记的申请。发现有个别编辑的送审意见、申请书之类既严肃又简短的文字,也有不甚了了之处。我心底从此埋下一种痛,每当有新编辑进室,每当编辑室开会,每当有培训班讲课,我都发自内心地呐喊:"做编辑就要练笔!"那时,在社领导支持下,编辑还酌情撰写少许图书,大家得到练笔的小小平台,尝尝当作者的滋味,理解作者的研究之不易,付之于文字之更不易,逐

渐形成尊重作者、关爱作品的思维模式。

编辑入门，撰写调研报告、选题申报、审读意见、编辑宗旨、编写方案、审校细则、会议纪要、备忘录、推荐意见、评介文章、致函、复函等等都给我极好的习作机会。我还利用晚间和节假日不断学习，陆续撰写文章和编著。我沉浸其中，培育心境；如影随形，笔耕砚田。

二、困而勉强行之

（一）循序渐进　择善从之[①]

选题的构思是编辑工艺学中的一个重要流程，也是一项富有科学性、创造性的工作。在历史选题的构思上，似应遵循"教学选题优先，教学与史学选题兼顾"的原则。这种选题的思路源于我的工作经历和对各种信息的捕捉。

作为一位教育出版社的历史编辑，如果拟出版一些提高教学质量的图书，那么，就应该考虑到提高教学质量的关键——提高教师的业务素质。也就是说要把为教师出书放在首位。比如，教师需要教育理论，以提高授课能力；需要资料汇编，以丰富讲课内容；需要培养学生能力的方法，以在教学中应用。这样就从"需求出发"，组织历史教育学、历史资料选以及有关培养学生能力与技巧的方式与方法的书稿，从而形成实用性、系列性的一组选题。

我曾教过书，做过教研工作，发现不少教师讲课只会照本宣科，不懂得历史教学的功能、过程和原理，更不懂得如何通过历史教学来培养学生的形象、逻辑思维，自学和自我教育的能力，更谈不上语言艺术了。为了给教师提供这样一种精神食粮，我三番五次登门拜访了一位研究历史教学法的专家。事先我已了解他有几十篇有关教学法的论文发表，有十来部论著问世。但是，还没有一部是全面阐述他的教育理论与实践的著作。我在与他的交谈中表示，希望他能把三十几年的研究成果写成一部书，交由我社出版。恰在此时，他对我提出的这个想法也正在思考中。

[①] 本节原以《历史学科的选题构思》为题，收入《化作春泥护新花——全国教育出版社编辑工作文选》，河北教育出版社，1990年版。

又经过多次探讨，《历史教育学》这个选题便酝酿成熟了。该书出版后，《历史教学》、《光明日报》等多家报刊发了书评、书讯，认为这部著作是历史教育学创立阶段的里程碑，是填补历史教育学空白之作。

面对学校图书资料奇缺的状况，根据中学历史教学大纲，依教科书的编、章、节、目，我们编辑了130万字的实用性较强的《中国历史资料选》及《世界历史资料选》。史论结合，每节课都能提供10张左右的资料卡片，而且每条资料前都冠以文字标题，为中学教师熟悉史料提供了便利。教师得到这套书后，高兴地说："一部'资料选'在握，用来讲课就显得生动活泼，丰富了授课内容。"这是建国四十年来一部"有独无偶"的与中学历史教科书配套的"资料选"。

培养学生的认知思考、创新能力，是教育的最终目的之一，也是许多老师都很犯愁的事，但是，能有帮助的书实在少得可怜。于是我萌生了请学者撰写这类书籍的想法。我在寻找作者的走访中，遇到了一个搞教学法的副研究员，他手中有一部（前）苏联历史教育学家专门讲述学生智能培养的著述，我便请他翻译出了目录和部分章节。审读后，感到对我国的历史教学中如何培养学生能力的问题很有借鉴价值。这样，《历史学科培养学生能力与技巧的方式与方法》的选题就确定了下来。

为了适应各个层次读者的需求，本着兼顾史学读物出版的原则，我还组织确立了普及型读物《郦道元与〈水经注〉》、《纪昀与〈四库全书〉》，提高型读物《中国近代史论稿》、《戊戌变法史实日志》等学术专著及《中国历史大事典》、《外国历史大事典》两部辞书的选题。

有人曾问我："为什么要出五六万字的《郦道元与〈水经注〉》这样的薄书、赔钱书？"我的回答是："为了普及，为了让人们了解为推动历史的前进，为文化的积累做出卓越贡献的古代学人，以激励今人生命不息，奋斗不止。"虽然，这样的普及读物可能会面临困境，我仍不想放弃这类选题，也不想给它冠以哗众取宠的书名，而是在思索着它的改造与创新，酝酿着推出有更强实用价值的选题取而代之，以飨广大读者，我想这当是历史编辑的正确选择。

《中国近代史论稿》（以下简称《论稿》）一书的作者是我国著名的近代史学家。起初我认为这部《论稿》不过是一部论文的汇集，但是，当我认真审读后，却发现了它有不同寻常的价值——敢于驳陈说，立己见。比

练笔情

如对李鸿章,在揭露他对内镇压革命,对外妥协投降的主导方面的同时,也不讳言其某个时候、某个方面、某种程度上的积极因素,说明李鸿章对变法的态度"更多地表示了同情和支持"。这在学术界可谓独树一帜。《论稿》的另一特点是体现了作者的研究,善触"热点"。比如在有关中国近代史基本线索的争鸣中,作者勾勒出"农民运动(太平天国)——农民运动和资产阶级运动(义和团运动、戊戌变法)——资产阶级运动(辛亥革命)"的脉络,既有别于传统的"三个高潮"说,又不同于近年出现的"四个阶梯"论,成为学术界的一种新观点。又如,在关于李秀成评价的辩论中,作者既不同意罗尔纲的"苦肉缓兵"之说,更不同意戚本禹别有用心的全盘否定,成为第三种意见代表。读完全稿,使我感到作者独具慧眼,敢于攻坚探险。其著作是繁荣学术、积累文化之作。我便决心采用了它。《论稿》问世后,《光明日报》、《文汇报》很快发了书讯,又有《人民日报》等报刊发了书评,充分肯定了《论稿》的立论在史学界所占有的重要地位。

另一学术专著《戊戌变法史实日志》是我在"纪念戊戌变法八十五周年学术讨论会"上结识的一位作者所著。在这次讨论会上,听到他宣读论文后,感到他的立意独特,便有意识地参加他所在的那个小组的讨论会。会后专访了他的老师和学友,又翻阅了他的几篇论文,还多次造访了他本人。最后得知他是国内研究、掌握戊戌变法史料最多的一位。近两三年,他每周有五天泡在档案馆,翻阅了大量从未有人动过的戊戌变法时期的档案,积累了150万字的资料卡片;发表了几十篇论文;做学问既下功夫,又有深度。这时我才下了决心向他组稿。我想只要处处做个有心人,就能捕捉到最新的学术信息,就可物色到理想的作者,组到能填补空白又具有学术价值的高层次的书稿。

史学工具书方面,我曾确立了《中国历史大事典》、《外国历史大事典》两个选题。这两种选题的构思过程有一年有余。为史学、教学工作者,史学爱好者出版一部别开生面、又具有特色的历史辞书的想法产生在四五年前。为此,我走访了许多史学工作者,得到的回答几乎是同一个,即:"辞书出得又多又滥,不大好出了。"但是,我并不甘心作罢。总感到只要辞书间有夹缝,就可想方设法挤进去,占据书林一席之地。于是我翻阅了二十来部历史方面的辞典,逐部研究它们的侧重点,发现还未有一部是专门以"事件"为内容的辞书。我带着萌生出的"事件辞典"的想法，又到北京大学历史系、北京社科院历史研究所、中国社科院历史研究所、河北师大历史系、河北师院历史系去求教。我的这个想法终于得到大多数被访者的首肯。这两个选题构思就此臻于成熟。这两部辞书出版后产生了较好的反响。《中国历史大事典》荣获全国图书第三届金钥匙三等奖，《外国历史大事典》也荣获省局级二等奖。现均已重印。去年台湾千华图书出版有限公司通过香港龙源出版公司来函，有意购买这两部辞书在台湾地区的出版发行权。说明这两部辞典已产生了一定影响。

几年来，我确定的以上选题，不论是在历史教学，还是在史学领域，我认为对传授知识、积累文化都有针对性、时代性、实用性，并具有恒久的价值。

（二）管窥所及　推促探究[①]

工具书是总天下之学问的高密度、大容量、最丰富的知识航母，并以十分科学、严谨的文字，使各行各业需要各种知识的人们能够迅速寻检查阅到自己所需要的东西，为学习、科研与工作提供方便，缩短人们与同时代知识的差距。无怪乎有人把一个国家的工具书拥有量和种类当作衡量一个国家文明程度的标志。我们国家实行改革开放，加速社会主义现代化建设以来，各类工具书的编纂事业迅猛发展，出版的各种类型、各种规模的工具书数以万计。如何确立编辑宗旨，如何编排内容结构，如何进行编辑加工与确保质量等诸多问题，日益为出版界同仁所重视。本人仅就在编辑实践中，对"工具书"本身含义的理解、对史地工具书选题特点的把握以及应该怎样确立编纂原则问题，谈谈自己的认识。

1. 对工具书的理解

工具书是专为读者查考字义、词义、字句出处和各种事物而编纂的书籍，具有特定的编排形式和检索方法，能为人们迅速提供某些领域的基本知识和资料线索等。

工具书从范围和种类上说有广阔的容纳量，大体包括以下三类：一类是字典、词典、百科全书等，如《古汉语常用字字典》、《地理学词典》、《中国大百科全书》等。一类是以"手册"、"大全"、"备览"等命名的，如

[①] 本节原以《编辑史地工具书偶得》为题，收入《编辑工作 ABC》，河北教育出版社，1993年版。

《国际政治手册》、《党委书记大全》、《中国古代历史备览》等。一类是各类历史年表、索引、年鉴、汇编、集成、大系等，如《中国历史纪年表》、《毛泽东选集索引》、《中国历史学年鉴》、《明代农民起义史料选编》、《古今俗语集成》、《中外历史大系》等。前两类不论其是否以辞书命名，都是以有关词语汇辑而成的辞书，构成工具书的一部分，而不是全部。后一类则构成工具书中不可缺少的另一部分。因此，工具书与辞书不能简单地用等号相连，它们之间有个统领关系，即辞书含于工具书之中。我们组织编辑的《中国历史资料选》、《世界历史资料选》等，现在看来，当初称之为资料性工具书是恰如其分的。如若称之为"辞书"，显然有些牵强。而《中国历史大事典》、《外国历史大事典》、《地学辞典》及正在编纂的《中国近代化大辞典》等均属辞书类，系专科性辞典。凡"典"者，都是辞书，也是工具书。但是，工具书种类繁多，却不能一概而论为"辞书"。

2. 史地类工具书选题特点

"我们的出版事业，与资本主义国家的出版事业根本不同，是党领导的社会主义事业的一个组成部分，必须坚持为人民服务，为社会主义服务的根本方针，宣传马克思列宁主义、毛泽东思想，传播一切有益于经济和社会主义发展的科学技术和文化知识，丰富人民的精神文化生活。"[①]这是我们制订选题计划，自然包括工具书选题计划在内的根本原则。这个根本原则，就要求我们的选题具有时代性、针对性、实用性、系列性、可行性、预见性，真正起到服务"四化"，促进"四化"的作用。除此之外，工具书的选题更应把握其是否具备"填补空白"、"不落俗套"、"独见新意"的特点。

"填补空白"，系指某种学科或某些知识领域，应该有而还没有工具书的。比如，由我们组织编辑的《中国历史资料选》、《世界历史资料选》就是填补中学历史教学领域的空白之作。至今全国也还仅此一套。又如我们组织编纂的《中国历史大事典》、《外国历史大事典》、《地学辞典》等也未曾出版过，现在得以问世，同样具有补缺之功能。

"不落俗套"，系指与其他同类工具书在内容编排与形式选择上有别。一般综合性工具书，尽管繁简不一，但都以门类齐全为共同点。近年来

---

① 摘自《中共中央、国务院关于加强出版工作的决定》。

辞书"纵向分化"的趋势较为明显。比如各类历史辞典，又在古代、近代、现代中分出若干断代，如《西汉辞典》等。而我们组织编纂的两部"事典"，则是"横向分化"，郑重阐释史事来另辟蹊径，以释"事"为主。一般说来，历史事件是构成历史演变的基本脉络，由它统率和联结其他门类的内容。历史人物的专门辞典，以及历史事件编年类工具书皆已习见，"事典"类书尚属国内首创。由于此典门类相对集中，故较一般综合性历史辞典所收史事更为丰富。对每个历史事件的背景、起因、起讫时间断限、发展过程和结局、性质和影响、历史评价等均有较系统而全面的释述。在这方面较之《辞海》各历史分册、《世界历史词典》及其他同类辞书略胜一筹。我们组织编辑出版的《中国历史资料选》、《世界历史资料选》，在资料选择与编排形式上与《中国通史资料选辑》等有显著不同。即在每一重要内容前都冠以一标题，明确告诉读者该条资料所说明的问题，以便缩短选用时间。另外，这套"资料选"是按中学历史教科书的编、章、目进行编排的，最易于中学历史教师在备课中查阅，是一般通史"资料选"所不及的。我们这套"资料选"的编纂可说是采用了完全脱俗的编排形式。

"独见新意"，系指设条及释文上的立意不凡。如两部"事典"中有相当部分条目是其他辞书中未列及的。予以增列本身即包含着创新之意。如近代史中的"太平天国奠都之争"、"同治中兴"、"派遣幼童出国游学"、"御前会议和清室对外宣战"、"江楚会奏变法三折"等等均未见有其他辞书作释。可见作者独具匠心。而对于别家辞书中所列及的条目，"事典"在参考借鉴、博采众家之长基础上提高了立意。一是纠正了某些流行的错误，如现代史部分"二月抗争"一条，关于怀仁堂会议和中央政治局生活会的时间，其他辞书均曾有误，"事典"则根据可靠的档案文献予以纠正。二是反映了新的研究成果和利用了更为广泛的资料。如周代的"五等爵制"，释文不但述出传统的文献解释，而且综合近代研究成果，指明此制经过了后人整理加工，周代使用的各种爵称并不严格。近代史上的"拜上帝会"，是一个颇有争议的事件，或认其有，或说其无。"事典"则采取"有说"。这虽是传统看法，但经过近年的争鸣探讨，仍为大多数学者认可，是建立在新的研究基础上的。"有说"之中，关于拜上帝会成立的时间又说法不一，辞书一般多持1843年由洪秀全在花县创立说。但据近年研究成果，1843年说缺乏根据，实为1847年由冯云山在紫荆山区创立。

"事典"释文唯采此说，不列他说，可以看出是基于对有关研究状况有比较清楚的了解。

近十年来，经我亲自组织编辑出版的10种工具书正是由于具备以上特点，并被及时把握，而得以列入选题计划，且获得多项优秀图书奖励。

3. 史地类工具书的编纂原则

不同知识层次及不同职业的读者对于工具书有着各种不同的需求，决定了工具书的知识类型、收词范围、释文范围、释文详略、结构编排、检索方法等都有着各自的特殊性。比如少年儿童使用的工具书就要求文字通俗、有趣味、文图并茂等等。但是，工具书的编纂原则更有其共性，即一般性，又是各种不同类型工具书都必须遵循的。我们根据《辞海》修订时提出的"前三性"（政治性、科学性、通俗性）、"后三性"（正面性、知识性、稳定性）和部分工具书的编纂经验，以及我们的编辑实践，将工具书的一般编纂原则，大体归纳为科学性、知识性、稳定性。

科学性。第一，表现在观点上要以辩证唯物主义和历史唯物主义思想为指导，避免唯心主义和形而上学的思想倾向。比如有的历史辞典，对"原始社会"、"奴隶社会"的释义，给读者造成"前者是文明社会，后者是野蛮社会"的印象。这是由于作者在释义"原始社会"时，只讲原始共产主义的一面；释义"奴隶社会"时，又只讲野蛮的一面，不讲历史的进步、向文明时代发展变化的一面。这就没有科学地反映历史的客观实际，是片面的、形而上学的。又如1961年《辞海》送审的"经学"条目的释文说："乾隆嘉庆时，经学家多数脱离实际，考据烦琐。"郭沫若同志看后指出：这两句评语"把可以肯定的一方面完全抹杀了。六经诸子是古史资料，要研究中国古代史，乾嘉学派的业绩是必须肯定的"。"'多数脱离实际'不能归罪于经学家，而应归罪于当时的统治阶级。雍正的专制、乾隆时代的文字狱，把学者们逼得不能不脱离实际。""要讲考据就不能嫌'烦琐'——占有材料。烦琐无罪，问题是考据的目的何在。""你们的解说没有从发展来看问题，没有从比较来看问题，没有用历史唯物论的方法看问题，而是用五四时代的立场来侧重否定。"[①]看来上述送审条目的释文就缺乏科学认识事物的辩证唯物主义、历史唯物主义的观点，如果使其

[①] 《辞书研究》，1979年第2辑，第67—68页。

发表,将会以主观代替客观,以片面代替全面,发生科学观点上的错误。

　　第二,表现在编纂方法上,要有一个科学的总体设计,包括确立编写宗旨、读者对象、框架结构、编写细则、收词范围、立条原则、释义方法、编写体例,等等。

　　我们在组织编写任何一部工具书时,都有一个总体设计及编写细则考虑在先。比如《地学辞典》,就明确规定了它是一部中型专业性工具书,要以充分反映当代地学各有关学科的成就和最新进展,为社会主义现代化建设,为提高全国各民族的科学文化水平服务为编写目的。在选词立条上规定三条,之一是规定了收词原则:①突出专业性,主要以地学各有关学科的专业词类为收录对象;②注意综合性,主要体现内容上的整体性、系统性、统一性。所谓整体性,是从学科角度来说,专科词典比综合词典要求更完整、更严密,即整体性更强。因此,收词时既要全面考虑,又要主次分明,详略得当。所谓系统性,是指各学科的体系均有其内在的系统性。如地貌学,有普通地貌、区域地貌、部门地貌、应用地貌、地貌制图等。部门地貌又分为流水地貌、动力地貌、干旱地貌、黄土地貌、岩溶地貌、融冰地貌、海洋地貌等。这样收词时,就必须多方兼顾门类、系统的平衡。所谓统一性,系指避免内容上的重复、矛盾和遗漏。之二是规定了收词范围:①本学科一般性、概括性词条;②本学科各分支学科概述性词条;③基本理论、基本概念性词条;④重要研究方法词条;⑤重要学派词条;⑥重要著作词条;⑦重要人物、事件词条;⑧重要机构、学术团体词条;⑨为保证本学科的完整性而必不可少的其他词条。之三是规定了收词依据:①必须以有关专业词典、综合性词典、代表性的经典著作为依据,力戒随意性;②必须对所收词条进行整理、比较、筛选,考虑其在地学范围内的检索率。这两条规定,首先拟定了主要类型条目的编写提纲。比如,"基本理论"条目的内容要包括:①中文名(英文名);②定义或释义;③理论创始人、奠基人、形成发展过程;④基本内容;⑤意义、影响、存在的问题、发展趋势等。其次,规定了释文要求:①文体采用说明文;②释文要准确、完整、有据、简明;③阐述采取"浓缩式",把握条目的主要内容,重要的东西不遗漏,多余的东西不保留。在编写体例上,对于书写格式、引文使用、释文配图、索引编排、附录设置等等均有详尽具体的要求,以保持全书风格一致,技术规格统一,编排合理,查阅方便。

第三,表现在能够反映最新研究成果上。当前科学技术发展的特点是"四多、两快、一缩短":信息量多、新成果多、新学科多、新理论多;资料更新快、成果推广快;知识老化周期缩短。正是为了反映时代跳动的脉搏,我们编辑的《地学辞典》至1990年发稿时,将国内外许多新发布的统计资料都及时收录进来,或进行了资料更新,以满足读者对新资料的需求。

第四,表现在对于浩如烟海的资料能否充分占有,并进行细致地比较和鉴别,去伪存真。对于文献资料要选用核订较好的版本。

知识性。表现在阐述问题上的全面、准确。具有科学性的知识性是工具书的灵魂。因此,工具书所反映的知识必须是正确、完整的。如果传播错误或片面的知识,危害是不可估量的。如果哪位老师教小学生错读、错写一个字,可能使这个学生对这个字错读、错写一辈子。我曾问过一位中年编辑,为什么你总是把"臀(tún)部",读作"臀(diàn)部";把"兴旺",写作"兴旺",他毫不隐讳地说:"从小老师就这样教的!"所以,工具书作为"无声的老师"介绍的知识不出错误是最起码的,也是最至关重要的。

作为"知识"载体的工具书,应使读者获得全面的真切的知识。比如,在解释"三纲五常"时,要先说明什么是"三纲",什么是"五常",然后指出这是封建的伦理道德标准,是该批判的。如果,不讲什么是"三纲"、"五常",上来就批判,读者哪能从中获得必要的所期待的知识呢!又如,在解释"曾国藩"时,应述出他的生平、官职、事迹、著作、影响,以及对他的评价等等。若给这个人只开个"生平流水单子",不介绍其人历史,或是仅告诉读者他是"刽子手",这样给读者的就不能是对这个人物全面正确的认识。这说明只有观点,没有材料,是空洞的说教;只有材料,没有观点,也是不行的。在介绍知识时必须注意观点和材料的结合,以给读者全面、准确的知识。

知识性还体现在释文时,根据辞书的性质,掌握好知识的深度、广度及其内涵,做到基本内容突出,取舍详略得当,不蔓不枝,言简意赅,把握事物全貌。

稳定性。体现在介绍的知识能经受较长的时间考验,不因客观环境变化而成为时代陈迹。第一，收词时注意充分选择具有生命力基础的词条，排除变化不定的词条；第二，在资料上，充分采用确凿可靠的新资料，舍弃未经确证的论断和依据；第三，有争议的问题，有定论的按定论介绍，没定论的，可将几种意见一一介绍；第四，对新概念、新词语、新事物释义时留有余地。正是由于上述原因，工具书比一般图书有更强的生命力。一本字典，往往几代相传；一部《说文解字》距今一千八九百年，仍常用不衰，到现在还很有权威，保持着它的价值。

稳定性与知识性是相互渗透的。工具书为人们提供的是全面、严谨的规范知识，而不是风行一时，很快就会消失的现象。知识性越强的词条就越稳定，稳定性与科学性也是相一致的，只有积极反映新的科学研究成果，不断收入新的资料，才能更增强工具书的稳定性。

（三）运用表解　简易可行[①]

我是《中学历史综合表解》一书的主要撰稿者，1984年交出版社出版时，征订印数为8.5万册。1986年又重印一次，累积印数10万册。说明该书选题策划与市场销售对路。我便进一步研究和思考着如何推动"表解"在教学中的应用，并写就《运用"历史表解"搞好历史教学》一文。

中学历史教学，要求学生牢固地掌握最基本的历史知识，并培养他们运用这些知识观察问题和分析问题的能力。但是，由于教材分量大，内容头绪多，课时又有限，这就加大了完成教学任务、提高教学质量的难度。适当运用"历史表解"，是帮助学生学习的一种简易可行的手段。

讲解和"表解"各具特点。讲解可以有条理地叙述一件事，不过，由于叙述主要是靠运用语言，所以学生所得印象比较概念化。"表解"虽然不能使学生观察到历史事件发展的系统过程，但是，它的直观性终究要比语言叙述更强些，可以加深学生对历史客观的具体认识。运用"表解"对历史现象进行综合分析，可以反映历史事件的本质及它们之间的内在联系，这就能使学生通过分析、提炼等思维活动，较容易地掌握规律性的历史知识。学生在教师指导下，开动脑筋，精心设计，认真填写"表解"的过程，也就是他们运用知识，提高分析和解决各种历史问题和现实

[①] 本节原以《运用"历史表解"搞好历史教学》为题，载于《河北教育》1981年第9期；中国人民大学书报资料社《中学史地教学》1981年第6期转载。

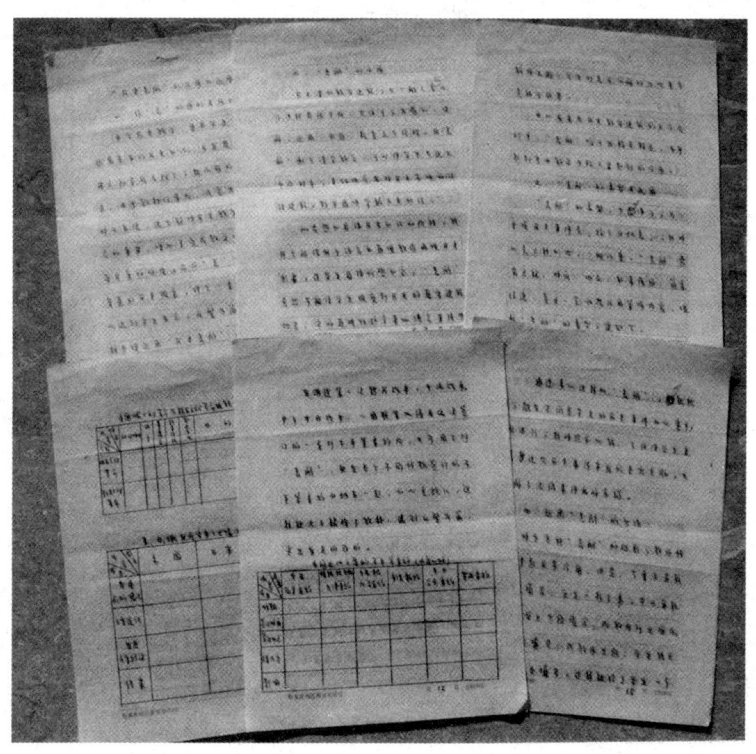

《运用"历史表解"搞好历史教学》手稿

问题能力的过程。所以,运用"表解",可以较好地完成对历史客观的认识过程,达到复习、巩固所学知识的目的。

"表解"的类型,大体可分为:单项历史事件表;综合归纳表;分析对比表三种形式。一般说来,"表解"的"横目"或"纵目"应有名称、时间、地点、人物、原因、简要经过、意义、影响或作用等项内容(根据不同类型,可以有所侧重)。现按"表解"的类型分述如下。

1. 单项历史事件表

此类表多用于新课的讲授。作表时,可按一个历史事件或一节、一课时的教学内容,勾画出历史发展的梗概,给学生一个完整的历史印象。如讲"秦末农民战争"、"古代印度等级(种姓)制度"时,利用下列"表解"(内容从略,下同)可使学生了解其全貌。

秦末农民战争简表

爆发时间	爆发地点	爆发原因	领导人	所建政权名称	简要经过	历史意义

古代印度等级(种姓)制度

等级名称	所属等级	包括成员	权利或义务	社会地位	特　点	实　质

中、外古代史中，各国、各朝的经济状况、政治制度、对外关系、与少数民族的关系、科学文化、农民起义或战争，中、外近现代史中的一系列重大事件都可单独列表，自成一体。

2. 综合归纳表

此类表多用于帮助学生较好地理解并掌握一些历史概念。巩固所学知识，及进行单元复习、阶段复习和总复习。作表时可以把某一种或某几种历史现象的各个方面、各种因素，综合归纳起来，反映事物的发展变化及其本质。如在讲授中国近代史中"半殖民地、半封建社会"这一历史概念的时候，可以利用下列"表解"来帮助说明。

鸦片战争前后中国社会经济的变化

内容 项目 时期	政　治	经　济	社会性质	主要矛盾	革命任务
战　前					
战　后					

在讲述第二次鸦片战争、中法战争、甲午中日战争、八国联军入侵及与之相关的一系列不平等条约后，又可用下列"表解"，把这一系列不平等条约归纳在一起，加以系统化，以达到化繁为简、突出重点的目的。

中国近代主要的不平等条约

内容 名称 项目	中英南京条约	中英、中法、中美、中俄天津条约	中英、中法北京条约	中法新约	中日马关条约	辛丑条约
时　　期						
签订时间						
签订地点						
主要内容						
影　　响						

3. 分析对比表

此类表多用于对旧知识的复习、巩固。对于两个或两个以上相同、相似或相反的历史概念(历史事件、历史现象)，可以用分析对比的形式来区别异同，揭示共同本质或不同特征，如下列"表解"所示。

中国旧民主主义革命与新民主主义革命比较表

内容 项目 时间	所处时代	任　务	革命对象	领导阶级	起止年代	目　的	前　途
旧民主主义革命							
新民主主义革命							

美、日、俄发展资本主义情况比较表

内容　　国别 项目	美　国	日　本	俄　国
发展前的情况			
主要途径			
发展主要经过			
结　果			

通过类似这样的"表解",就能把分散在不同章节里的相同、相似或相反的历史事件加以集中,并进行分析对照和比较。这样,不仅使学生更清楚地了解了这些历史事件本身的来龙去脉,也了解了不同事件之间的异同。

在运用各种不同的"表解"时,教师应起主导作用。但是,也不能只是教师个人填写,学生一抄了事。而应采取教师与学生共同填写;教师列出项目,学生独立填写;教师出题,学生独立列表、独立填写等方法。这样就给了学生一个比较广阔的活动余地,便于引导他们去积极思维,提高学习的主动性和积极性。

(四)捷足先登　攻坚克难[①]

长期以来,史学界研究专制主义往往侧重于政治制度,研究中国古代经济史侧重于断代经济,从宏观上探讨专制主义与中国封建经济的关系却是一个被忽视的领域。《专制主义与中国封建经济》一书的出版,填补了史学领域的这一空白。作者孟繁清、霍俊江、葛志毅、邢铁等都是学有专长的中青年教授,他们花费了六七年时间,完成了这样一个重大的研究课题(为国家社科基金资助项目),我作为责编,读了这部富有开创精神的优秀学术著作,感触颇深。

一是作者坚持旗帜鲜明的马克思主义的国家学说、辩证唯物主义与

---

① 本节1996年年底写于石门书屋,原以《步入一个被忽视的领域——简析〈专制主义与中国封建经济〉》为题,载于《新闻出版报》1997年2月14日。

历史唯物主义的立场观点，与西方某些学者，如美国的卡尔·A.魏特夫等人对所谓"东方专制主义"的批判有着根本性的区别。长期以来，某些西方学者总是把专制主义说成是东方社会专有的事物，西方人气质与此不合。更有甚者，则以批判专制主义为名，歪曲与攻击社会主义制度。本书作者则以马克思主义的基本观点为指导，对专制主义的产生、发展及其影响做了实事求是的分析，认为专制主义的产生与地理条件、居民气质等并无必然联系，而是与父权奴隶制有着不可分割的关系。这些分析都是很有见地的。

二是作者采取的政治与经济相联系以及上下贯通的研究方法，也是值得称道的。作者每考察一个问题，都是围绕专制主义对封建经济的影响来进行，力求廓清每项制度、每种经济思想和经济政策产生的背景以及发展演变的全过程，并注意区别不同历史阶段专制体制对封建经济所产生的不同影响。例如，作者对重本抑末、贵义贱利、崇俭黜奢等经济思想的考察，对户籍制度演变的分析，对货币政策的综合探讨等，都是如此。

三是资料丰富，立论严谨。本书所讨论的问题，涉及面广，时间跨度大，因而在资料的发掘和运用方面有较大的难度。如作者关于父权制的研究，关于元代官田租佃问题的考察，关于财产继承问题的分析等，都可以看出作者在史料科学方面所具有的深厚功底。作者的立论，虽无惊人之语，但在平实的分析叙述中却不乏真知灼见与深邃的思考。

四是全书整体设计合理，共分13章，70万字，内容包括封建专制主义的形成过程、专制主义与中国封建经济结构，专制体制下的经济思想、经济决策与管理，专制政权对劳动力、生产资料的控制和支配，对生产、分配、交换、流通过程的制约和影响，对社会产品的超额榨取和过度性消费，专制主义的货币政策等，几乎涵盖了封建社会中经济运行过程的各个环节和层面，对各个环节和层面上专制主义的影响都做了很有价值的具体分析。并且，在对每个具体问题的考察中采取贯通的办法，把问题或制度的形成和演变过程分为若干个阶段，叙述既清晰，又显示出一定的规律性。

五是论述角度新颖。以往研究政治制度史、社会经济史的专著大都是独立的专门史研究，本书则把两个专门史打通考察。在全面认识专制主义经济功能的基础上,把专制主义对经济运行过程的束缚、压抑作为主线,贯穿所有问题的研究过程,形成本书的一个突出特点。正是由于这个别具特色的考察方法,使作者观察到了一些单纯搞经济史或政治史不易注意到的重要问题,如:专制主义影响下的科技思想,经济决策执行过程中的变态失真,专制权力对财政预算的干扰,专制主义的货币政策,专制主义与社会分工等等。

(五)极深研几 尽意而为①

作为责任编辑,有幸成为著名经济学家、中国教育经济研究会会长王善迈教授的新著《教育投入与产出研究》的第一位拜读者,受益不浅,深感该书确确实实是一部探讨教育投入与产出研究的力作,荣获第三届国家图书奖是当之无愧的。

《教育投入与产出研究》一书,比较全面、系统、深入地研究了教育与经济关系中一系列根本性的理论与实际问题,逻辑结构合理,论证十分严谨。作者所述的有关政策性建议符合中国的实际,有重大的学术和实践价值,正如北京大学陈良焜教授所说,这本书回答了教育与市场的关系、教育融资的多元化以及政府投入的合理比例、教育投资内部效益与外部效益、教育预算管理体制等一系列教育发展与改革所面临的重大问题。

我在编辑过程中体悟该书有四大突出特点:

1. 结构新颖。该书将教育与经济关系分为三个层次,第一层次是教育过程的投入与产出;第二层次是教育发展与经济发展;第三层次为教育体制与经济体制。内容结构安排有新意,是国内外同类教科书和专著中所没有的。

2. 见解独到。该书在一些重大问题上有作者的独到见解和政策主张。例如,市场经济中教育资源配置方式、教育成本分担的原则、教育经费统算、高等教育多重目标合理组合的拨款方式、市场经济中教育体制的模式、大学生就业的目标模式——自谋职业等等。这些均是作者长期研究的课题,有些结论已经反映在《中华人民共和国教育法》和《中国教

---

① 本节1997年年底写于石门书屋,原以《一部真知灼见的新著——荐〈教育投入与产出研究〉》为题,载于《今日出版》1997年第6期。

育改革与发展纲要》中。

3. 立论严谨。该书运用经济学的理论和方法分析教育中的经济问题。例如市场经济中教育资源配置方式和教育体制，运用了公共经济学理论作为分析问题的工具，从较深的理论层次上回答了教育资源配置方式问题，并分析了社会上流行的一些错误观点，如教育市场化等。

4. 评价准确。尽管分析中多有与外国教育的比较，但并不是简单照搬别国做法，比较的结论也坚持从中国实际出发，做出准确的评价。

《教育投入与产出研究》一书出版后，北京师范大学经济系、北京大学高等教育研究所、北京科技大学高等教育研究所、北京航空航天大学高等教育研究所、华南师范大学经济系、澳门有关教育机构均准备采用该书作为本科生、研究生教材。国家教委、国家财政部、北京市教委等有关部门也纷纷参考该书，作为制定政策的依据。

三、从零始学无止

（一）唯有匠心　　不负光明[①]

1992年3月18日《新闻出版报》头版的一则消息，一篇评论，一张试卷，吸引我一口气读完。"消息"报道的是：上海文艺出版社为扎扎实实抓质量，消灭差错，举行了一次"错别字改正测验"；"评论"充分肯定了这种以消灭错字为突破口的方法，提高图书质量所反映的一种"千里之行，始于足下"的"从零开始"的精神，和随之创造的一种严肃认真的出版氛围和工作环境。"试卷"是一份上海文艺出版社考核编校人员的"错别字改正试卷"——《书市散记》。全文2000余字，错别字110个。

上海文艺出版社在测验编校人员之前，把该社书稿中常见的差错300例汇集成册，发到每一位编辑、校对手中，还举办了"语言文字"业务讲座。各编辑室围绕"错字300例"进行互查，模拟考试等活动。有的老编辑还把"300例"抄在小本子上随身携带，随时默读。待到考试时，全社110多名文字编辑、校对人员，包括"免试"的老编审，及住院的总

---

① 本节1992年3月30日写于石门书屋，第五届全国出版研讨会优秀论文，原以"从零开始"的启示"为题，收入《出版理论与实践》，河北人民出版社，1993年版。

编辑也按时步入考场，使实到人数超过了应到人数。考试结果有38人超过了100分(满分110分)，48人在90分以上，不及格的仅2人。

令人赞叹不已的是上海文艺出版社的领导，他们具有较强的图书质量意识并且把这种质量意识落实到编校人员的案头——天天都接触的文字上。因为无论哪个专业的编辑，只要审读、加工书稿，只要给作者、读者回函，或是个人动笔写作，都离不开语言文字。他们不是"整"编辑，搞"突然袭击"，而是先组织学习、听课、切磋，再考试；他们也不是"治"编辑，"先行发难"，使编辑多来几个不及格；他们更不是"横眉冷对"编辑，而是给予最切实、最真诚的关怀和爱护；他们是"官"，也是"兵"，积极带头应试，体现了在学无止境的"语言文字"面前，也同编辑一样是个学生。这是何等的平和融洽气氛！何等的谦虚好学精神！又是何等好的榜样力量！他们把"考"编辑，当作在某一方面提高编辑素质的手段，因而，在消灭差错，把纠正错别字当作突破口的全过程中达到了提高编辑的文字能力、减少差错率的预期效果。类似"从零开始"的这种好事，各社不妨都做一做。

令人感慨万分的，是全国500多家出版社的成千上万的编辑所期待的，上海文艺出版社的领导给予的那种温暖、关怀和机会。诚然，出版界的"无错不成书"的质量危机，绝非单纯提高语言文字能力所能解决，但这毕竟是踏踏实实迈出的减少差错、接近科学、提高质量、值得学习和赞扬的一步。当今由于错别字连篇，以至扭曲了作者思想、观点、情感、信息表述的书稿是屡见不鲜的，因而上海文艺出版社从这里入手，来提高图书质量是抓到了点子上。联想到1992年3月6日，第502期《新闻出版报》的"曝光台"，批评安徽文艺出版社出版的散文集《以爱心以沉静》一书，编辑错误太多，第1至100页，就发现错别字30余处。3月20日的《新闻出版报》的一封读者来信对《编辑部的故事·精彩对白欣赏》也提出了极其严肃的批评，说这本15.7万字的书竟有错字、漏字、多字、倒空、标点符号错误752处。这里批评的虽说是两家出版社的两本书，但是该接受这种批评的应是不少的出版社、不少的书。或者说这种批评是给所有的出版社、所有的编辑再次敲响了警钟。岂不知更有甚者，或者说更有讽刺意义的是有些出版物的作者拒让自己的孩子使用出于他们自己笔端的"作业"、"练习册"之类。这说明了作者内心十分清楚，他

练笔情

笔下的"大作"质量低劣，怕自己的孩子接受错误的或是不准确、不全面的知识。难道我们当编辑的就允许这种自私自利、毫无责任心的人充当我们的作者？或是允许以谋取稿酬为目的，满脑子装着一个"钱"字，不潜心研究学问，撰稿态度极不严肃，与写作本来无缘者涌入作者队伍而降低作者群体的素质吗？我们的出版物要造就一代人，影响几代人。我们怎么能置"为人民服务"、"为社会主义服务"而不顾？又怎么能让出版物的最广阔的读者群——亿万青少年接受、使用错误百出的低劣、次品呢？对青少年是关心、培养，还是坑害、贻误？仅仅从这一点出发就要坚决净化作者队伍，清除低水准的作者。个别出版社因为某些出版物有印数、能赚钱，以赢利为目的而不考虑书稿的质量和作者的选择。还有个别出版社抓赚钱书上劲，或者说上瘾，喜怒哀乐也不自觉地表现在这些书上，而对于弘扬祖国文化、传播积累文化知识的重头书却表现得不那么积极和热心。为了出版社的生存和发展，抓畅销书，以赢补亏，无可非议。但是能否生存与发展，并不仅仅在于赚钱多少，而在于上档次的精品出了多少。中华书局、商务印书馆、上海辞书出版社，还有近几年刚刚崛起的四川人民出版社、重庆出版社、岳麓书社等等，在读者心目中都有一定的地位和很高的信誉，就是因为他们为繁荣出版事业出版了一批有价值的好书。像重庆出版社几年来大力构筑重点工程，抓了《中国抗日战争时期大后方文学书系》、《中国解放区文学书系》、《世界反法西斯文学书系》，共计80卷，4000多万字，从大后方，到全中国、全世界，构成了以中国抗日战争、世界反法西斯战争为题材，以爱国主义和国际主义为主题的宏伟壮丽的三部曲。重庆出版社赚钱多时没出名，有了这套重点工程，才大增威望。再说他们在作者选择上，十分注意其思想倾向和学术水平、文字能力。组织了一支思想好、水平高的优秀作者队伍，以确保书稿的质量。这再好不过地说明了一个出版社的生存与发展不在一个"钱"字上，而在于是否能够优化选题，优化作者，为读者奉献出高质量的出版物上。

　　提高图书质量还在很大程度上取决于编辑的政治水平、业务素质。选题要靠编辑去发掘、开拓和筛选。作者要靠编辑通过艰苦细致的工作去物色、去团结。书稿要靠编辑去审读加工。因此，提高图书质量，归根到底要以优化编辑为前提。也就是要努力创造条件去教育、培养编辑。

上海文艺出版社是榜样，从纠正错别字这些看来是点点滴滴的小事上做起，同时创造一个严肃认真的工作氛围。

"评论"说到的目前出版物中的文字差错，相当一部分不是水平问题，而是态度问题、作风问题。这是一段切中要害的话语，假如有的编辑，对选题不调查、不分析，有一个出一个；对作者不考核，有一个算一个。审读加工书稿不认真细致，更不精益求精，而是粗枝大叶，甚至将对改错，画蛇添足；内容该删不删，该增不增；资料该查不查；错别字该改不改；新书出版后又不注意倾听社会、读者反映，不组织力量评书；更有甚者，干脆把编辑的本职工作当成副业等等。诸如此类问题，表现在个别人身上，但确实反映出有的编辑缺乏应有的责任心和端正的工作态度。这是不足取的，是有碍、有害、有损图书质量的提高的，是必须加以纠正和克服的。否则这样的人就是实足的不称职的编辑，最终会成为出版事业的弃儿。但是，绝大多数编辑是有强烈的社会责任感的，是出版社的主人翁，能够进主人言、做主人事的。但有时却得不到各级领导的有力支持。比如，编辑为了适时地出版有较高价值的图书，要靠自己去周旋、奔跑于美编、设计、出版、校对、工厂之间。对于应该得到保护的这种积极性，领导却视而不见。编辑们要求并不高，只希望多一点信任，少一点指责，多一点支持，少一点冷漠，根据可能，创造个较好的工作环境，以便全力以赴地为出版事业尽职尽责。对于各级领导做到这点并不难，关键是想不想做和由谁来做，这大概也需要上海文艺出版社的"从零开始"的精神吧！

这又自然联系到提高图书质量必须优化管理的问题。管理的优化，直接关系着优化选题、优化作者、优化编辑等项工作的进行。管理工作做得好与坏，直接影响图书质量的高与低。如果缺乏科学管理，编辑出版流程必然会无章可循，产生混乱，乃至无法收拾，出现瘫痪。编辑要自觉参与管理、接受管理，在科学管理前面，对于编者、管者也同样是学无止境的，特别是对于出版人。如果实行科学管理，进行全面的质量考核与奖惩，必然会形成多出好书和提高编辑素质的导向机制，最大程度地调动编辑人员的积极性。编辑的积极性有了，就会在文化创造、文化传播过程中发挥设计、构思、组织、选择、优化选题的创造力，就会在出版社如林、竞争激烈的图书市场，开拓新的出书领域，编出有生命力的、能影响一代人甚至几代人的书,或是有长久流传价值的书。再加上审稿过程中把好政治、观点、思想、材料、文字、体例等方面的关,图书质量是不难更上一层楼的。因而怎样尽快建立、健全合理的规章制度,以调动和保护文字编辑、美术编辑、技术编辑、校对及出版发行等各个环节人员,使他们的积极性发挥出来,持久下去,就成了当务之急。优化了管理,就可以把"有质量的书、有质量的人,生产出来,重视起来,发展起来"①。为了提高编辑素质和出版物质量,让我们共同发扬"从零开始,学无止境"的积极的学习精神吧!

(二)差错曝光 感叹失误②

参观第六届北京国际图书博览会归来,社长要我们每人写一篇"观后感"。为了写好这篇小文,仅凭观后的直觉不行,还必须从宏观上了解一下博览会的盛况,于是便找来《新闻出版报》、《中华读书报》、《中国图书商报》,准备从里面搜寻些资料。这三家报纸分别于 8 月 28 日、8 月 30 日以《五单位联合举办北京国际图书博览会》、《北京国际图书博览会影响日盛》、《BIBF:十年磨砺终成大器》为题,报道了博览会的消息。我一张张细细地读了起来。但是在读到有关统计数字时,发自肺腑地感叹道:"怎么连参展单位、参展出版社、展商总数这些重要的数字都说法不一呢?"各报是怎样报道的,请看下表:

项目 报别	参展单位	参展出版社	第六届展商
新闻出版报 (1996 年 8 月 30 日)	近 750 家	4000 余家	517
中华读书报 (1996 年 8 月 28 日)	802 家	400 余家	571
中国图书商报 (1996 年 8 月 30 日)	802 家 (中国展商 430 家、海外展商 372 家)	4000 余家	

---

① 《中国出版》1992 年第 3 期卷首语。

② 本节 1996 年 10 月 6 日写于石门书屋,原以《不应有的失误》为题,载于《今日出版》1996 年第 6 期。

从上表中不难看出，参展单位：《新闻出版报》说是近750家，《中华读书报》、《中国图书商报》则说成802家；参展出版社：《新闻出版报》、《中国图书商报》说是4000余家，《中华读书报》则说成400余家；展商：《新闻出版报》说是517家，《中华读书报》则说成571家。各报报道了参展国家和地区、参展单位、参展出版社、展出面积、展出品种、展商总数、版权贸易一共7项主要统计数字，却有3项报道不一，不一致的比例竟达近43%。特别是《新闻出版报》、《中华读书报》这两家都由新闻出版署主办、主管的报纸出现如此报道上的差异，实在令人费解！

另外，《新闻出版报》8月30日刊登的《历届北京国际书展资料》中表明第五届展场面积为10000(数量词不完整，当写作10000平方米，或1万平方米)，在当日同版"本报讯"里指出本届(第六届)"展出面积约1.4万平方米，比上届(第五届)增长50%"。如果"展场面积"与"展出面积"是一个概念的话，那么，"1.4∶1"，只能算作增长了40%，怎能成为增长了50%呢！

第三，《中华读书报》8月28日在头版头条《北京国际图书博览会影响日盛》一文中说："北京国际图书博览会从首届到第五届，每届参展的国家和地区都在30个左右。"但是根据《新闻出版报》的统计，除第三届参展29个国家和地区属30个左右外，第一、二、四、五届分别是35、36、35、36个国家和地区，根本不在30个左右之列。"30个左右"的含义，一般都理解为大于"30"一二个、二三个数或小于"30"一二个、二三个数，"35—36"，决不能同于"30左右"。

第四，《中国图书商报》1996年8月30日在《BIBF：十年磨砺终成大器》一文中报道第六届北京国际图书博览会时说："展出面积14000平方米，图书9万3千余种，其中海外图书3万3千多种。"问题出就出在后两种数字的表示上，至少是属于不规范用法。根据中华人民共和国国家标准：《出版物上数字用法的规定》，九万三千、三万三千应分别写作9.3万、3.3万，或写作93000、33000，而不能写作"9万3千""3万3千"。文中展出面积用的是14000平方米，那么这里用93000余种、33000多种为好，前后也求个一致，或是改前边14000平方米为1.4万平方米，后边也可简洁地用9.3万余种、3.3万多种。

以上三家报纸对同一事件的报道，仅统计数字这一项内容就出现6

项差错(不是指一家),包括数字用法的不规范等等。我作为一个想从这些报纸上得到可靠信息的读者无法判断、取舍,真是大失所望。

围绕"数字"出现的种种差错,是提供资料的渠道不同所致,还是编辑疏忽?略微动动脑筋,连小学生都能算准确的"1.4∶1"的增长度、都能弄明白的"30个左右"的含义,怎么我们这些起码有大学文凭的编辑却偏偏算不清楚?编辑搞错了,那么,复审、终审又是怎样把的关?如果是工厂排版出差,那么,校对人员为什么也没校出来?无怪乎《光明日报》曾在"大家谈"栏目里发表了《编辑和校对哪里去了》的短文,尖锐地批评编校质量太差!

《新闻出版报》是国家新闻出版署主办的报纸,可说是各种报刊、出版物质量的领头羊,只有自己一步一个脚印地降低差错率,对全国报刊、出版物的种种差错曝光才硬气,可是《新闻出版报》本身的差错也时不时地出现。除前边说到的8月30日统计数字上的差错外,我又发现9月11日《乘势借势加速发展》一文,在从第一版下转第二版时,内容就有99个字的重复。为什么重复了这么一大段文字竟无人发现,编辑、校对难道没看清样?在这里曝光新闻出版界的三大报纸的差错,内心充满了感叹和遗憾。笔者也不禁要问:编校人员哪里去了?

(三)科学量化　杜绝超负[①]

当前图书市场空前繁荣是有目共睹的,但是出版物质量也出现了严重的滑坡。近些年来,新闻出版署先后三次对部分出版社的极少量图书进行了质量检查,不合格产品分别占被查图书的87%、100%和69%。这个比例充分说明了图书质量提高的问题亟待解决。我作为一名编辑深感有责任从编辑角度来严肃地审视这一问题。

1. 编辑工作与质量滑坡

当前,全国年出书超过10万种,社均200种,与仅有1.5万人的编辑队伍不成比例。某出版社不足40名编辑,年发稿量竟达近800种,1万万字上下,人均发稿20种,200多万字。在巨大的发稿量面前,现有的编辑力量显得远远不足,包括编辑自身的素质,也跟不上日新月异

[①] 本节1995年12月16日写于石门书屋,原以《编辑超负荷与出版物质量》为题,载于《编辑之友》1996年第3期。

的选题的发展要求和市场对图书出版速度的要求。也就是说，编辑工作大面积地严重超负荷是不容忽视的问题，它是出版物质量下降、劣质品增多的重要原因之一。

但是，有那么一些人，更多的是将质量滑坡的原因归结到编校人员身上去。埋怨编辑人员使命意识薄弱、专业素质差、缺乏责任心，校对人员不认真、不负责，最后才说到领导放松了管理等等。这里"放松了管理"，从某种意义上说也是指放松了对编辑这个群体的管理。在这种舆论之下，形成了一个若隐若现的"质量怪圈"，已经将诸多的编辑人员套在了圈内，出了质量问题就到圈内找，笔者认为这是一种偏见。"质量滑坡"的原因是错综复杂、多方面的，仅仅从编辑那里，或更多地从编辑那里找原因是片面的，是不够公正的。试想各出版社拿出素质最好的编辑来，把他们放在大发稿量与市场之间的夹缝中，既要求数量和质量，又要求时间，恐怕谁都难免会出差错。

党的十一届三中全会以来，出版社蓬勃发展，伴随而生的是一支既年轻，又具有活力的编辑队伍。其中大部分是刚刚毕业的大学生，也有步入社会不久的来自教育、科研、文化单位的各方面优秀人才，年龄多在三四十岁。这些人绝大部分受过高等教育，基本素质不错，但是，没有师傅领进门，就进入角色。这是各出版社大发稿量驱使所致。更有甚者，到出版社的第一天就分配到了选题和书稿，可见出版社的编辑工作量已经到了无以复加的地步。没有经过编辑专业的学习和实践就上岗，这在西方发达资本主义国家基本上是不允许的。据英国《书商》杂志最近一次调查显示，英国十多所高等院校开设的出版编辑专业，都远远满足不了出版社对人才的需要，不得不经过社内培训或假期培训上岗。日本编辑制作会社协会提出对编辑人员必须通过资格鉴定考试，才能取得编辑资格。在召开的中国首届辞书奖评审工作会议上提出了辞书编辑"持证上岗"的议题，并且举行了辞书编辑的第一期培训。笔者认为一般图书编辑也应进行相应的培训，以弥补"先天不足"（没有编辑专业知识）和后天的"营养不良"（很少有人组织培训）。

对于刚刚进入出版社的编辑，不仅不给予培训，而且省略了传统的"助理编辑"阶段，直接进入编辑角色，真可谓"从战争中学习战争"。至于如何调查市场、策划选题；如何组织作者、要求质量；如何加工书稿、审读校样，那就全靠"自学成才"了。其中的苦衷、烦恼和乐趣，我们当编辑的是有滋有味地尝遍了的。

接踵而来的又是出版社双效益指标的要求，这是无可非议的。但是编辑为了完成和超额完成个人的经济指标，不得不自行"出轨"，去选择能赚钱的其他学科书稿。只要有效益，决不会因为不是个人的专业而放弃。多种因素驱使一些编辑什么选题都敢上，什么书稿都敢编。不管是懂的、不懂的，也不管是好的、差的，为了"快"与"利"，一本本书稿在编辑那里真是如同过眼烟云。复审、终审在相当短的时间内，面对那么大的发稿量，也是眼花缭乱，无法真正履行自己的职责。差错从第一道防线轻松地溜过，二、三道防线又没能设防，因为抢时间，在校对这最后关口也畅通无阻。这样就使发稿自然处于一种该认真而没能认真，该把关而没能把关的片面追逐利润，置质量于不顾的恶性循环之中。编辑如同这循环中的一滴水，逆转流向是不可能的。

随着出版改革的深化，每部书稿的选题确立到审读加工、封面装帧、内文设计、书稿校对，以至安排生产都全权由编辑负责。这不仅仅意味着责任，更意味着要花费更多的时间。无形中使现在的编辑比上个世纪六七十年代的编辑完成一部书稿占去的时间要多得多。但是发稿量却是过去的好几倍。一年365天，每个人的享用是公平的，又是有限的。每周两天的公休日，往往成了编辑没有外界干扰的工作日。

2. 编辑工作要科学量化

要实现从规模数量向优质高效的转移，关键是抓编辑素质，而且要抓到实处，抓到最薄弱的环节上。笔者认为现在的薄弱环节是该研究研究编辑工作的科学量化问题。各级领导及各类编辑应该对编辑的年发稿量有个科学、清醒的估计。编辑同其他公职人员一样，每年除去公休日，有效工作日不过8个月，240天。这240天，似应该按"五、二、一"的比例，分割为加工书稿、调查市场、读书学习三大块来使用。也就是说编辑的伏案工作时间为5个月；调查研究、策划选题、组织作者、运作书稿、处理信函等为2个月；读书学习、参加有关学术活动为1个月。编辑在伏案工作的150天里根据书稿的难易繁简程度，每天以8小时计算，究竟能够加工多少万字书稿？根据许多编辑的经验体会和综合考察，每小时大体可编稿约500字—1500字，每天编稿约4000字—1.2万字，每年编稿约 60 万字—180 万字。二、三校两遍审校大约相当于加工书稿的 1/6，即 10 万字—30 万字的工作量，这样每年实际可以加工的书稿约 50 万字—150 万字。如果一个编辑年发稿量约 150 万字—450 万字之间，那么就超出了正常工作量的两三倍。这无论如何是难于承受的大发稿量。编辑们尤其担心的是，没有自己的时间去读点书，久而久之，原有的那点本来就欠缺的知识会被一点点掏空。更谈不到赶上"知识、信息爆炸"的时代了，根本没有时间去补充知识，直接影响的是编辑素质，以及由此带来的一系列的弊端，即编辑策划、决策选题能力的下降，精品意识的麻木、图书质量的滑坡等等。编辑的苦衷也正在于此。

为了把握时机，参与图书市场的竞争，各出版社的现实是已经组织了许多适销对路的大规模的系列选题工程，而且市场经济要求及早组织生产，尽快推出产品。这样就必然与编辑的合理工作量形成生产能力与市场需求的尖锐矛盾。那么，有没有解决这一矛盾的办法呢？某出版社的一位社长曾经跟我谈过搞"体外循环"的设想，意思是在社外完成部分书稿的加工和校对。我想这是个好办法，完全可以招聘社外的专家、学者、教师，经过编辑业务的培训后作为社外的一支比较稳定的编、校队伍，来弥补社内编校力量的不足。在不能增加编校人员的情况下，这是一定会缓解生产能力与市场需求这一对矛盾的。

3. 提高编辑力的迫切性

编辑保证了科学合理的工作量，也就保证了调查市场、读书学习的时间，使提高政治和业务素质有了可能。现在许多专业出版社，大有向综合性出版社发展的趋势；专业编辑室也在向综合性转化。编辑面对的选题已经在很大程度上超出了原有出版社、编辑室的专业分工及本人所学专业的承受限度。既有社会科学的，又有自然科学的；既有理论的，又有实践的；既有高深学术的，又有通俗普及的；既有传统学科的，又有边缘、交叉学科的；既有古人的，又有今人的；既有编著，又有译稿。这样一个五彩缤纷的知识领域，不是一般人都能驾驭的。当然也不能这样要求编辑。但是作为编辑总应该在自己出版社的总体规划下的选题范围内能够具备如鱼得水的编辑能力。这就需要各出版社，根据自己的实力，确立了选题的总体思路后，进行阶段性的、不同类别的、安排有序的群体培训。内容似应包括编辑宗旨、编辑原则、编辑方法、编辑进度、统一体例、装帧设计等有关政治理论、方针政策和有关的专业知识。同时，编辑在工作量化后要抓紧安排时间，不断地更新知识，充实自己，注重个体提高，以适应或更加主动地去编好书稿，而且要通过自己的深加工，使书稿锦上添花，以向社会、向读者奉献精品。最终解决"超负荷"运转的关键是科学的管理。出版社追求的应该是数量与质量统一的出版繁荣，达到的应该是优质高效这一长远战略目标。那么在市场经济条件下，策划选题、资源配备是至关重要的。而资源配备，主要又是人力资源的配备。出版社要在选题的总体规划下，根据科学量化了的发稿量来配备社内外的编校力量，并采取行之有效的措施，试行前面提到的类似"五、二、一"制度。这样经过一段时间的认真调整，编辑会通过各种形式的培训和不间断地汲取营养，赶上时代，从而彻底摒弃数量大、质量差的那种带有某些破坏性的出版繁荣，以实现质量主导型、优质高效型的出版繁荣。

（四）挤出水分　展示精品[①]

逛书店是我一好，边逛边想是我又一好。前几天到深圳出差，在那里的"书城"一泡就是多半天。各家出版社独辟蹊径的选题，构成了大小不一的种种系列图书，再加上书架旁席地而坐的读书人，形成了一道独特的风景线，很是喜人。但是当看到重复出版、内容雷同的平庸堆砌之作也安然无恙地摆在书架上时，心里却不是滋味。可能是职业的自尊，感到对不住读者。如同参加国际图书博览会后，再次引发我对"精品"这一概念的思考。

怎样实施精品战略，这确是出版工作从规模数量型向优质高效型转变的关键。现在各家出版社都在比着出精品，这是功在当代、惠及子孙后代的大好事，那么究竟什么是精品，这我考虑得不成熟。但是，我想作为精品书总应该有正确的政治、思想、行为、道德导向；有新的思想立意，反映新的观念、新的知识、新的成果；有功底深厚的学者撰稿；有认真、细致的编校；有精美的装帧设计；有好的印制……在目前的出版界似乎一窝蜂地上大而全的选题，好像谁将书出得厚、出得大、出得

[①] 本节1997年3月9日写于石门书屋，原以《企盼展示挤出水分的精品》为题，载于《编辑之友》1997年第4期。

全,谁就算是出了"精品"书;谁包装、印制得好,谁就可能成为"精品";无度地吹、无度地捧者,也能成为"精品"。看来,对"精品"书如同对其他商品一样,也应有打假之说。有的所谓精品书,编校质量很差,只不过是利用了某些新闻媒介和违心的学者将自己吹上天,而成为"光荣"的获奖者罢了!

当然各种评奖活动,无疑使许多优秀图书脱颖而出,并使之得到社会的承认和肯定。评奖活动促进了出版物质量的提高,增强了人们的精品意识,这是不言而喻的。但是我们也看到了错误百出的图书获得某某大奖;水分很大的图书在这个评奖中得不到奖,在另一评奖中却能获得特别奖;豪华本的大型丛书、套书在评奖中受到青睐,而小部头的学术专著、普及本的通俗读物却受到冷落。有的所谓获奖"精品"书,并不具备资料价值、学术价值和实用价值,硬是自我标榜成"精品"。或是出于某种需要,或是利用某种职权,或是干脆找人出面说情、拉票,得个"大奖",给"精品"一个堂而皇之的名分。这样至少有两个"好处":一是领导汇报有的说,二是个人出名得利多。据说有的单位评定职称进行工作量化时,工龄、编龄一年占一两分,一个大奖即可占上一二十分。这就是说辛辛苦苦干上一二十年的编辑,远远抵不上因为这样、那样错综复杂的缘由,一下子侥幸得了一本书的一个"大奖"的人。

"精品"的自我标榜和评奖中的某些误导,其弊端是相当明了的。这必然容易使编辑或多或少地想通过"精品"(且不说是否是精品)得大奖(且不说是怎样得来的),以获取晋职和提升,那就会助长一些人成为"精品"旗帜下的利己主义者。这势必与弘扬传播祖国优秀传统文化、提高全民族文化素质的大目标相悖。同时,会使从不潜心研究学问,从不甘于踏踏实实案头工作,或是根本不想费大力气、不想用太长时间就名利双收的人得手,并促使他们完全失去书卷气,腐蚀编辑队伍的健康机体。

如果"精品=大奖=破格晋职=政府津贴"的话,那么,在这一"等式"里,还有什么责任,还有什么奉献吗?剥掉外壳,剩下的不就仅仅是赤裸裸的个人索取了吗?不花气力、不练内功、不好好编书,或是没有能力编好书的人,却能通过这样或那样的全方位运作,编出"精品",编出获奖书,这大概是怪也不怪的事!作为出版部门的各级领导及其全体编辑人员在"精品"、"评奖"、"晋职"的面前,要切切实实体现讲政治、讲公德，对于不择手段、弄虚作假者，要鄙视、抵制。否则极易误导出种种不良倾向，以致生出劣根、毒瘤，危害出版事业的发展。

"精品"不精，"精品"有假的原因是相当复杂的。正如一位编辑者所云：如今写书、出书的人太多，不少人把写书、出书、编书当向导，以达到成名成家得利的目的，当图书被异化为职称的敲门砖、升迁的筹码、名人的标志物时，虽然偶尔会诞生一些优秀作品，但更多的是质量低劣、内容贫乏、知识性差错迭出的"庸品"。如果身心健康、意志坚定的编辑遇到这样病态的作者，不管有多么大的吸引力，不管有多么强烈的诱惑，也不会为之而动的。只要编辑不跟着生"病"，就不会有"疫情"蔓延，就不会有坏书、庸品产出。那么，如何杜绝假冒的"精品"，根本还在作者的道德价值观、学识水平及编辑对出版物的那份责任上。

面对书城排排书架上大规模、系列化的丛书、套书、巨著，我既有作为出版者的成就感，又有作为编辑的沉重感，还有一种恐怕质量不过关的忧郁感！更担心出现"差之毫厘，谬以千里"的差错，而导致负罪感！真真地不情愿让一个个好端端的选题、一部部心目中的"精品"受到砸牌和毁誉！想来像《史记》、《汉书》、《资治通鉴》、《红楼梦》、《鲁迅全集》等等真正的传世之作，给我们最重要的一点启示是：出版物的生命力完完全全靠的是内容和质量！

四、笃业学思忧怀

（一）感慨万千　怡然自得[①]

当我完成《二十世纪中国史学名著叙录》的编辑工作后，含有33位史学家57种著作的《二十世纪中国史学名著》这一浩繁的工程，也就告一段落了。然而，悠悠岁月，抹不去对于往事的许多记忆和心中的无限感慨。

《二十世纪中国史学名著》的选题一经提出，出版界、史学界在论证过程中都认定是个好选题。但是，出版界的几位知交出于完完全全的关爱，要我作罢，怕我身体承受不了。我曾经迟疑，甚至想过放弃。但是，史学界那么多著名学者、史学家，都以极大的热情关注着、等待着、企

---

① 本节2002年4月13日写于石门书屋，原作为《二十世纪中国史学名著叙录》的"后记"收入该书。

盼着它的诞生。正是他们在背后的支撑，使我不再犹豫，坚定了要把这一选题做下去的决心。戴逸、田余庆、蔡美彪、张传玺、李学勤、彭明、张静如、刘桂生、苏双碧、瞿林东、漆侠、苑书义、林甘泉、陈高华等诸位史学家在座谈会的上上下下说："你们河北教育出版社能够对20世纪的史学成果进行回顾和总结，对推动21世纪的史学发展将是有益当代、惠及后人的大好事情，这是大手笔！"瞿林东教授说："这是利于史学界，利于国人的系统文化积累工程，是贵社献给21世纪的珍贵礼物。"戴逸先生为这套书，欣然命笔作序。更使我感动的是先师邓广铭、周一良教授，赞不绝口地说："你们在世纪之交做这件事的眼力和气魄是功德无量之举！"我们向全国33位著名史学家发出的征求意见信函，无一不收到回函、回电的，他们纷纷就编辑宗旨、编选原则、初选篇目，诚恳地提出自己的想法和意见，表现出极端认真负责和严谨治学的学风。我捧着一封封热情洋溢的来信，凝神聆听着一个个激励人心的电话，得到了史学界著名学者们给予的力量，增添了勇气，踏实了许多。

　　1997年《二十世纪中国史学名著》正式启动，确立了编辑宗旨、编选原则、整理细则、组织机构。同时，聘请了顾问和学术委员，他们同我们一起仔细研究、认真推敲编辑原则和入选著作；组建了由瞿林东教授为主任的编纂工作委员会。先后召开过大小会议十几次，记得有两三次是开到后半夜，一开就是十几个小时。那时瞿先生已是60岁的人，头疼头晕，就不断地涂抹清凉油，坚持把问题研究得水落石出。擦清凉油那一幕，在我脑海里留下了永久的印迹。瞿先生原本兼有许多重任，但是，在我们这套书历时五年的整个编纂过程中，从未有一时一刻的懈怠，事无巨细，操尽了心。五六年来，与我们通信、通电百余次，每封信函、每次电话中的指导意见，都闪耀着他渊博的学识和聪敏的智慧，都使我们这套书在各个环节的运作中有实质性的提高和进展。他是这套书的主持者，又是行动者，更是我们最可依赖的良师益友。副主任秦进才教授在古、旧书籍整理方面富有学识和经验，又肯下功夫挖掘和积累。这套书的编辑宗旨、整理细则、入选著作，以及后来的审校细则，等等，他都参与提供了比较成熟的初稿。他总是默默地工作着，是理想的合作者。徐勇、张越、周文玖三位博士、年轻的教授作为这套书的编纂成员，凡是分配给他们的工作，不管是大事还是小事，不管是繁琐还是艰难，都从未说过一个"不"字，而且以最高的质量、最快的速度完成。比如版权交涉、合同签订、组织稿件、联络"前言"作者、撰写史家小传（徐勇执笔），等等，都是他们在那里不声不响地奔忙，跑遍了北京城。

我们深知图书的质量即是图书的生命，在审校过程中以严谨治学的精神，贯彻始终，制定了《审校细则》。组织了一支由36人组成的有专业特长，既懂历史，又懂语言文字的审校队伍，分为4个组，采取了循环校对的方式，二校、三校、付印样，都是在两个组内同时进行，这样比平时就增加了3个校次。在这里要特别提到的是我的学长、研究员、教授杜荣泉、张文、张文质、魏连科；师友、教授、研究员王明信、张圣洁、吴雪涛、孙悦春、安炳增、孙继民、解成、田卫平、陈旭霞等，在整个审校过程中起了导师的作用，帮助我们解决了许多疑难问题，并身体力行做了大量的工作。

《二十世纪中国史学名著》历经五载，忙忙碌碌，沉沉甸甸，饱尝甘苦。首印和第一次重印已经售完，第二次重印正在启动。这说明学界需要，选题对路。值得欣慰的是这套书的1500余万字，相当于一个编辑十五年(100万/年)的工作量，但却用了五年时间就完成了。这大大得力于史学界的前辈和挚友，得力于社领导的全力支持。在此，我衷心地深表谢忱。还有一年，我将满60周岁，到了正式退休的年龄。我将以这套书的出版和它的续编——范文澜、翦伯赞、邓广铭《全集》的出版结束我的编辑生涯。我知足无求，可以闲适自得了。但是，我将永远不会忘记母校北大的哺育；不会忘记史学界、出版界的先师和挚友；不会忘记社领导长期以来给予我的各种机会、关照和支持；不会忘记和我休戚与共、通力合作的同仁；更不会忘记我所热爱的、为人作嫁裳的、普普通通的编辑工作。

（二）告慰先师　以飨学界[①]

20世纪80年代，我调入出版社工作，当时就想：如果有可能，将为史学界的老前辈和史学工作者的科研成果问世尽微薄之力。而我或许是由于学习历史专业的缘故，有兴趣的恰恰是史学领域。那么，史学界首选谁的"全集"来出版呢？为此，我们还是颇费了一番心思的。

我在北京大学历史系学习的第二年，就开始面对面地凝神聆听著名

---

① 本节2000年1月16日写于石门书屋，原以《告慰先师　以飨学界——写在〈邓广铭全集〉出版之前》为题，载于《编辑之友》2000年第4期。

编辑情愫

学者邓广铭教授的"宋辽夏金断代史"的讲授,还不时地听他的专题讲座。那时候,邓先生已是我在历史系教师中崇拜的偶像之一。先生满腹经纶,有极好的记忆,许多史料都能背诵如流、运用自如,讲课从不照本宣科。早在 20 世纪 30 年代,邓先生的《〈辛稼轩年谱〉及〈稼轩词疏证〉总辨正》一文就受到南北大师胡适、傅斯年、陈寅恪、夏承焘等著名学者的好评。他写就的《辛稼轩年谱》、《稼轩词编年笺注》、《稼轩诗文抄存》三书,奠定了他在史学界的地位。正如漆侠先生在《读先师邓广铭教授〈北宋政治改革家王安石〉》一文中所说:"先生的学问博大精深,成就是多方面的。但蜚声于国际学术界的,则是他在宋史方面迈越前人的成就。20 世纪 40 年代初,陈寅恪先生以师长的身份对先生奖励有加,誉之为:'并世治宋史者,未能或之许也。'"熟悉陈寅恪先生之为人者,都深知陈先生对学人从不给予廉价的赞词。这更加可以衡量出他对邓先生研究成果以极高评价的分量。正是因为先生成就卓著,我们最终确立和选定了他的全集来出版。这样才使我离开学校三十年后,又走近了他,继续做他 90 年代的学生。

1994 年春,著名历史学家邓广铭教授(左二)和他最小的女儿邓小南教授(左三)与张惠芝在北京大学办公楼前合影留念

练笔情

　　1996年初，我和我的同仁兴致冲冲地走进邓广铭教授的家。先生在书房里接待了我们。我环视着满屋子的书：线装、盒装、精装、平装……心里道出："啊！这里真是'书屋'！"崇敬之情油然而起。我的心踏实了，就像回到了家，回到了"湖光塔影，书海师林"的这个家。我端坐在先生的书桌案头旁。心想：有先生的直接教诲，事情总会好办。于是我说明了为其出版全集的来意。先生当即断然拒绝说："出什么全集呀！我计划一年修订一部著作，几十年前的著作一字不改地重印不可行！"又哈哈笑着说："我还在啊，我今年还有几篇文章要写呢！"紧接着向我们讲述了《北宋政治改革家王安石》一书的修改情况以及修改各部著作的打算。我目睹了先生在原书上的眉批、旁注以及隔三差五夹注的大小不等的字条，此情此景，使我缄口无语，心却在翻江倒海。在几千年的中国乃至世界的学术史上，不曾想起有哪一位90岁这般年纪的学者，仍终日伏案，笃学不倦。学术等同生命。我仿佛就在一刹那间，读懂了"献身学术"四个字！这位近乎与世纪同龄的学术大家，给社会留下的不仅仅是学术成果，更是"求真求实求善求美"的进取精神，将是教育当代以及后人的无穷的力量。此时此刻，映入眼帘的一幕幕深深地印记在我的脑海中，永不磨灭。这正是晚辈学者要学习、发扬，并收入囊中的精神财富。没想到我作为学生，又在当了编辑时，受到在校所不曾获得的另方面的深刻教育。如此厚爱，如此殊荣，学生记下了。

　　在争取出版邓先生全集的过程中，可说是锲而不舍。从出版角度，特别是在20世纪末，我认为出版大学问家的全集、文集是有积累传承文化和繁荣学术的积极现实意义的，再加上学生对先生丰厚硕果的那份爱戴。为此，我曾多次到邓先生家，但每次只要一提起出版全集之事，先生总是采取"不合作"态度，一直坚持"改好一本，送你们一本"的原则。如果这是"固执"的话，那么透着的却是先生严肃的治学精神，我发自内心地十分敬仰。

　　先生最终明确答复我们出版他的全集是在他病重之际。

　　1997年10月7日，先生曾有一封信给我和出版社领导，这大概是先生的最后一封长信了。这封信是邓先生在病榻上口述，由沈乃文先生记录、打印，并经邓先生认定，亲笔签名、签定日期而成的。邓先生在信的开头就说："上月承蒙你来友谊医院探望我的病情，非常感激，但未及多谈,你就匆匆离去,使我深感怅惘。"这封信我曾读过好多遍,每每读到这里都非常难过,都难以忘却先生在病榻上长时间握着我的那双冰凉的手,都感到先生还有许多教诲想说、要说,而我却因为先生病笃的样子暂时走开了,永远地听不到了。在这里我想告诉先生,其实我没有"匆匆"走掉,真是怕累着先生,而到另一间会客室与沈乃文先生,还有先生的小女小南在一起商量论文的编辑整理工作。在我离开医院时,所以没有再次道别,也是为了让先生能多休息一会儿,我想先生是会原谅我的。

邓先生在信中说:

> 我在医院里治身体上的病,但我还有一块心病,就是今春贵社为我印了那样厚重精美的"九十祝寿论文集",不仅使我十分感动,而且凡看到"论文集"的学术界朋友无不为之感动,这使我感到沉重的压力。如何清偿此事,成为我心头一块大病。贵社的目的本来是要我把"全集"交贵社出版……

这段话使我轻松,又使我沉重。轻松的是学生总算做成了一件使先生和学术界比较满意的事情,沉重的是学生又为病魔缠身的先生增加了"清偿此事"的"心病"。此时此刻我非常理解先生的心情,那实实在在是对社会的一份责任感啊!先生在病榻上仍然时时思虑怎样尽好对社会的这最后一份责任。关于如何编辑论文,先生想将六十年来陆续发表的论文按三种专题进行编辑整理,在信中做了以下精辟指教:

> 我现在想到:1. 宋代人物论集——王安石论集、岳飞论集、辛稼轩论集等等,可达五六十万字,其中有许多是被我自己所孤芳自赏的,也曾引起过学术界的广泛注意。2. 宋代史籍论集——论司马光著《涑水纪闻》、论《太平治迹统类》、论赵汝愚编《宋诸臣奏议》、序《三朝北盟会编》、序《辛稼轩诗文笺注》等等,可达二三十万字。3. 近现代出版的一些文集、丛刊的评论集——评施蛰存编《中国文学珍本丛书》、评郑振铎编《世界文库》、评梁任公著《辛稼轩年谱》、评韩侍桁翻译《十九世纪文艺思潮》、评梁启勋著《辛稼轩词疏证》(后1篇论文甚短,当时曾引起胡适、陈寅恪、夏承焘的好评),全部可达五六十万字。以上论文发表的时间虽相距远近不同(有写于50年前的),但全都是针对当时学术界存在的一些问题而写作的,而且大致都有作者的独到意见,在当时有很大影响,到今日也大都仍然具

练笔情

有现实意义。但是搜集、编辑、整理这许多文稿，以我90岁的年纪绝难胜任，每一项都必须请贵社十分内行的人承担，不知此事对贵社是否可行。

邓先生在信中说到的"以我90岁的年纪绝难胜任"的专题论文的搜集、编辑、整理工作，我可以宽慰地告诉先生：现在由您的弟子们在您的编辑思想指导下经过相当长的时间的艰苦努力圆满完成了。

邓先生在病榻上，仍以他聪慧、敏捷、缜密的思维，提出对学术界、出版界有现实意义的完美设想。如信所云：

> 对于《稼轩词编年笺注》和《诗文集》的整理、注释，我虽然至今没有做到完善的地步，但迄今为止，海内外还无第二部可以代替的著作。我如稍加整理，把《稼轩词编年笺注》改成定本，在印制方面精细加工（例如：夏承焘的序文可以改用手书墨迹，收入茅盾对于此书的评论信函等），把《稼轩词编年笺注》、《辛稼轩诗文笺注》、《辛稼轩年谱》合并为《辛稼轩全集》，单独印行，并做较好的装帧，估计在海内外都还有一定的销路。《稼轩词编年笺注》过去已经销行三十多万册，但是销行的潜力我估计还是有的。

邓先生的这一设想与我们出版社的初衷可说是一拍即合，并促使我们最终下决心，除出版全集外，还同时推出《辛稼轩全集》、《稼轩词编年笺注》、《辛稼轩诗文笺注》、《辛稼轩年谱》、《北宋政治改革家王安石》、《岳飞传》、《陈亮传》、《辛稼轩传》、《涑水纪闻》、《陈亮集》等单行本。这部分单行本的封面设计也于去年底安排就绪。先生可以放心了。

邓先生严谨治学六十余年，当身体已经十分虚弱并横遭病痛折磨时，仍然以这种附身于他一生的态度来对待他的各部著作的继续修订，完成新的见解和新的体悟的补充，达到更高的水平。邓先生在信中这样写道：

> 《岳飞传》、《陈亮传》、《辛稼轩传》，我要新改的幅度都比较大。贵社计划把几传原样重印，我认为不可行。我一生治学，没有当今时贤的高深造诣，使20年代的著作可以在90年代一字不变地重印。我每有新的见解，就写成新书，推翻旧书。这几传我未向任何出版社做过承诺，现在虽然已经开始撰写，一心为贵社写好这几传，但年老体弱，只希望明年能陆续把《岳飞传》、《陈亮传》写完，然后贵社再把《王安石》和《辛稼轩传》推出，《王安石》那时也许另有修改、

补充之处，这似乎也不失我们原来商量的用意……

当学界受到市场经济冲击，表现出一定程度的浮躁心态时，邓先生坚如磐石、笃志史学、无坚不摧、孜孜以求，令人感动不已。

先生走了，但是给学生留下了编辑他的全集的谆嘱。我曾给邓先生回信，做了保证："《全集》的出版可按您设计的方案"做，"《辛稼轩全集》可单独印行，对于其他几部专著，我们也有单独印行的打算，并做精美的装帧；我社已配备了三名责任编辑（包括我在内）负责您的全集的编辑出版工作。我们十分尊重您、尊重您的意见。再次请您相信我们会将您的全集做好，令您满意"。

目前，在北京大学中国古代史研究中心学者的主持下，遵循先师的嘱托，已经完成了《全集》的编辑整理工作，并进入"三校"阶段。我和我的同仁将以先生的治学精神，将先生一生的精湛研究成果完好地保存在10卷本的全集里，出色地完成这部重点图书的编辑出版工作，以使著名史学家的学问、史德、风范传诸后世而不朽。

（三）不朽盛事　乐在其中①

《翦伯赞全集》的付梓，是我平生作为责任编辑最后一个选题的终结。此时，从心底涌现出的话语，只有笔耕墨播纸作田了。

作为责编《翦伯赞全集》的我，用双手捧起先师的著作时，感到沧桑而厚重。编完《全集》的我，如释重负，感到欢快而欣慰。翦老的勤奋好学、持论严谨、史才丰厚、诲人不倦，深深刻印在我的心间，我更加敬重翦老的学者风范。他总是在用心思索着，踏实地行走着，笃志史学，无坚不摧。翦老将自己的颇多著述给予世界，看起来不过是一件寻常的表面现象，实际上它们是注入文化精神家园的宝贵财富。在他的专著、文章、诗歌、书信的字里行间，我仿佛看到流淌着的汗水和滴着的血。我感受着他的睿智和博大精深的造诣。

我进入出版社后，逐渐感觉找到了一个最适合自己的岗位，胜任这份工作，满意这份职业。在这个位置上可以凭借个人对市场需要的考量

---

① 本节 2007 年 10 月 6 日写于石门书屋，2008 年 1 月《翦伯赞全集》出版时作为"责编的话"收入该书。又先后转载于《史学理论与史学史学刊》2008 年卷（总第 6 卷）和《出版史料》2009 年第 1 期。

练笔情

和兴趣去自由组稿，我及时抓住了这个机遇，充分享受了这个好处，依据我社有气魄的出版意图，利用自己对历史专业有所熟悉，对编辑工作有所热爱，且不屑卷入琐事之争，赢得的是心中的一块净土，自在安宁、自得其乐地做了对社会有用的事儿。比如，《翦伯赞全集》是1995年以来与《李大钊全集》、《范文澜全集》、《邓广铭全集》、《二十世纪中国史学名著》先后确立的重大学术选题。那时离我退休还有八年时光，我决心依托自己所学专业和做编辑的多年经验以及全部精力，奋力拼出、再现祖国历史文化的部分经典之作。到如今，这些选题做完、做好、出版了，在先师面前可以落个心安理得，足矣！

十几年，一晃而过，回首往事，饱尝艰辛，仍隐约可见苦与累的身影。前面说的五大选题，做起来真的不易。起初，我认定这是自酿自制的美酒，自酌自饮不成，只有学界师友与我同斟共饮，分享醇香。这还是我自己堆造的山和海。自己担着，腰会弯；自己蹚着，难上岸。仍需学界师友，与我共同肩负。我时时感到自己在这些重大选题面前如履薄冰、战战兢兢。好在多年来，职业的使命感，编辑本能具有的亲和力、凝聚力，团结了诸多学者和挚友。他们是我的靠山、我的脊梁，支撑着我，相辅而行，终将完成这些著作的及时出版。有人曾说：这类图书市场太小。我说：不尽然。《二十世纪中国史学名著》含有33位历史学家的57部鸿篇巨著，不是已重印三次吗？另外，从传统文化与现代文化交融需要的这个视角去考量市场的现今与永久，应该说，我们正在通过出版业尽心尽力收拾好原汁原味的民族文化主体，使之与现代文化更好地交融，那才能为创造、发展、繁荣中国特色社会主义新文化提供可能。"中国制造"的品牌图书会风靡全球的，难道说这个市场还不够大吗？哪个出版者如果漠视、抛弃民族的文化、前人的巨作，那将在出版史上留下的不是痕迹，而是遗憾。

我经常默念的这些书的出版，终于成真。得力于河北教育出版社几届社长对于出版方向的紧紧把握和坚定不移；得力于著名历史学家周一良、邓广铭带给我的感动；得力于学术界邢贲思、任继愈、何兹全、戴逸、金冲及、漆侠、田余庆、蔡美彪、张传玺、李学勤、彭明、张静如、刘桂生、苏双碧、瞿林东、王宏志、臧嵘、陈振、苑书义、杜荣泉、林甘泉、陈高华、陈祖武、张希清、邓小南等诸多史学家身体力行的许多理念性的、方法上的指点。多年如一日，含辛茹苦，默默地承受着、坚守着，直到做完《翦伯赞全集》这部书稿。

《翦伯赞全集》的编辑过程中，有杜荣泉等十几位专家学者帮我审校了全部书稿。翦老 600 万字的文章、著作撰写于几个不同的历史时期，除要做忠实原著的校对外，还要做全面细致的史料考核；统一版式；改繁体字为简化字，改异体字为正体字；统一中外译名、古今地名、数字等用法，是相当劳神、费力的苦差事，但大家无怨无悔。杜荣泉、张文、王明信、耿小红、李永昌、秦进才、张苗、李达、陈旭霞、王萍、柳刚永、袁鸿蕙、孙雪松等师友、同仁都积极参与了校定工作，十分认真、仔细、精心、精到，我非常感谢他们的帮助。我也非常感谢张传玺先生主持整理校勘《全集》，给我机会和信任。从张传玺先生整理到我责编《全集》，整整经历十年的磨砺，才成就其不朽盛事。这要归功于翦老学识和精神的感召，品格魅力和境界的启迪；归功于学生对先师那份无比的尊重和爱戴。这成了我尽编辑之责，永不懈怠的动力。即使置崇山峻岭之中，也会蜿蜒着我作为一个老编辑人蹒跚的足迹，这足迹不但不会消逝，还会带着深深的印迹，在编辑生涯结束后，令我永远品味着什么是乐在其中。

（四）学林典范　誉满史坛[①]

2008 年 4 月 14 日在北京大学勺园多功能厅召开了纪念翦伯赞先生诞辰 110 周年暨《翦伯赞全集》首发大会。参加会议的有中国红十字会会长彭珮云，全国人民代表大会常务委员会副委员长司马义·铁力瓦尔地，全国人民代表大会常务委员会原副委员长司马义·艾买提，全国政协常委、中共中央统战部原常务副部长胡德平，北京大学校长许智宏，以及河北出版集团副主任张晨光、河北教育出版社副总编辑成占民等。

翦伯赞先生是我国著名的马克思主义史学家，马克思主义新史学的主要奠基人之一。他的《历史哲学教程》、《中国史纲》、《中国史论集》等著作，誉满史坛。翦伯赞先生早年参加五四运动、大革命时期的北伐战争，后又在周恩来直接领导下投身抗日战争、解放战争的理论宣传和统一战线工作。1949 年，翦伯赞先生以文化接管委员会委员的身份随军进

[①] 本节 2008 年 4 月 13 日写于星园书屋，原为《〈翦伯赞全集〉首发大会新闻稿》。

入北平。不久，受聘于燕京大学，后转入北京大学任教授、历史系主任、副校长等职，另有诸多社会兼职，是著名的革命教育家、实践家。

1997年年底，河北省新闻出版局将《翦伯赞全集》作为重点图书选题，新闻出版署列入"十五"规划重点图书项目。现今成书的《全集》共计10卷，600万字，并收入珍贵照片206幅，主要著述有《中国史纲》第一卷(《史前史》、《殷周史》)、第二卷(《秦汉史》)，《中国史论集》第一、二、三辑，《历史问题论丛》(增补本)，《历史问题续编》，《历史哲学教程》，《中国社会史论战集》，《时事评论》，《书信与诗歌》，《最近之世界资本主义经济》，《第二次欧洲大战论集》，《苏俄集体农庄》(译)，主编的《中国史纲要》、《中外历史大事年表》等。翦伯赞先生将自己颇多的著述给予世界，是注入文化精神家园的宝贵财富。我们在编辑过程中无时无刻不在感受着翦老的史才丰厚、持论严谨、笃志史学、无坚不摧、诲人不倦的伟大品格，以及他精通文史的睿智和博大精深的学者风范。他不愧为一代尊师、学林典范，不愧为史学工作者和知识分子的楷模。

《翦伯赞全集》与《李大钊全集》、《范文澜全集》、《邓广铭全集》、《二十世纪中国史学名著》等是河北教育出版社上个世纪90年代以来确定的部分重大学术选题。我们通过出版业给予的平台，为创造、发展、繁荣中国特色社会主义文化，再现祖国优秀历史文化的经典之作。这是出版物生命力之源泉，在出版史上定会留下清晰的足迹。

多年来，我们深得学术界特别是北京大学专家学者的厚爱、鼓励、帮助和义无反顾的支持，在纪念、缅怀翦伯赞先生诞辰110周年之际，谨向各级领导、学术界专家学者和曾经支持帮助我们的朋友表示真挚的敬意。

(五) 知足无求　重新起航[①]

纪念翦伯赞先生诞辰110周年暨《翦伯赞全集》首发大会，已过去三天，我仍沉浸在感动之中。正如全国人民代表大会常务委员会副委员长司马义·铁力瓦尔地所说："会开得太好了，会的规格太高了，会开得太有意义了。"而且他还指示新闻媒体，第二天迅速发布详细消息。

我的感动延续至今，是因为想到昨天、今天和明天。

---

① 本节2008年4月18日写于星园书屋，原题为《令我在这美丽的地方驻足》。

编辑情愫

我没想到，一位已经退休的编辑的最后一个选题，竟然得到社领导的如此关注。杨才社长刚刚就任，就以出版人的眼光和气魄，决定在当年安排《翦伯赞全集》的出版，而且还亲自过问封面、用纸、印数、定价、印制，甚至连装书的布袋设计、用料和做出成品的时间，都关心得细致入微，使这套书的运作一路顺风。这一系列行为，体现的是一种做事的勤勉精神。大会还有河北出版集团副主任张晨光、河北教育出版社副总编辑成占民两位领导参加。总编室董晓旻负责会议的全程录像和拍照，为我社留下了许多珍贵的、不可多得的影像资料。在会议中间，成占民电告总编室将新闻稿发至《新闻出版报》等相关媒体，并将信息和照片同时登录本社网站。这样及时地去做，体现的是一种高度的责任意识。

我没想到，我们这个会有三位国家领导人：彭珮云（原国务委员、中国红十字会会长）、司马义·铁力瓦尔地（全国人民代表大会常务委员会副委员长）、司马义·艾买提（全国人民代表大会常务委员会原副委员长）参加。当说到我们是出版《翦伯赞全集》的河北教育出版社时，他们没有丝毫犹豫，与我们合影留念，还表示感谢我们，真是非常好接近的亲民领导。

我没想到，国内不少著名学者：任继愈、何兹全、邢贲思、戴逸、蔡美彪、田余庆、张传玺、李文海、金冲及、石仲泉、李学勤、漆侠、苑书义、苏双碧、瞿林东、陈高华、陈祖武等等都夸奖我们出版的《翦伯赞全集》这类出版物，是在收拾原汁原味的民族文化，使之注入祖国乃至世界文化精神家园的宝库，有益当代，惠及后人。这是我们河北教育出版社不敢奢求的赞誉。

我的从编职业，占用了工作生涯的大多时光。今天，终有《翦伯赞全集》的首发大会，令我在这美丽的地方驻足，使我可以尽情地欣赏芳菲，找到另一番希望，在梦想里重新起航。

自从进入出版社，我欢喜着、感受着，与我曾经的教师职业截然不同的另一番情境。不断增长着我的笔墨情怀，先后写出十几篇习作。我想只要勤于思考，怀揣一颗平静安宁的心，倾心专注去做负责于历史与未来的编辑人，忙碌笔端，辛勤精酿，就能达到保障出版物质量的终极目的。这就是编辑笔耕砚田的享受和快乐吧！

附表一 文章

序号	题 目	发表刊物或其他	发表时间
1	要重视历史教学	石家庄地区《教学与进修》	1976年
2	中国近代史教学应注意的几个问题	石家庄地区《教学与进修》	1977年
3	司马迁和他的《史记》	石家庄地区《教学与进修》	1978年
4	关于二十四史的名称	石家庄地区《教学与进修》	1978年
5	中国史（一册）教学参考意见	石家庄地区教研室内部油印	1978年
6	中国史（三册）教学参考意见	石家庄地区教研室内部油印	1978年
7	世界史（上册）教学参考意见	石家庄地区教研室内部油印	1978年
8	运用"历史表解"搞好历史教学	《河北教育》，后转载于中国人民大学书报资料社《中学史地教学》（1981年第6期）	1981年9月
9	学步谈	未刊	1986年
10	历史学科的选题构思	全国第一届教育出版科学研讨会论文，收入《化作春泥护新花》，河北教育出版社出版	1990年
11	"五四"前夕的中国学生运动	1991年获河北省第三届社会科学优秀成果三等奖	1991年
12	编辑史地工具书偶得	全国第二届教育出版科学研讨会论文，收入《编辑工作ABC》，河北教育出版社出版	1993年
13	"从零开始"的启示	河北省第三届出版科学研究会年会论文；中国出版工作协会第五届出版研究会优秀论文，收入《出版理论与实践》，河北人民出版社出版	1993年
14	也谈提高编校质量	中国编辑学会第二届研究会入选论文，收入《质量·效益·市场》，河北人民出版社出版	1996年

续表

序号	题目	发表刊物或其他	发表时间
15	编辑超负荷与出版物质量	《编辑之友》	1996年第3期
16	不应有的失误	《今日出版》	1996年第6期
17	本与精品无缘的阴影	《今日出版》	1997年第1期
18	一部真知灼见的新著——荐《教育投入与产出研究》	《今日出版》	1997年第6期
19	步入一个被忽视的领域——简析《专制主义与中国封建经济》	《新闻出版报》	1997年2月14日
20	不精的"精品"	《中国出版》	1997年第4期
21	企盼展示挤出水分的精品	《编辑之友》	1997年第4期
22	试探早期的中国学生运动	《河北师范学院学报》	1997年第1期
23	试析《中日共同防敌军事协定》	《历史教学》	1997年第4期
24	二十世纪初期的中国留日学生	《史学月刊》	1997年第5期
25	浅析《中日共同防敌军事协定》的出笼和实施	《河北大学学报》	1997年第6期
26	"五四"运动的先声——中华民国留日学生救国团	《首都师范大学学报》	1997年第4期
27	1918年留日学生罢学归国运动的前奏	《中州学刊》	1997年第5期
28	倾注心血策划选题洞悉学界物色作者	中华人民共和国成立五十周年优秀编辑论文，收入《责任编辑工作论谈》，中国铁道出版社出版	2000年12月
29	告慰先师 以飨学界——写在《邓广铭全集》出版之前	《编辑之友》	2000年第4期
30	《二十世纪中国史学名著叙录》后记	载于《二十世纪中国史学名著叙录》，河北教育出版社出版	2002年

续表

序号	题目	发表刊物或其他	发表时间
31	严谨治编——出版物生命力永驻	河北教育出版社驼梁编辑培训班讲稿,《中国编辑》发表部分	2002年
32	编辑应用文之界定与实践	河北省新闻出版局编辑培训班讲稿	2005年
33	编辑策划随想	中国劳动社会保障出版社编辑培训班讲稿	2005年
34	《翦伯赞全集》责编的话	载于《翦伯赞全集》,河北教育出版社出版;转载于《史学理论与史学史学刊》2008年卷(总第6卷);又转载于《出版史料》2009年第1期	2008年
35	注入大众心田的历史	未刊	2008年
36	纪念翦伯赞先生诞辰110周年暨《翦伯赞全集》首发大会新闻稿	河北教育出版社网站	2008年
37	令我在这美丽的地方驻足	河北教育出版社网站	2008年

附表二 编著

序号	题目	出版单位或其他	发表时间
1	中国古代史复习提纲	石家庄地区内部使用，2万字，审定全书	1979年
2	中国近代史复习提纲	石家庄地区内部使用，2万字，审定全书	1979年
3	中国现代史复习提纲	石家庄地区内部使用，2万字，执笔	1979年
4	世界历史复习提纲	石家庄地区内部使用，2万字，审定全书	1979年
5	1979年高考复习参考资料——历史	河北人民出版社，14万字，执笔中国近代史，2.5万字，审定全书	1979年
6	中学历史名词解释	18万字，执笔3万字，审定全书	1980年
7	高中复习参考书——历史	河北人民出版社，29.9万字，执笔11万字，审定全书	1982年
8	中学历史综合表解	河北人民出版社，20万字，执笔7.5万字，审定全书，印数8.5万册，1986年重印，累积印数10万册，获河北省教育科研成果奖	1984年
9	中学历史综合题解	山西人民出版社，13万字，执笔全书	1986年
10	中学生历史词典	河北少年儿童出版社，20万字，执笔3万字	1987年
11	中学历史记忆要览	河北教育出版社，20万字，执笔7万字	1987年
12	初中语文词语汇释第一册	河北教育出版社，4万字，执笔全书	1987年

续表

序号	题　目	出版单位或其他	发表时间
13	河北旅游便览	河北教育出版社，2万字，执笔部分	1988年
14	初中生百科知识日读	河北教育出版社，10万字，执笔2万字	1988年
15	中国近代史（全国高等师范专科学校教材）	北京师范大学出版社，35万字，执笔一、七章，参与统、定稿，现已第9次重印	1990年
16	文史大全	河北教育出版社，60万字，执笔8万字，华北优秀图书三等奖	1991年
17	邯郸钢铁总厂史志·中华企业发展史——前进中的邯钢	光明日报出版社，31万字，副主编	1992年
18	石家庄市国棉二厂史志·中华企业发展史——经纬天地谱春秋	光明日报出版社，30万字，副主编	1992年
19	毛泽东生平著作研究目录大全	河北教育出版社，220万字，主编，河北省社科成果二等奖	1992年
20	唐山钢铁公司史志·中华企业发展史——唐钢沧桑	书目文献出版社，41.6万字，副主编	1992年
21	邢台冶金机械轧辊厂发展史·中华企业发展史——创业与崛起	书目文献出版社，30万字，副主编	1993年
22	九年义务教育教材教案系列丛书《中国历史》第一册教案	东北朝鲜民族教育出版社，30万字，副主编	1993年
23	九年义务教育教材教案系列丛书《中国历史》第二册教案	东北朝鲜民族教育出版社，30万字，副主编	1994年
24	石家庄铝厂史志·中华企业发展史——奋进之路	中国档案出版社，23.9万字，副主编	1995年

续表

序号	题　目	出版单位或其他	发表时间
25	中学词海·历史	知识出版社，60 万字，执笔 10 万字	1995 年
26	"五四"前夕的中国学生运动	山西教育出版社，17 万字，执笔全书，该书获得 1997 年河北省精神文明建设"五个一工程"第四届入选作品奖。	1996 年
27	普通高中课程标准实验教科书·历史必修Ⅰ（经全国中小学教材审定委员会 2004 年初审通过）	大象出版社，14.5 印张（16 开），副主编	2004 年 6 月
28	普通高中课程标准实验教科书·历史必修Ⅱ（经全国中小学教材审定委员会 2004 年初审通过）	大象出版社，14 印张（16 开），副主编	2004 年 6 月
29	普通高中课程标准实验教科书·历史必修Ⅲ（经全国中小学教材审定委员会 2004 年初审通过）	大象出版社，13.75 印张（16 开），副主编	2004 年 6 月
30	普通高中课程标准实验教科书·历史选修（一）（经全国中小学教材审定委员会 2004 年初审通过）	大象出版社，9.5 印张（16 开），副主编	2005 年 7 月
31	普通高中课程标准实验教科书·历史选修（二）（经全国中小学教材审定委员会 2004 年初审通过）	大象出版社，9.5 印张（16 开），副主编	2005 年 7 月
32	普通高中课程标准实验教科书·历史选修（三）（经全国中小学教材审定委员会 2004 年初审通过）	大象出版社，10.5 印张（16 开），副主编	2005 年 8 月

续表

序号	题　目	出版单位或其他	发表时间
33	普通高中课程标准实验教科书·历史选修(四)(经全国中小学教材审定委员会2004年初审通过)	大象出版社,10印张(16开),副主编	2005年8月
34	普通高中课程标准实验教科书·历史选修(五)(经全国中小学教材审定委员会2004年初审通过)	大象出版社,8.5印张(16开),副主编	2006年7月
35	普通高中课程标准实验教科书·历史选修(六)(经全国中小学教材审定委员会2004年初审通过)	大象出版社,8.25印张(16开),副主编	2006年7月
36	普通高中课程标准实验教科书——历史教师教学参考书	大象出版社,9册,50万字/册,副主编	2005年陆续出版

附表三 未刊讲义[①]

序号	题目	时间	字数	授课学校
1	(中国)历史(古代)第一本	1972年8月	2.3万	石家庄地区元氏师范学校
2	(中国)历史(古代)第二本	1972年12月	2.3万	石家庄地区元氏师范学校
3	中国近代史第一本	1973年1月	2万	石家庄地区元氏师范学校
4	中国近代史第二本	1973年3月	2万	石家庄地区元氏师范学校
5	中国近代史第三本	1973年6月	2万	石家庄地区元氏师范学校
6	世界近代史第一本	1973年8月	2万	石家庄地区元氏师范学校
7	世界近代史第二本	1973年9月	2万	石家庄地区元氏师范学校
8	党史(政治课)第一本	1973年10月	2万	石家庄地区元氏师范学校
9	党史(政治课)第二本	1973年11月	2万	石家庄地区元氏师范学校
10	中国古代史(第2版)第一本	1974年2月	2万	石家庄地区元氏师范学校

[①] 撰写讲义10本,20余万字,油印115份。

后 记

中国出版工作者协会、首都师范大学出版社策划出版的《书林守望丛书》形成了编辑出版业一道亮丽的风景。我十分赞赏这个有胆识和气魄的选题策划，因为这个选题的作者是"编辑"。他们的著作反映了历经积淀的出版理论与出版实践的结合，以及出版文化的传承与发展。目前还很少见将幕后的编辑推向前台的系列丛书，现今得以回放他们曾经的精彩故事，逐步构成编辑文化出版物的图书群落，是可圈可点的。

我由衷地感激吴道弘、郑一奇两位先生的教诲和抬爱，使拙作收入这套丛书之中；由衷地感激魏玉山、耿相新两位先生多年来给予的赐教和鼓励；由衷地感谢责任编辑来晓宇对书稿仔细认真的加工。

张惠芝
2018 年 6 月 26 日于星园书屋